Benedikt Paul Göcke / Klaus Müller / Fana Schiefen (Hg.)
Welt – Geist – Gott

Studien zur systematischen Theologie, Ethik und Philosophie

Herausgegeben von
Thomas Marschler und Thomas Schärtl

Band 18

Editorial Board
Klaus Arntz, Peter Hofmann, Thomas Marschler, Uwe Meixner,
Thomas Schärtl, Christian Schröer, Uwe Voigt

Benedikt Paul Göcke / Klaus Müller / Fana Schiefen (Hg.)

WELT – GEIST – GOTT

Erkundungen zu Panpsychismus und Panentheismus

Münster
2020

Gefördert mit freundlicher Unterstützung
der Deutschen Forschungsgemeinschaft (DFG)
als Teil der Emmy-Noether-Nachwuchsgruppe
„Theologie als Wissenschaft?!"

Gefördert durch
DFG Deutsche
Forschungsgemeinschaft

© 2020 ASCHENDORFF VERLAG GMBH & CO. KG, MÜNSTER
www.aschendorff-buchverlag.de

Das Werk ist urheberrechtlich geschützt. Die dadurch begründeten Rechte, insbesondere die der Übersetzung, des Nachdrucks, der Entnahme von Abbildungen, der Funksendung, der Wiedergabe auf fotomechanischem oder ähnlichem Wege und der Speicherung in Datenverarbeitungsanlagen bleiben, auch bei nur auszugsweiser Verwertung, vorbehalten. Die Vergütungsansprüche des § 54, Abs. 2, UrhG, werden durch die Verwertungsgesellschaft Wort wahrgenommen.
Printed in Germany
Gedruckt auf säurefreiem, alterungsbeständigem Papier ∞
ISBN: 978-3-402-11836-8
ISBN (E-book-PDF): 978-3-402-11837-5

Inhaltsverzeichnis

Vorwort
Benedikt Paul Göcke, Klaus Müller und Fana Schiefen IX

Keynote

Spielarten des Panpsychismus
Philip Clayton 1

Responses

Universaler und restriktiver Panpsychismus
Benedikt Paul Göcke 17

Emergenter Panpsychismus oder emergenter Dualismus?
Eine Anfrage an Philip Claytons *Spielarten des Panpsychismus*
Heinrich Watzka SJ 27

Keynote

All-Inclusive. Bleibt die panentheistische Gottheit selbstreferentiell?
Julia Enxing 39

Responses

Selbstreferentialität Gottes und die Unterschiedenheit und Einheit
im Gott-Welt-Verhältnis. Eine Response auf Julia Enxing
Tobias Müller 57

Ein Plädoyer für den Prozess- und Panentheismus.
Response auf Julia Enxing
Andreas Reitinger 69

Keynote

Hat sich das Universum selbst entworfen?
Philip Goff 77

Response

Antwort auf Philip Goff „Hat sich das Universum selbst entworfen?"
Godehard Brüntrup SJ..*115*

Keynote

Der christliche Glaube in nachtheistischer Perspektive
Paolo Gamberini SJ *123*

Response

Post-Theismus und Klassischer Theismus.
Eine Response auf Paolo Gamberini SJ
Thomas Schärtl... *143*

Ausblick

Ausblick (mit prinzipiellen Seitenblicken)
Klaus Müller *161*

Anhang

Über die Autor*innen *173*
Personenregister...*175*

Benedikt Paul Göcke, Klaus Müller und Fana Schiefen

Vorwort

Die Jahrestagung 2018 der Arbeitsgemeinschaft deutschsprachiger Philosophiedozentinnen und -dozenten im Studium der Katholischen Theologie an wissenschaftlichen Hochschulen fand vom 20. bis 22. Februar 2018 in der Katholischen Akademie Schwerte statt. Die Fachtagung stand unter dem Thema „Panpsychismus und Panentheismus".

Die philosophisch-theologische Frage, die die beiden Schlaglichter des Tagungsthemas miteinander verbindet, lautet: Wie lässt sich das Gott-Welt-Verhältnis religionsphilosophisch und unter Berücksichtigung der heutigen naturwissenschaftlichen Erkenntnisse adäquat bestimmen? Theologisch gesehen handelt es sich bei Gott um dasjenige, das alles endlich Seiende überschreitet und nicht mit der Welt identifiziert werden kann. Biblisch gesehen ist dieser Gott aber in der Welt gegenwärtig und als wirksame Kraft in ihr erfahrbar. Wie kann Gott einerseits als welttranszendierend und andererseits als mit der endlichen Welt in enger Beziehung stehend gedacht werden?

Es gibt Theorien in der Philosophie, die dieses Problem erkannt haben und ihm durch alternative Gottes- und Geistkonzeptionen zu begegnen versuchen: Panentheismus und Panpsychismus. Beide Positionen waren Gegenstand unserer Tagung und wurden intensiv diskutiert, zueinander in Beziehung gesetzt und auf ihr Potential hin befragt, das Verhältnis von Gott und Welt sowie Geist und Materie auf eine Art und Weise zu denken, die jenseits des bekannten Dualismus von Gott und Welt auf der einen Seite und Geist und Materie auf der anderen Seite angesiedelt sind.

Der auf Karl C. F. Krause (1781–1832) zurückgehende Terminus *Panentheismus* bezeichnet die monistische Einsicht, dass Gott der Welt zugleich immanent und transzendent ist.[1] Demzufolge ist alles, was ist, nicht gleich Gott (Pantheismus), sondern alles, was ist, ist *in* Gott. Für diese herausfordernde Alternative zum sogenannten klassischen Theismus steht in der deutschsprachigen Theologie vor allem der Münsteraner Religionsphilosoph und Theologe Klaus Müller. Eine

---

[1] Für eine Analyse des Panentheismus Krauses und seiner Relevanz und für die gegenwärtige Debatte siehe B. P. Göcke, Alles in Gott? Zur Aktualität des Panentheismus Karl Christian Friedrich Krauses, Regensburg 2012 und B. P. Göcke, The Panentheism of Karl Christian Friedrich Krause (1781–1832). From Transcendental Philosophy to Metaphysics, Oxford 2018.

letzte philosophische Aktualisierung fand die These beispielsweise durch den Berliner Philosophen Holm Tetens.²

Die Kernthese der panpsychistischen Position definieren William Seager und Sean Allen-Hermanson in der *Stanford Encyclopedia of Philosophy* mit den Worten:

Panpsychism is the doctrine that mind is a fundamental feature of the world which exists throughout the universe. [...] Unsurprisingly, each of the key terms, ‚mind', ‚fundamental' and ‚throughout the universe' is subject to a variety of interpretations by panpsychists, leading to a range of possible philosophical positions. For example, an important distinction is that between conscious and unconscious mental states, and appeal to it allows a panpsychism which asserts the ubiquity of the mental while denying that consciousness is similarly widespread.³

Unter Panpsychismus lassen sich viele verschiedene Positionen subsumieren, deren gemeinsames Anliegen es ist, das Auf- und Vorkommen von Bewusstsein in der Welt und im Kosmos zu ergründen. Dabei teilen sie die Annahme, dass das Geistige ein fundamentales und irreduzibles Attribut der Welt sei, von dem gesagt werden kann, dass es jedem Individuum der Welt zukomme. Aus dieser Annahme resultieren eine Reihe von Anschlussfragen: Welche philosophischen und theologischen Gründe gibt es, den Panpsychismus als eine Ontologie des Geistes ernst zu nehmen? Was folgt aus der Kritik klassischer Substanzdualismen für den Panpsychismus und wie tragfähig ist seine Alternative? Was trägt der Panentheismus schlussendlich theologisch für die Frage aus, wie sich das Spannungsfeld von Welt – Geist – Gott näher beschreiben lässt?

Für diese Herausforderung haben wir als Keynote-Speakers vier prominente Stimmen gefunden, die uns in den heißen Kern der Debatte einführen werden.

Den Anfang macht Philip Clayton, ein Altmeister der einschlägigen Debatten. Viele warten darum schon auf die Fortsetzung seines Werkes *Das Gottesproblem*⁴ von 1996, weil sie von dort Aufschluss darüber erhoffen, wie sich Clayton das Verhältnis von Gott und Welt denkt – also das Zentralthema des Panentheismus. Erste Hinweise finden sich in seinem Beitrag für diesen Band. Gegen die These Thomas Nagels, das Mentale sei ein irreduzibler Teil der Wirklichkeit, votiert

---

² H. TETENS, Gott denken. Ein Versuch über rationale Theologie, Stuttgart ⁶2015. Vgl. auch G. BRÜNTRUP/B. P. GÖCKE/L. JASKOLLA (Hg.), Panentheism and Panpsychism, Paderborn 2020.
³ P. GOFF/W. SEAGER/S. ALLEN-HERMANSON, Panpsychism, in: E. N. ZALTA (Hg.), Stanford Encyclopedia of Philosophy. Vgl. auch die Beiträge in G. BRÜNTRUP/L. JASKOLLA (Hg.), Panpsychism, Winter 2017 Edition. Contemporary Perspectives, Oxford 2016 und B. P. Göcke, Analytischer Panpsychismus und transzendentaler Panentheismus. Zur Symbiose der Philosophie des Geistes mit der Religionsphilosophie, in: Theologie und Philosophie 93/2 (2018), 161–189.
⁴ P. CLAYTON, Das Gottesproblem. Bd. 1: Gott und Unendlichkeit in der neuzeitlichen Philosophie, Paderborn 1996.

Clayton für ein evolutionäres und emergentistisches Paradigma, dass „Gott in allen Dingen" und „alle Dinge in Gott" kohärent zusammenführen soll.

Julia Enxing geht die Sache von einer ganz anderen Seite her an: *All-Inclusive. Bleibt die panentheistische Gottheit selbstreferentiell?*, fragt sie. Der Referenzpunkt ist für sie der in Deutschland noch immer kaum bekannte amerikanische Religionsphilosoph Charles Hartshorne. Sie erläutert dessen Metaphern für das Gott-Welt-Verhältnis und die Gott-Welt-Interaktion und setzt sich intensiv mit der Kritik an diesem Paradigma auseinander. Dabei kann sie zeigen, dass die kritischen Stimmen oft am Kern der prozessphilosophischen Hintergrundannahmen vorbeigehen und daher ins Leere greifen. Sie veranschaulicht, wie Gott – den klassischen Monotheismen entsprechend – personal gedacht werden kann, ohne das *hen kai pan* von Apg 17, 28 („Denn in ihm leben wir, bewegen wir uns und sind wir") zu diskreditieren.

In der typisch angelsächsischen Direktheit, die sich von allen historischen Hypotheken befreit weiß, stellt Philip Goff seine These *Hat sich das Universum selbst entworfen?* zur Debatte. Er beschäftigt sich mit dem Panpsychismus Bertrand Russells, der Jahrzehnte ignoriert worden ist, um von dort aus Modelle eines Akteurskosmopsychismus zu entwerfen, der sich auf dem Grat zwischen Theismus und einer Multiversums-Hypothese bewegt.

Den Schlusspunkt bildet Paolo Gamberini SJ. Sein Thema ist *Der christliche Glaube in nachtheistischer Perspektive*. Wie er, als ein mit allen kosmopolitischen Wassern gewaschener Jesuit, herausarbeitet, dass sich die Wurzeln eines den klassischen Theismus überschreitenden Gottdenkens schon bei Thomas von Aquin und dann erst recht bei seinem Ordensbruder Karl Rahner ausmachen lassen, sollte nicht unbedingt überraschen. Sein Votum für einen Paradigmenwechsel in der Gotteslehre lässt ahnen, wie weit dabei die Bögen einer intellektuellen Verständigung diachron und synchron zu spannen sind.

Jeweils mindestens ein Korreferat begleitet die vier Hauptbeiträge. So wird greifbar, wie wir uns als Philosophinnen und Philosophen den Normen eines wirklich kritischen Diskurses unterstellen. Benedikt Paul Göcke und Heinrich Watzka SJ antworten auf Philip Clayton, Tobias Müller und Andreas Reitinger auf Julia Enxing, Godehard Brüntrup SJ auf Philip Goff und Thomas Schärtl auf Paolo Gamberini SJ. Ein Ausblick von Klaus Müller rundet den Band ab. Für die Unterstützung bei der Übersetzung aus dem Englischen danken wir besonders Christian Hengstermann.

Dass die Tagung 2018 so gut gelang, daran haben viele Anteil. Dank gilt unserem IT-Spezialisten SHK Julian Beck, der es verstand, die logistischen Prozesse von der Anmeldung bis zur Abrechnung aufs Eleganteste zu gestalten. Danken möchten wir auch der Katholischen Akademie im Kardinal Jäger-Haus in Schwerte, speziell ihrem stellvertretenden Direktor Dr. Ulrich Dickmann. Kein

Geheimnis ist, dass die vorzügliche Küche in diesem Haus auf die Gäste außerordentlich kommunikationsförderliche Folgen hatte.

Und noch zwei müssen genannt werden, die still im Hintergrund wirkten, aber schwierige Dinge zu meistern wussten: Monika Epping vom Seminar für Philosophische Grundfragen der Theologie und ihre Kollegin Florine Hund vom Lehrstuhl für Alte Kirchengeschichte, die für eine reibungslose Abwicklung der Finanzierung gesorgt hat. Durch das Engagement all der Genannten kam es dazu, dass die Tagung gelungen ist.

Für die Aufnahme in die Reihe STEP danken wir den Herausgebern Thomas Schärtl wie auch Thomas Marschler. Die Zusammenarbeit mit Herrn Kröger war – wie schon so häufig – äußerst angenehm.

Wir danken allen Autor*innen für ihren Beitrag in diesem Band sowie Julian Beck, Max Brunner und Dominik Winter für ihre tatkräftige Unterstützung und wünschen den Leser*innen viel Freude und wertvolle Erkenntnisse.

Benedikt Paul Göcke, Klaus Müller und Fana Schiefen

Verwendete Literatur

BRÜNTRUP, Godehard/JASKOLLA, Ludwig (Hg.), Panpsychism. Contemporary Perspectives, Oxford 2016.

BRÜNTRUP, Godehard/GÖCKE, Benedikt Paul/JASKOLLA, Ludwig (Hg.): Panentheism and Panpsychism, Paderborn 2020.

CLAYTON, Philip: Das Gottesproblem. Bd. 1: Gott und Unendlichkeit der neuzeitlichen Philosophie, Paderborn 1996.

GÖCKE, Benedikt Paul: Alles in Gott? Zur Aktualität des Panentheismus Karl Christian Friedrich Krauses, Regensburg 2012.

GÖCKE, Benedikt Paul: The Panentheism of Karl Christian Friedrich Krause (1781–1832). From Transcendental Philosophy to Metaphysics, Oxford 2018.

GÖCKE, Benedikt Paul: Analytischer Panpsychismus und transzendentaler Panentheismus. Zur Symbiose der Philosophie des Geistes mit der Religionsphilosophie, in: Theologie und Philosophie 93/2 (2018), 161–189.

GOFF, Philip/SEAGER, William/ALLEN-HERMANSON, Sean: Panpsychism, in: E.N. ZALTA (Hg.), Stanford Encyclopedia of Philosophy, Winter 2017 Edition.

TETENS, Holm: Gott denken. Ein Versuch über rationale Theologie, Stuttgart ^{6}2015.

Philip Clayton

Spielarten des Panpsychismus

Panpsychismus ist nicht wie eine Schwangerschaft. Eine Frau ist entweder schwanger oder sie ist nicht schwanger. In solchen Fällen gilt ganz allgemein, entweder x oder nicht-x. Demgegenüber ist man nicht entweder warm oder nicht warm, groß oder nicht groß, klug oder nicht klug. Man kann mehr oder weniger langsam, mehr oder weniger schnell, mehr oder weniger geistreich sein. Die Debatte um den Panpsychismus ändert sich auf wichtige und fruchtbare Arten und Weisen, sobald wir erkennen, dass sich das Thema besser in letzterem als in ersterem Sinne begreifen lässt.

„Panpsychismus ist nicht wie eine Schwangerschaft" wäre ein merkwürdiger Titel für einen Vortrag auf einer Konferenz gewesen. Vielleicht hätte sich „Panpsychismus ohne das ‚Pan'" noch besser als Titel meines Vortrages geeignet. Auf den ersten Blick scheint die Panpsychismus-Debatte eine „Alles oder nichts"-Frage zu sein, so wie der Dieb entweder Williams ganzes Geld stiehlt oder nicht. Ich möchte allerdings vorschlagen, dass wir Denkwege jenseits dessen einschlagen, wenn wir uns mit dem Panpsychismus befassen. Insbesondere im Kontext des Panentheismus sollte sich der Panpsychismus komplexer darstellen als etwa die These, dass sich alle Stufen der Evolution unter dem Begriff „pan-*psyche*" oder mit David Ray Griffin als „pan-*Erfahrung*" zusammenfassen lassen. Stattdessen möchte ich argumentieren, dass wir die Debatte über Gott, die Evolution und die Seele so weit erweitern sollten, dass sie die ganze Vielfalt relevanter Eigenschaften, darunter Gewahrsein, Absicht, zielgerichtetes Verhalten, mentale Repräsentation, Erkenntnis und Bewusstsein, umfassen sollte. Eine solche Änderung hätte offensichtlich Folgen für das Verständnis der Natur und der Reichweite von Metaphysik und Theologie allgemein, ein Thema, zu dem ich am Ende der Diskussion noch einmal zurückkehren möchte.

Dreierlei wird geschehen, wenn wir im Anschluss an diese Analyse zur Frage des Panpsychismus zurückkehren. Erstens sollten wir dann ein besseres Verständnis der vom Konferenzthema aufgeworfenen Fragen haben. Zweitens sollten wir genauer verstehen, in welchem Sinne die Evolution Eigenschaften hervorbringt, die nicht bereits in den Teilen vorgelegen haben. Schließlich sollten wir ein differenzierteres Verständnis für die Bedeutung des Panentheismus für die Frage der Evolution von Bewusstsein und mithin ein komplexeres Verständnis für das Göttliche selbst gewonnen haben. Das Ergebnis wird ein eingeschränkteres Bekenntnis zum Panpsychismus sein, das sich von einem „maximaleren" Bekenntnis zur Existenz von Psyche in allen Dingen oder zu allen Dingen *als* Psyche absetzt.

Die Eigenschaften, die wir als mental oder protomental bezeichnen, sind extrem unterschiedlich. Da die Unterschiede größer sind als gemeinhin anerkannt, schlage ich vor, dass wir am Ende lieber von einem minimalen oder „gradualistischen" Panpsychismus anstelle des traditionellen bzw. „maximalen" Panpsychismus sprechen. Es ist Ihnen gewiss nicht entgangen, dass es sich bei „minimal" und „maximal" um quantifizierbare Begriffe, nicht um Ausdrücke einer notwendigen „Entweder-oder"-Entscheidung handelt. Ein Panpsychismus in dieser minimaleren Form ist, wie ich argumentieren möchte, die schlüssigere Position. Zudem sollte uns eine solche quantitative Ausrichtung unserer Herangehensweise in unseren künftigen Sitzungen zu einer differenzierteren Diskussion verhelfen.

Verschaffen wir uns zunächst aber einen umfassenderen Überblick über die Fragen, die das Konferenzthema aufwirft. Wenn wir in Bereichen, in denen es bislang immer wieder zu einem Stillstand gekommen war, Fortschritte machen wollen, müssen wir zunächst die Fragen verstehen, die gestellt werden müssen, aber auch die, die weniger zielführend sind.

1. Klärung der Fragen

(1) *Geist und mentale Entitäten.* Natürlich bezweifeln viele Philosophen heute, dass Mentales als solches überhaupt existiert oder, genauer noch, ob mentale Zustände oder Qualia eine ursprüngliche und nicht nur eine abgeleitete Existenz besitzen. Ich nehme an, dass die meisten von Ihnen mit dieser Debatte vertraut sind und sich einige von Ihnen auch *ex professione* mit dieser befassen. Die bedeutendsten Vertreter des Physikalismus sind meines Wissens allerdings gerade nicht anwesend. Unter den Teilnehmerinnen und Teilnehmern finden sich nämlich, wenn ich recht sehe, kein Wolf Singer, kein Francis Crick und kein Dan Dennett. Ob etwas Mentales existiert, mag also eine wichtige Debatte sein. Es ist meiner Meinung aber nicht das Thema, mit dem wir uns hier auseinandersetzen.

Ich möchte deshalb vorschlagen, dass wir mit der Annahme beginnen, dass mentale Attribute oder Dinge existieren und qua mentale kausal wirksam sind („das Mentale" werde ich gleich näher problematisieren). Mentales ist nicht bloß ein Epiphänomen, noch superveniert es bloß auf physikalischen Zuständen. Es ist keine schwach emergente Eigenschaft physikalischer Materie/Energie, in der sich alle wahren kausalen Kräfte finden.

Wie es eine alte amerikanische Metapher will, müssen wir „wichtigere Fische braten" als den Reduktionismus. Wenn wir den Reduktionismus also gleich zu Beginn außen vor lassen, können wir uns auf eine andere Art von Fragen konzentrieren, darunter solche wie die folgenden: Tritt Mentales zu irgendeinem Zeitpunkt in der kosmischen Evolution auf, so dass es in Wirklichkeit zu einem bestimmten Zeitpunkt nicht, zu einem späteren dann aber existiert? Wenn Mentales emergent ist, muss es dann immer mit etwas Physischem, etwa einem Körper, verbunden sein? Existieren separate mentale Dinge, etwa die Seele, oder sind sie lediglich vielheitliche Manifestationen einer einzigen mentalen Wirklichkeit, die wir beispielsweise Gott nennen können? Skrbina fasst dies schön zusammen:

Die zentrale Frage hier ist, ob wir von einem solchen Geist als ‚Geist einer einzigen Universalie' (Gott, dem Absoluten, der Weltseele usw.) sprechen oder von Geist als etwas, das jedem Ding an sich zugesprochen werden kann (davon, dass jedes Objekt seinen eigenen einzigartigen, individuellen Geist besitzt). Erstere Ansicht wäre ein monistischer, Letzterer ein pluralistischer Geistbegriff.[1]

Whiteheads berühmter Begriff „aktualer Entitäten"[2] tendiert zu einem radikalen Pluralismus. Nehmen wir einmal für den Moment an, dass er recht hat und dass eine extrem große Zahl aktualer Entitäten (AE) existiert. Dies erfordert, dass wir jeden solchen Moment schöpferischen Werdens als separate Entität oder als separates Ereignis auffassen, das selbstständig für sich existiert. Natürlich kann man radikaler Pluralist in diesem Sinne sein und gleichwohl annehmen, dass AEs so voneinander abhängen, dass sie in internen Relationen miteinander verbunden sind. Dies käme einem radikalen Pluralismus von Psychen gleich.

Der Titel dieser Konferenz wirft offenbar eine weitere Frage auf: Enthält die Welt irgendetwas, das *nicht*-mental ist, also so etwas wie rein physische Gegenstände? Ich würde Sie gern dazu ermutigen, dieser „entweder-oder"-Logik zu widerstehen, denn sie führt allzu rasch zu einem einfachen Syllogismus:

(1) Einige mentale Dinge existieren.
(2) Es existiert nichts, das rein physisch wäre.
(3) Folglich sind alle Dinge mentale Dinge.

Stattdessen möchte ich vorschlagen, dass die interessantere Diskussion die über die unterschiedlichen *Spielarten* von Mentalem und von „Psychismen" ist. Es ergeben sich interessante Nuancen von „Psychismus", wenn wir uns Optionen wie den begrenzten Panpsychismus, den emergentistischen Panpsychismus oder den Potentialitäts- und Aktualitätspanpsychismus näher anschauen. Solche Spielarten nötigen uns dazu, eingehender über die Unterschiede zwischen ihnen und mithin über die Rolle der Termini, die ihnen gemein sind, nachzusinnen.

Ein solches Vorgehen schließt ein, dass wir von der Hypothese ausgehen, dass *das Mentale* keine „Entweder-oder"-Eigenschaft ist, dergestalt dass eine Entität entweder mental wäre (also die Eigenschaft des Mentalen besäße) oder nicht (ich werde die Begriffe „mentale Entität" und „Entität, die Mentales besitzt", synonym

---

[1] D. SKRBINA, Panpsychism in the West, Cambridge MA 2005, 21 [Übersetzung: Christian Hengstermann].
[2] Vgl. A.N. WHITEHEAD, Process and Reality, New York 1978.

verwenden). Weit sinnvoller ist es zu fragen, bis zu welchem Grad und in welchem Sinne eine Entität mentaler Natur ist.

(2) *Panentheismus.* Wie der Konferenztitel nahelegt, stellt sich an der Schnittstelle von Panpsychismus und Panentheismus eine Reihe von Fragen, von denen einige erhebliche Schwierigkeiten für den klassischen Panpsychismus aufwerfen.

Wenn es eine Vielzahl mentaler Entitäten gibt, in welcher Beziehung steht dann Gott zu einer jeden von ihnen? Für Whitehead sind aktuale Entitäten natürlich eine ursprüngliche Wirklichkeit, die von Gott ebenso wenig abhängt, wie Gott von ihnen abhängt. Aktuale Entitäten könnten aber auch in stärkerem Sinne von Gott abhängen. Sie könnten etwa allein kraft eines fortwährenden Wollens seitens Gottes existieren. Ebenso könnten sie jede für sich Ausdruck eines einzigen göttlichen Geistes sein, wie es die Ansicht des indischen Philosophen Ramanuja besagt. Mit Spinoza könnten von uns sogenannte Individuen schließlich aber auch Arten und Weisen sein, wie sich die göttliche Substanz zu einer bestimmten Zeit und an einem bestimmten Ort manifestiert – also Modi des Einen. Wie soll man zwischen diesen Optionen entscheiden?

Der Panentheismus könnte auch einige für den klassischen Panpsychismus kritische Fragen aufwerfen. Was ist Gottes Beziehung zu endlichen mentalen Entitäten, wenn solche wirklich „von oben bis unten" existieren? Wenn Gott sogar Elektronen lockt, wozu lockt er sie dann? Spricht ein theologischer Panpsychismus nicht viel eher für einen Monismus? Dies würde bedeuten, dass die Psychen, wie sie sich offenbar in allen Dingen finden, in Wirklichkeit lediglich eine einzige Psyche sind: der eine Geist Gottes oder der *nous* im Sinne Plotins. Wie ließe sich in diesem Zusammenhang dann endliches „natürliches" Mentales von unendlichem göttlichen Mentalen unterscheiden? Kann das eine *innerhalb* des anderen sein, ohne die Integrität des anderen aufzuheben? Ist es für klassische Panpsychismen die Gottesfrage, die für die Dichotomie, nach der entweder alles oder nichts mentaler Natur ist, spricht? Und wenn ja, weshalb?

Demgegenüber nimmt ein gradueller Panpsychismus seinen Ausgangspunkt bei der Frage, bis zu welchem Maße und in welchem Sinne eine gegebene Entität mentaler Natur ist. Sobald man eine solche Frage stellt, erkennt man, dass die Beziehungen zwischen Panpsychismus und Panentheismus weit komplexer sind, als man vermutlich bislang gemeinhin angenommen hat. Das eine folgt nicht einfach aus dem anderen. So kann man Panpsychist sein, ohne Panentheist zu sein, etwa wenn man Pantheist ist. Andererseits kann man auch Panentheist sein, ohne Panpsychist zu sein, etwa wenn man annimmt, die Welt sei Gottes (materieller) Körper. Vor allem aber verändert ein gradualistischer Panpsychismus die Gesprächslage, insofern man gezwungen ist, nach der Beziehung zwischen dem panentheistischen Gott und der gesamten Geschichte emergenter Mentalität zu fragen.

2. Emergentes Mentales

Der gradualistische Panpsychismus sucht nach einer Theorie des Bewusstseins, die sowohl mit den Ergebnissen und Methoden der Naturwissenschaft wie auch mit der phänomenalen menschlichen Erfahrung kompatibel ist. Nennen wir diese Theorie eine Theorie von *emergentem Mentalen*. Nach dieser Sicht legen die Partikel und physischen Zustände etwa von Makrophysik und physikalischer Chemie nichts eigentlich Mentales an den Tag. Sie verfolgen etwa keine Absichten. Im Gegensatz dazu verfügt die erste sich selbst reproduzierende Zelle sehr wohl über ein primitives Gewahrsein von ihrer Umwelt. Die zunehmende Komplexität, wie sie sich im Zuge der biologischen Evolution herausbildet, führt zu einem immer komplexeren Gewahrsein, von dem das menschliche Bewusstsein die uns bislang bekannte höchste Entwicklungsform darstellt.

Emergentes Mentales setzt sich, so wie ich den Begriff verwende, von einer klassischen Position wie dem Panpsychismus oder „Panexperientialismus" Whiteheads ab. Whitehead nimmt, wie allgemein bekannt ist, an, alle realen Einzeldinge seien Ereignisse eines schöpferischen Werdens. Deshalb ist (in Abgrenzung von einer bloß *potentiellen*) jede einzelne *aktuale* Entität ein eigenes Erfahrungszentrum. Dürften sie nur ein einziges Argument zur Verteidigung ihrer Position anführen, hielten Whitehead'sche Panpsychisten wohl allgemein dafür, dass Mentales nicht aus etwas entstehen könne, das nicht-mental sei. Da eine solche Ablehnung gradualistischer Theorien des Mentalen insbesondere mit dem Namen *John Cobb* verbunden ist, möchte ich diese spezielle Kritik als den „Cobb-Einwand" bezeichnen. Auch Thomas Nagel bezeichnet zuweilen eine ähnliche Intuition als fundamental oder „schematisch" für ihn: „In seiner schematischen, vorsokratischen Gestalt versucht ein solcher Monismus das Mentale als physikalisch irreduziblen Teil der Wirklichkeit anzuerkennen."[3] Ich möchte argumentieren, dass diese Intuition einer genaueren Prüfung – zumindest in dieser besonderen, d. h. non-theistischen Form – nicht standhält.

Schließlich falsifiziert oder verifiziert der Theismus meiner Ansicht nach weder die eine Option noch die andere. Es ist für Vertreter der meisten, wenn auch nicht aller Formen des Theismus keineswegs widersprüchlich, entweder einen Whitehead'schen Panpsychismus oder ein emergentes Mentales zu vertreten. Allerdings glaube ich, dass ein Dialog des Panentheismus mit zeitgenössischer Philosophie und Wissenschaft eher für den gradualistischen als für den maximalen Panpsychismus spricht.

---

[3] TH. NAGEL, Mind and Cosmos. Why the Materialist Neo-Darwinian Conception of Nature is Almost Certainly False, New York 2012, 62 [Übersetzung: Christian Hengstermann].

Mein Argument gliedert sich in vier Schritte.

(1) Evolutionäres Mentales und emergentistischer Panpsychismus

Die Zeugnisse der Evolution legen eine Emergenz der unterschiedlichen Phänomene, die wir als Mentales bezeichnen, nahe – eine Position, die häufig als emergentistischer Panpsychismus bezeichnet wird. Von den unterschiedlichen Formen eines eingeschränkten oder gradualistischen Panpsychismus ist diese Position meiner Meinung nach die überzeugendste. Einmal mehr nimmt auch sie den Anfang bei der Infragestellung der Annahme, dass alle existierenden Dinge entweder Bewusstseinszentren sind oder nicht. Es ist für diese Position wichtig, das „pan" in Panpsychismus einzuschränken und zu modifizieren.

Thomas Nagel ist ein bekannter anti-emergentistischer Panpsychist. Er argumentiert beispielsweise wie folgt:

> Die fehlende Plausibilität des reduktionistischen Programms, dessen es zur Verteidigung eines [...] umfassenden Naturalismus bedarf, bietet einen Grund dafür, dass man nach Alternativen Ausschau zu halten versucht – nach Alternativen, nach denen Geist, Bedeutung und Wert für eine Beschreibung dessen, was ist, ebenso grundlegend sind wie Materie und Raumzeit. Man hat auf die grundlegenden Elemente von Physik und Chemie rückgeschlossen, um das Verhalten der unbeseelten Welt zu erklären. Etwas mehr braucht es, um zu erklären, wie es bewusste, denkende Geschöpfe geben kann, deren Körper und Gehirne sich aus diesen Elementen zusammensetzen. [...] Alles, gleich, ob belebt oder nicht, setzt sich aus Elementen mit einer Natur zusammen, die zugleich physisch und nicht-physisch sind und die mithin die Fähigkeit besitzen, sich zu mentalen Ganzheiten zusammenzufügen. Die vorliegende reduktionistische Darstellung kann am besten also als eine Form des Panpsychismus beschrieben werden.[4]

In der Zurückweisung eines physikalistischen Reduktionismus stimmen Nagel und ich überein, nicht aber in der Frage, *ab wann* es dieses „etwas mehr" braucht. Er ist der Ansicht, der Geist müsse, wenn man den Physikalismus besiegen wolle, für alle Dinge grundlegend sein. Demgegenüber meine ich, dass ihm zum ersten Mal bei der Erklärung von sich selbst reproduzierenden Zellen eine grundlegende Rolle zukommt. Ab dem Stadium der Zellen sind wir einer Meinung.

Für den emergentistischen Panpsychisten lässt sich „Geist" – in der minimalen Form von Gewahrsein und zielgerichtetem Verhalten – zum ersten Mal bei der Emergenz von sich selbst reproduzierendem Leben beobachten. Als Begriff spielt er erst hiernach eine Rolle. Ab der Geburt eines zellularen Agens bewegen sich die beiden Positionen parallel zueinander. Godehard Brüntrup und ich stimmen etwa darin überein, dass einzellige Organismen eine rudimentäre Form des Gewahrseins besitzen. Dieses Gewahrsein entscheidet bei der Zelle über Leben und Tod. Schließlich kann eine Zelle entweder am Leben bleiben und sich repro-

---

[4] NAGEL, Mind and Cosmos [wie Anm. 3], 57 [Übersetzung: Christian Hengstermann].

duzieren oder sterben. Aus der Perspektive der Evolution hat sie ein Interesse daran, am Leben zu bleiben. Es liegt im Interesse eines einzelligen Organismus, einen Glukoseberg aufzusteigen und mehr Nahrung zu erhalten. Es ist „gut". Dagegen ist es „schlecht", sich auf ein Toxin hin zu bewegen. Das (chemisch vermittelte) Gewahrsein um die Umwelt, das zwischen beiden unterscheidet, gehört also zum innersten Wesen der Zelle selbst.

Es ist faszinierend, den evolutionären Prozess von einem ersten primitiven Gewahrsein und zielgerichteten Verhalten bei der Geburt der Biosphäre bis zu den komplexesten Prozessen bewusster Erkenntnis und subjektiver Erfahrung nachzuvollziehen. Es ist wichtig, dass, sobald eine gewisse Schwelle überschritten ist, der anti-emergentistische Panpsychist offenbar im gleichen Maße wie der emergentistische Panpsychist dazu bereit ist, die Emergenz von immer komplexeren mentalen Phänomenen anzunehmen.

(2) Geist in potentia

Je plausibler sich der Übergang von potentiell zu aktual Mentalem darstellt, umso mehr verliert der Cobb-Einwand an Kraft. Obwohl mein Argument am Ende eine theologische Dimension erfordern wird, lässt sich der erste Schritt des Arguments noch ohne eine solche machen.

Obwohl jede Zelle gewahr ist, kann jede einzelne potentiell Teil etwa eines Menschen werden, eines Wesens, welches das Attribut des Bewusstseins besitzt. Entsprechend ist eine Zelle sich ihrer selbst potentiell bewusst, sofern die richtigen Umstände eintreten. Im Besonderen ist sie sich ihrer in dem Sinne potentiell bewusst, dass sie Teil eines Ganzen zu werden vermag, dem wir Bewusstsein zuschreiben, etwa einer menschlichen Person.

Ziehen wir eine Analogie. Eine Zelle ist als Ganze gewahr, und die wirklichen chemischen Bestandteile einer beliebigen Zelle besaßen das Potential, zu Teilen jener Zelle zu werden. Nehmen wir als Beispiel eines der Cytosinmoleküle (chemische Formel: $C_4H_5N_3O$), das sich mit Guanin verbindet, um eine Stufe in der Doppelhelix der DNS zu bilden. Dieses besondere Molekül besitzt in dem Sinne ein potentielles Gewahrsein, dass es, sofern die entsprechenden Umstände eintreten, Teil einer ganzen Zelle wird, der wir Gewahrsein zusprechen.

Diese Analogie leistet zweierlei. Zum einen behandelt sie sowohl Bewusstsein wie auch Gewahrsein als Teil-Ganzes-Relationen, was auch zuzutreffen scheint. Zum anderen behandelt sie Bewusstsein und Gewahrsein in zwei Formen, nämlich als potentielles und als aktuales. Trifft die Analogie zu, so erlaubt sie uns zu sagen, dass Bewusstsein in den Teilen, aus denen sich eine Person mit Bewusstsein zusammensetzt, bereits *in potentia* existiert und dass analog Gewahrsein in den Teilen, aus denen sich eine Zelle zusammensetzt, *in potentia* existiert.

Kehren wir nun zum Cobb-Einwand gegen emergentes Mentales zurück, nach dem sich Bewusstsein nicht von etwas herleiten lässt, das kein Bewusstsein besitzt. Für einen Cartesianer ist dies zutreffend: *Res cogitans* und *res extensa* stellen Gegensätze dar. Entsprechend kann für Descartes das eine niemals aus dem anderen emergieren, da er von vornherein voraussetzt, dass es keine Potentialität für einen solchen Übergang gibt. Demgegenüber bieten abendländische Philosophie und Wissenschaft eine Reihe von Erklärungsmodellen für einen Übergang vom Potentiellen zu Aktualen. So könnten wir naturwissenschaftlich fundierte Analogien wie die der Superposition, etwa im „Zusammenbruch" der (probabilistischen) Wellengleichung Schrödingers zu einem besonderen makrophysikalischen Zustand, heranziehen.[5] Ganz allgemein verfügt die abendländische Metaphysik über ein reiches Erbe an Erklärungsmodellen für den Übergang von Potentiellem zum Aktualem, etwa in Form metaphysischer Systeme, die von Aristoteles inspiriert sind, oder in Form der dialektischen Philosophien der Deutschen Idealisten. Diese Errungenschaften stellen reiche Ressourcen für eine begriffliche Erklärung des Übergangs von potentiellem zu aktualem Gewahrsein dar.[6] In dem Maße, in dem sich dieser Übergang verständlich machen lässt, lässt sich auch der Cobb-Einwand entkräften.

(3) Gradualistischer panentheistischer Panpsychismus

1. Gott ist eine mentale Entität, die Quelle alles Mentalen.
2. Alles ist in Gott.
3. Folglich sind alle Entitäten mentale Entitäten.

---

[5] Die Quantenphysik bietet eine empirische Grundlage, um über das Konzept von Aktualität und Möglichkeit oder Potentialität nachzudenken. „Potenziell gewahr" und „aktual gewahr" können auf eine Weise existieren, dass sie analog zur Quantensuperposition sind (dieses Argument habe ich in einem Gespräch mit Godehard Brüntrup im Oktober entwickelt). Wir wissen, dass die Kopenhagener Interpretation der Quantenphysik die Zustände erlaubt, die eine Superposition von aktual und potenziell sind. In dem als Schrödingers Katze bekannten Experiment existiert die Katze in den Zuständen von Superposition tot oder lebendig, bis eine Messung den Zusammenbruch der Wellenfunktion in entweder tote Katze oder lebendige Katze verursacht. Ein sogenannter Quantencomputer (wenn sowas gebaut werden kann) würde mächtig sein, weil jedes Bit („Qubit") nicht nur zwei, sondern drei verschiedene Zustände aufzeigen könnte: An, aus oder unbestimmt. Bislang waren die Physiker*innen fähig, bis zu 50 einzelne Atome in einem einzelnen Traps vorzubereiten. Diese Matrizen erweitern das Quantenpotential weit über die üblichen Maße der Vorkommnisse.

[6] Natürlich wissen wir es nicht im Voraus. Vielleicht brauchen wir eine dreiwertige Logik für subzelluläre Einheiten, genauso wie wir es für Objekte und Zustände haben, die den Quanteneffekt offenbaren.

Auf der Konferenz in München im August haben Benedikt Paul Göcke und andere überzeugend dafür argumentiert, dass die Annahme, *alles sei in Gott*, nicht ausreiche, um den Panentheismus von den unterschiedlichen Formen des klassischen Theismus abzugrenzen. In jedem Fall kann eine Position nicht als Panentheismus gelten, wenn sie *nicht* in irgendeiner Form (2) annimmt. Was (1) betrifft, so handelt es sich hierbei um eine Annahme über Gott, die in unterschiedlichen Formen nahezu in der gesamten Theologiegeschichte vertreten worden ist. Wenn Gott beispielsweise einen Körper hat, ist Gott nicht einfach ein materielles Wesen. Auf Gott angewandt, kann „mentale Entität" eine Reihe unterschiedlicher Bedeutungen haben: „besitzt (oder besitzt wesentlich) mentale Attribute" oder „ist ausschließlich mentaler Natur" in dem Sinne, dass er keine physischen Attribute besitzt, oder „ist die Quelle alles Mentalen" oder „ist Mentales an sich" usw. Wenn hieraus (3) folgt, dann können wir vom Panentheismus auf den Panpsychismus schließen.

Wenn wir näher über dieses Argument nachdenken, dürften uns gleich mehrere Dinge klar werden. Zunächst ist der Schluss nicht gültig.[7] Wenn wir in (2) annähmen, dass „alles Gott *ist*", dann könnte die Konklusion vielleicht folgen. Allerdings wäre dies dann Pantheismus, nicht mehr Panentheismus.

Das Argument erfordert zudem eine nähere Analyse dessen, was unter einer *mentalen Entität* zu verstehen ist. Angesichts der Ungenauigkeit des Terminus selbst kann dieser lediglich als loser Sammelbegriff für eine Reihe unterschiedlicher Vorstellungen fungieren. Deshalb schreibt Uwe Meixner im Sammelband von Brüntrup und Jaskolla: „Die unmittelbare Folge dieser Idee [Panentheismus] besteht darin, dass alles (kraft seines Eingefasstseins in die Gesamtheit von Erfahrung, die zugleich die Gesamtheit aller Erfahrungen ist) in Gott ist, sei es als Erfahrung selbst, sei es als Subjekt oder Objekt von Erfahrung."[8] Prozesstheologen haben diese Optionen überaus detailliert analysiert. Whiteheads „*objektive* Unsterblichkeit" etwa besagt, dass das Resultat der schöpferischen Aktivität (Konkreszenz) in Gott ist. Marjorie Suchockis „*subjektive* Unsterblichkeit" andererseits verlegt die aktuale Entität in das Werden innerhalb von Gott selbst.

Die Mehrdeutigkeit des Begriffs „mentale Entität" und der Präposition „in" in „Panentheismus" macht einen direkten Schluss vom Panentheismus auf einen Panpsychismus im vollen bzw. „maximalen" Sinn unmöglich.[9] Ein Panpsychis-

---

[7] Um erfolgreich zu sein, müsste (2) „Alles ist Gott" heißen (und selbst dann gibt es Probleme, wie wir von Shankaras Philosophie lernen können). Panentheismus unterscheidet sich von Pantheismus genau, weil er diese Behauptung nicht macht.

[8] U. Meixner, Idealism and Panpsychism, in: G. Brüntrup/L. Jaskolla (Hg.), Panpsychism: Contempory Perspectives, Oxford 2016, 388–406, 399 [Übersetzung: Christian Hengstermann].

[9] Die Frage, ob der Panpsychismus dem Panentheismus dienlich ist, ist sehr interessant, gleichwohl ich hier keine Möglichkeit habe, eine Argumentation zu entfalten. Robert C. Whittmore argumentiert, dass der Panpsychismus ein Panentheismus werden kann oder,

mus folgt nicht, wenn das panentheistische „in" als räumliches „in" interpretiert wird. Er folgt auch dann nicht, wenn es ein endliches „in" innerhalb des Unendlichen bezeichnet. Wenn und ehe man nicht gezeigt hat, dass das panentheistische „in" notwendig macht, dass jede existierende Entität an sich eine mentale Entität ist (also Mentales als eine ihrer Eigenschaften besitzt), ist man keineswegs gezwungen, einen maximalen Panpsychismus anzunehmen. Natürlich kann man einen maximalen Panpsychismus aus anderen Gründen verteidigen, aber rein für sich reicht der Panentheismus hierfür nicht aus.

Allerdings ist der Panentheismus für einen emergentistischen Panpsychisten sehr wohl hilfreich. Selbst ein minimaler (Pan-en-)Theismus nimmt eine göttliche Schöpfungsabsicht und ein fortwährendes Locken hin zu einem Telos, das mit der göttlichen Natur übereinstimmt, an. Da aber die göttliche Natur selbst etwas Mentales ist oder einschließt, sollte man auch annehmen, dass das Telos ebenfalls etwas Mentales ist oder einschließt. Ein solches geschaffenes Mentales mag zur Zeit des Urknalles noch nicht instanziiert sein. Es könnte vielmehr Produkt eines Universums sein, das fortwährend zur göttlichen Natur hingelockt wird. Dieses Ergebnis stimmt mit dem überein, was wir über die kosmische Evolution wissen, mit den mathematischen Gesetzen der Astrophysik, die Gottes Beständigkeit zu reflektieren scheinen, mit den sich selbst strukturierenden biochemischen Strukturen, mit der Emergenz von Gewahrsein und zielgerichtetem Verhalten am Anbeginn der Biosphäre und mit der graduellen Entwicklung der Fähigkeit, Gott zu erkennen und zu verehren. Ein gradualistischer panentheistischer Panpsychismus wird so zur Annahme, dass Gott die Schöpfung von einem „potentiellen

---

umso stärker, ein Panpsychismus einen Panentheismus impliziert oder beinhaltet. Er verwendet diese Passage von John Fisk: „Panpsychism becomes panentheism in the realization that this ‚Life' manifest in all nature is ‚only a specialized form of the Universal Life,' which is that ‚eternal God indwelling in the universe, in whom we live and move and have our being.' For if, as noted earlier, God cannot be conceived as something outside the universe (as maintained in anthropomorphic theism), and if, as has been shown, we cannot identify Him or It with the universe phenomenally manifest (since this would be pantheism), then it must be that the one (theistic) alternative remaining is the truth: the universe is (as panentheism teaches) inside God!" (R.C. WHITTEMORE, Makers of the American Mind. Three Centuries of American Thought and Thinkers, New York 1964, 303). Whittemore bemerkt richtigerweise die Inferenz vom Panpsychismus zum Panentheismus, wobei nur er hinzufügt, dass die Inferenz keines maximalen Panpsychismus bedarf; sie funktioniert genauso gut vom Standpunkt eines maximalen Panpsychismus.

Gewahrsein" zu einem „aktualen Gewahrsein" lockt, und zwar so, dass sowohl die Transzendenz wie auch die Immanenz Gottes gewahrt bleiben.

(4) „Gott in allen Dingen" und der Grund des Mentalen

Wir haben bislang über das „alle Dinge in Gott" gesprochen. Wir müssen uns nun dem zweiten „in" im Panentheismus zuwenden, dem „Gott ist in allen Dingen":

1. Gott ist in allen Dingen.
2. Wo immer Gott ist, ist auch Mentales.
3. Mentales ist in allen Dingen.

Proposition (1) ist die Reformulierung eines zentralen biblischen Motivs, wie es etwa in Apg 17,29 zum Ausdruck kommt, wo Paulus von Gott als dem spricht, „in dem wir leben, uns bewegen und unser Dasein haben." Dieselbe Annahme findet sich in nahezu allen Formen des abendländischen Panentheismus. Göcke und andere haben gezeigt, dass (1) nicht spezifisch panentheistisch ist. Allerdings bezeichnet ein „Gott in allen Dingen" eines von zwei „ins", die auch ein minimalerer Panentheismus annehmen muss. Auch (2) dürfte für Theisten unproblematisch sein. Wenn daraus (3) folgt, liegt ein zweiter Schluss vom Panentheismus auf einen Panpsychismus vor. Allerdings müssen wir uns auch hier wieder fragen, was für ein Panpsychismus dies ist.

Skrbina hat dies treffend auf den Punkt gebracht:

In latenter und problematischer Weise legt christliche Theologie eine schwache Form des Panpsychismus nahe. Wenn Gott allgegenwärtig ist, dann ist er offenbar ‚in' allen Dingen; dies deutet auf einen Panentheismus. Wenn ein Teil Gottes in einem Ding ist und dieser Teil in welcher Weise auch immer eine unabhängige Individualität annimmt, dann ließe sich dies durchaus als ‚monistischer Panpsychismus' beschreiben.[10]

Skrbina erkennt, dass „der Panentheismus mit einem Panpsychismus verwechselt werden kann." Wie wir allerdings im vorherigen Teil gesehen haben, dürfen die beiden nicht miteinander gleichgesetzt werden, wenngleich Ersterer sehr wohl mindestens eine evolutionäre Form von Letzterem impliziert.

Schließlich, legt Skrbina dar, „ist Gott nach traditioneller Sicht allgegenwärtig. Wenn Gott aber für Intellekt oder Geist steht, dann kann man sagen, dass alle Dinge Geist enthalten, nämlich den Geist Gottes."[11] Es stellt sich dann also die

---

[10] SKRBINA, Panpsychism in the West [wie Anm. 1], 274, n. 24 [Übersetzung: Christian Hengstermann].
[11] SKRBINA, Panpsychism in the West [wie Anm. 1], 21 [Übersetzung: Christian Hengstermann].

Frage, ob das zweite „in" im Panentheismus, das „Gott in der Welt", eine strengere Form von Panpsychismus nach sich zieht als das erste „in", „die Welt in Gott".

Um auch diesen letzten Einwand gegen einen gradualistischen Panpsychismus zu entkräften, dürfte ein kurzer Exkurs hilfreich sein. Thomas Nagel ist ein Nicht-Theist, der dem Geist eine grundlegende Rolle zuspricht: „Als Entwicklung des Lebens muss der Geist als jüngste Stufe dieser langen kosmischen Geschichte eingeschlossen werden. Sein Auftreten wirft, meine ich, einen langen Schatten über den gesamten Prozess und die Bestandteile und Prinzipien, von denen dieser Prozess abhängig ist, voraus."[12]

Nagel vertritt die Ansicht, dass das graduelle Auftreten von Geist im Zuge der kosmischen Geschichte erfordert, dass man auch annimmt, der Geist sei im Universum von Anfang an als grundlegendes Prinzip gegenwärtig gewesen, so wie auch Physiker analog annehmen, dass die physikalischen Gesetze und Masse/Energie von Anfang an gegenwärtig gewesen seien. Er argumentiert wie folgt:

Wenn der Geist also ein Produkt der biologischen Evolution ist – wenn Organismen mit einem mentalen Leben nicht Wunder und Anomalien, sondern ein integraler Bestandteil der Natur sind –, dann kann die Biologie keine rein physikalische Wissenschaft sein. Es ergibt sich vielmehr die Möglichkeit einer umfassenden Konzeption der natürlichen Ordnung, die sich grundlegend vom Materialismus unterscheidet, einer Konzeption, in der der Geist eine zentrale Rolle spielt und nicht etwa nur Nebenprodukt physikalischer Gesetze ist.[13]

Bei genauerer Lektüre dieser Passage stellt man jedoch fest, dass Physik und Biologie nicht analog sind. Zwar müssen Physiker postulieren, dass die grundlegenden physikalischen Partikel und Kräfte seit dem Urknall gegenwärtig gewesen sind, da sie schon für die Erklärung der ersten Minuten kosmischer Geschichte unverzichtbar sind.[14] Die Gegenwart mentaler Entitäten oder Eigenschaften wie Gewahrsein lässt sich aber nicht in derselben Weise postulieren. Man kann zwar annehmen wollen, dass der Geist auch in den ersten Millionen Jahren kosmischer Geschichte „eine zentrale Rolle spielt". Allerdings fehlt es an empirischen Gründen für ein solches Postulat, dessen es zu diesem Punkt eigentlich nicht bedarf.

Dies führt uns zum Cobb-Einwand zurück. Anti-Emergentisten wie Nagel antworten, dass der Geist, wenn wir nicht postulieren, dass er von Beginn an existiert, weder in biologischen noch in psychologischen Erklärungen eine Rolle spielen kann. Dies träfe vielleicht zu, wenn es sich bei den einzigen Optionen, über die die Philosophie verfügt, um *x existiert* und *x existiert nicht* handelte. In Wirk-

---

[12] NAGEL, Mind and Cosmos [wie Anm. 3], 8 [Übersetzung: Christian Hengstermann]; dies gehört zu seiner Nicht-Emergenz-These, die besagt, dass es keine wirklich emergenten Eigenschaften von komplexen Systemen gibt.
[13] NAGEL, Mind and Cosmos [wie Anm. 3], 15 [Übersetzung: Christian Hengstermann].
[14] Vgl. ST. WEINBERG, The First Three Minutes. A Modern View of the Origin of the Universe, New York 1977.

lichkeit aber gehören zu unseren Ressourcen auch überzeugende Theorien des Werdens als der Bewegung von einer Sache zu einer anderen. Die aristotelische/n Tradition/en bietet/n schlüssige Analysen zum Status von Potentialität und zum Übergang von Potentiellem zu Aktualem. Als Naturwissenschaftler weist Stuart Kauffmann dem „benachbarten Möglichen" in der Quantenphysik eine quasikausale Rolle, in der biologischen Evolution die einer Formal- und Strukturursache zu.[15] Diese Beiträge nehmen dem Cobb-Einwand einiges von seiner argumentativen Kraft.

Lassen wir den Cobb-Einwand aber beiseite, ergibt sich als gemeinsame Überzeugung, dass es *eine Grundlage für die graduelle Evolution von Mentalem geben muss*. Hier können wir der Behauptung Nagels beipflichten: „Wir selbst sind große, komplexe Instanzen von etwas, das zugleich äußerlich objektiv-physisch und innerlich subjektiv-mental ist. Vielleicht durchdringt dieser Grund die Welt insgesamt."[16] Interessanterweise kann Nagel, wenn er von diesem „Grund" zu sprechen beginnt, eine theologische Sprache nicht vermeiden:

Oder vielleicht sind, wie Colin McGinn [1989] in einem berühmten Argument dargelegt hat, Menschen strukturell unfähig, das Wesen der Eigenschaften, die dem Bewusstsein zugrunde liegen, zu begreifen. Es könnte gleichwohl sein, dass die Emergenz von Bewusstsein aus Nicht-Bewusstsein zwar für uns, nicht aber für Gott unverständlich ist.[17]

Nagel hätte genauer noch schreiben können, dass „die Emergenz von Bewusstsein aus Nicht-Bewusstsein sowohl für Gott [...] wie auch für uns verständlich ist, wenn wir, und sei es nur als sehr vorsichtige Hypothese, die Vorstellung eines Gottes und einer göttlichen Schöpfung in Betracht ziehen." Viele Panentheisten nehmen an, dass der göttliche Geist der Schöpfung des Universums vorausgeht, so dass die Schöpfung eine göttliche Absicht und andere Merkmale des Wesens Gottes offenbart. Das Telos von Gottes fortwährendem Schöpfungshandeln besteht in den Worten des *Kürzeren Westminster Katechismus* in Folgendem: „Das höchste Ziel des Menschen ist es, Gott zu verherrlichen und ihn immerfort zu genießen." Ein solches Ziel erfordert nicht, dass es in den Geschöpfen von Anfang an *actualiter* etwas Mentales gegeben hat. Es erfordert aber sehr wohl, dass es immer schon *in potentia* existiert hat. Diese Bedingung ist erfüllt, da das Universum insgesamt den Geist seines Schöpfers und die göttliche Absicht widerspiegelt, dass Mentales schließlich emergiert und sich in der geschaffenen Welt offenbart.

---

[15] Vgl. St. Kauffman, Beyond the Stalemate. Conscious Mind-Body – Quantum Mechanics –Free Will – Possible Panpsychism - Possible Interpretation of Quantum Enigma, in: arXiv by Cornell University (Oktober 2014), https://arxiv.org/abs/1410.2127 [Zugriff: 08.09.2019].

[16] Nagel, Mind and Cosmos [wie Anm. 3], 42 [Übersetzung: Christian Hengstermann].

[17] Ph. Goff, Panpsychismus, in: Strandford Journal of Philosophy (July 2017), https://plato.stanford.edu/entries/panpsychism/#AntiEmerArgu [Zugriff: 30.08.2019].

3. Schluss

Schauen wir auf unser Argument zurück, dann sehen wir, dass diese Debatte für einen besonderen Teilaspekt eines noch viel umfassenderen Projekts steht: Es geht darum, sich anspruchsvolle Antworten zu überlegen, die gleichermaßen zentralen theologischen Ansprüchen einerseits und dem Besten in der zeitgenössischen Philosophie und Wissenschaft andererseits gerecht werden. Ein Erfolg ist unmöglich, wenn es an Teilnehmern fehlt, die willens sind, die Tür auf der einen wie auf der anderen Seite offen zu halten. Auf der einen Seite begreifen die Richard Dawkinse und die Dan Dennetts die natürliche Welt auf eine solche Weise, dass Mentales und mithin Gott darin keine grundlegende Rolle spielen kann. Auf der anderen Seite sind es Befürworter eines von der Welt abgetrennten Gottes, eines cartesischen Dualismus oder eines interventionistischen göttlichen Handelns, von denen die Diskussion beendet wird.

Wir alle kennen Theologen, die willens sind, harte Arbeit in Philosophie und Wissenschaft zu leisten, um die Diskussion zu eröffnen. Nicht minder wichtig sind aber Wissenschaftler wie Stuart Kauffman und säkulare Philosophen wie Thomas Nagel. In der folgenden Passage etwa sehen wir, wie weit sich ein Nicht-Theist in das begriffliche Terrain des Theismus begibt:

Meine Präferenz für eine immanente, natürliche Erklärung stimmt mit meinem Atheismus überein. Allerdings könnte auch ein Theist, der glaubt, dass letztlich Gott für das Auftreten von bewusstem Leben verantwortlich ist, annehmen, dass dies als Teil einer von Gott geschaffenen, aber keiner weiteren göttlichen Intervention bedürftigen natürlichen Ordnung geschieht. Ein Theist, der in der Philosophie des Geistes nicht einem Dualismus anhängt, könnte von der natürlichen Möglichkeit bewusster Organismen ausgehen, zusammengesetzt und vielleicht unterstützt von den Gesetzen der psychophysischen Emergenz. Es schiene mir allzu kompliziert und willkürlich, wollte man die Möglichkeit bewussten Lebens als Konsequenz einer von Gott geschaffenen natürlichen Ordnung ansehen, zugleich aber seine Aktualität einer späteren göttlichen Intervention zuschreiben. Eine Form des teleologischen Naturalismus sollte aus diesen Gründen auch für diejenigen, die glauben, dass letztlich Gott für alle Dinge verantwortlich ist, nicht weniger glaubhaft scheinen als eine interventionistische Erklärung.[18]

Nagels Worte geben das Ziel dieses Vortrages und in gewisser Weise auch sein Ergebnis treffend wieder. Unter Vermeidung eines Leib-Seele-Dualismus habe ich mir einen teleologischen Naturalismus zu eigen gemacht und nur dort Mentales angenommen, wo es auch beobachtbar und für die Erklärung von Phänomenen relevant ist. Zugleich habe ich die Fragen vom Standpunkt eines Panentheisten behandelt. Diese beiden Vorgaben haben mich dazu bewogen, eine Form von emergentem Mentalen zu finden, die mit dem zweifachen „in" des Panentheismus kompatibel ist: alle Dinge in Gott und Gott in allen Dingen. Die Erfordernisse

---

[18] NAGEL, Mind and Cosmos [wie Anm. 3], 95 [Übersetzung: Christian Hengstermann].

von Theologie, Philosophie und Wissenschaft werden, wie ich argumentiert habe, am besten in einem gradualistischen Panpsychismus erfüllt, der die Aktualität des göttlichen Geistes, die Potentialität des Mentalen vom Beginn der Schöpfung an und die aktuale Emergenz von Mentalem im Laufe der Evolution annimmt.[19]

Aus dem Englischen übersetzt von Christian Hengstermann

Verwendete Literatur

GOFF, Philip: Panpsychismus, in: Strandford Journal of Philosophy (July 2017), https://plato.stanford.edu/entries/panpsychism/#AntiEmerArgu [Zugriff: 30.08.2019].

KAUFFMAN, Stuart: Beyond the Stalemate. Conscious Mind-Body – Quantum Mechanics – Free Will – Possible Panpsychism – Possible Interpretation of Quantum Enigma, in: https://arxiv.org/abs/1410.2127 [Zugriff: 30.08.2019], Oktober 2014.

MEIXNER, Uwe: Idealism and Panpsychism, in: G. BRÜNTRUP/L. JASKOLA (Hg.), Panpsychism: Contemporary Perspectives, Oxford 2016.

MICHAELSON, Jay: Everything Is God. The Radical Path of Nondual Judaism, Boston 2009.

NAGEL, Thomas: Mind and Cosmos. Why the Materialist Neo-Darwinian Conception of Nature is Almost Certainly False, New York 2012.

SKRBINA, David: Panpsychism in the West, Cambridge MA 2005.

WEINBERG, Steven: The First Three Minutes. A Modern View of the Origin of the Universe, New York 1977.

WHITEHEAD, Alfred North: Process and Reality, New York 1978.

WHITTEMORE, Robert C.: Makers of the American Mind. Three Centuries of American Thought and Thinkers, New York 1964.

---

[19] Bei meinem Paper für die Tagung im Oktober in Stuttgart bin ich Andrew M. Davis dankbar, an dem er als mein wissenschaftlicher Mitarbeiter mitgearbeitet hat. Unsere Gespräche waren wichtig, um die Schlüsselfragen des Papers zu formulieren, und ein paar Ideen des Papers entstammen meinen Diskussionen mit ihm (was nicht heißt, dass Davis meinen Schlussfolgerungen zustimmt). Jede*r Autor*in weiß um die Wichtigkeit der formativen Diskussionen, die kurz vor dem Schreiben geschehen, und es ist eine besondere Freude, wenn diese Diskussionen mit einem oder einer Studierenden geschehen.

Benedikt Paul Göcke

Universaler und restriktiver Panpsychismus

Nach der Klärung einiger für die Diskussion zentraler Begriffe wird im Folgenden Claytons Argument für den restriktiven Panpsychismus analysiert und aufgrund zweier problematischer Implikationen zugunsten eines universalen Panpsychismus zurückgewiesen.

1. Konkrete Einzeldinge und mentale Eigenschaften

Folgende Annahmen werden der Diskussion zugrunde gelegt:

(1) Eine Entität ist genau dann ein konkretes Einzelding, wenn sie über kausale und logische Eigenschaften verfügt, die über die kausalen und logischen Eigenschaften ihrer echten Teile hinausgehen, sich aber aus der systematischen Struktur und Anordnung der Teile ergeben; wenn ihr also an sich kausale und logische Eigenschaften zugesprochen werden können, die nicht auf die kausalen und logischen Eigenschaften ihrer echten Teile reduzierbar sind, aber notwendigerweise in ihrer Struktur und Anordnung gründen. Im Unterschied zu einem Konglomerat kann ein konkretes Einzelding, wenn es aus Teilen konstituiert ist, somit von den es konstituierenden Teilen aufgrund seiner kausalen und logischen Eigenschaften als ein Ganzes an sich unterschieden werden.[1] Ein Wasserstoffmolekül ist beispielsweise ein konkretes Einzelding, da ihm kausale und logische Eigenschaften zugesprochen werden können, die nicht auf die kausalen und logischen Eigenschaften von Wasserstoff und Sauerstoff reduziert werden können, sich aber aus der systematischen Struktur und Anordnung von Wasserstoff und Sauerstoff ergeben. Eine beliebige Ansammlung von Tischen ist hingegen kein konkretes Einzelding, da ihr keine kausalen und logischen Eigenschaften zugeschrieben werden können, die über die kausalen und logischen Eigenschaften der einzelnen Tische hinausgehen und sich notwendigerweise aus der Anordnung der Tische ergeben.

(2) Eine mentale Eigenschaft ist eine Eigenschaft, deren Exemplifizierung die Existenz eines Erfahrungssubjektes voraussetzt. Es ist daher nicht möglich, dass eine

---

[1] Die Frage, ob durch diese Definition ein Großteil der im Alltag als konkrete Einzeldinge angesprochenen Entitäten fälschlicherweise so klassifiziert wird, kann an dieser Stelle nicht behandelt werden.

mentale Eigenschaft exemplifiziert wird, ohne dass dadurch zugleich die Existenz eines Erfahrungssubjektes impliziert wird. Der Begriff des Erfahrungssubjektes wird an dieser Stelle metaphysisch minimal verstanden und besagt nicht mehr, als dass es zur Zeit der Exemplifizierung der mentalen Eigenschaft ein Subjekt dieser Eigenschaft gibt.² Wie Shoemaker es formuliert: „[It is] an obvious conceptual truth that an experiencing is necessarily an experiencing by a subject of experience, and involves that subject as intimately as a branch-bending involves a branch."³ Durch die Exemplifizierung einer mentalen Eigenschaft ist dem Erfahrungssubjekt darüber hinaus notwendigerweise ein intentionaler Gegenstand qualitativ gegeben: „Consciousness as a dimension of subjectivity is primarily intentional, and characterized by some basic form of selfhood and experiential feeling"⁴.

---

² An dieser Stelle bleibt offen, ob ein Erfahrungssubjekt existieren kann, ohne mentale Eigenschaften zu exemplifizieren.

³ S. SHOEMAKER, The First-Person Perspective and Other Essays, Cambridge 1986, 10; vgl. auch J. FOSTER, The Immaterial Self: A Defence of the Cartesian Dualist Conception of the Mind, London 1991, 205: „If P is a pain-sensation occurring at a certain time t [...] we should ultimately represent the occurrence of P as the event of a certain subject's being in pain at t. And if D is a decision occurring at t, [...] we should ultimately represent the occurrence of D as the event of a certain subject's taking a decision at t. Quite generally, [...] we must represent each episode of mentality as the event of a subject's being in a certain mental state at a certain time, or performing a certain act at a certain time, or engaging in a certain mental activity over a certain period of time."

⁴ M. BLAMAUER, Taking the Hard Problem of Consciousness Seriously: Dualism, Panpsychism and the Origin of the Combination Problem, in: DERS. (Hg.), The Mental as Fundamental. New Perspectives on Panpsychism. Frankfurt a. M. 2011, 103; vgl. G. STRAWSON, Panpsychism? Reply to Commentators with a Celebration of Descartes, in: A. FREEMAN (Hg.), Consciousness and its Place in Nature. Does Physicalism entail Panpsychism?, Exeter 2006, 189: „Experience necessarily involves experiential ‚what-it-is-likeness', and experiential what-it-is-likeness is necessarily what-it-is-likeness *for* someone-or-something. Whatever the correct account of the substantial nature of this experiencing something, its existence cannot be denied." Es folgt, dass ein konkretes Einzelding zu einem bestimmten Zeitpunkt entweder mentale Eigenschaften exemplifiziert und somit zumindest im minimalen Sinn ein Erfahrungssubjekt ist oder nicht. Da ein Erfahrungssubjekt zu einem bestimmten Zeitpunkt entweder existiert oder nicht, folgt, dass Claytons Vermutung, dass die Exemplifizierung mentaler Eigenschaften keine „‚entweder/oder'-Eigenschaft" ist, dass also nicht der Fall ist, dass „eine Entität entweder mental wäre (also die Eigenschaft des Mentalen besäße) oder nicht" (P. CLAYTON, Spielarten des Panpsychismus, in: B.P. GÖCKE/K. MÜLLER/F. SCHIEFEN (Hg.), Welt – Geist – Gott, Münster 2020, 3), zurückgewiesen werden muss. Für jedes konkrete Einzelding gilt: Entweder ist es ein Erfahrungssubjekt mit mentalen Eigenschaften oder nicht. Clayton scheint aber auch nur auf die Annahme verpflichtet zu sein, dass es falsch ist, dass der Panpsychismus impliziert, dass alle konkreten Einzeldinge Erfahrungssubjekte sind: „Ich möchte allerdings vorschlagen, dass wir Denkwege jenseits dessen einschlagen, wenn wir uns mit dem Panpsychismus befassen. Insbesondere im Kontext des Panentheismus sollte sich der Panpsychismus komplexer darstellen als etwa die These, dass sich alle Stufen der Evolution unter dem Begriff ‚Pan-Psyche' oder

2. Restriktiver und universaler Panpsychismus

Basierend auf diesen Definitionen über konkrete Einzeldinge und mentale Eigenschaften können zwei panpsychistische Thesen formuliert werden, die sich durch die unterschiedliche Interpretation des panpsychistischen Allquantors „Pan" differenzieren lassen: der restriktive und der universale Panpsychismus. Unter einem restriktiven Panpsychismus wird die These verstanden, dass es (a) ein bestimmtes Level der physikalischen Komplexität der ontologischen Konstitution eines konkreten Einzeldinges gibt, das hinreichend und notwendig für die Exemplifizierung mentaler Eigenschaften ist, und dass (b) jedes konkrete Einzelding, welches mindestens über die Komplexität des Levels L verfügt, mentale Eigenschaften hat. Im Gegensatz zum restriktiven Panpsychismus geht der universale Panpsychismus davon aus, dass es kein für die Exemplifizierung mentaler Eigenschaften notwendiges und hinreichendes Level der physikalischen Komplexität der ontologischen Konstitution konkreter Einzeldinge gibt und jedes konkrete Einzelding, unabhängig von der Komplexität seiner ontologischen Konstitution, mentale Eigenschaften exemplifiziert.

Basierend auf der Unterscheidung zwischen restriktivem und universalem Panpsychismus kann Claytons Argument als Argument für einen restriktiven Panpsychismus verstanden werden: Clayton argumentiert, dass das für die Exemplifizierung mentaler Eigenschaften notwendige und hinreichende Level der physikalischen Komplexität eines konkreten Einzeldinges durch die Komplexität selbst-reproduzierender biologischer Zellen ontologisch fixiert ist. Die physikalische Komplexität einer solchen Zelle bestimmt die Komplexitätsgrenze, von der an aufwärts allen konkreten Einzeldingen mentale Eigenschaften zugesprochen werden können. Wie Clayton es formuliert: „Nach dieser Sicht legen die Partikeln und physischen Zustände etwa von Makrophysik und physikalischer Chemie nichts eigentlich Mentales an den Tag. Sie verfolgen etwa keine Absichten. Im Gegensatz dazu verfügt die erste sich selbst reproduzierende Zelle sehr wohl über ein primitives Gewahrsein von ihrer Umwelt."[5] Damit konkrete Einzeldinge über mentale Eigenschaften verfügen, muss das physikalische Universum diese also erst

---

mit David Ray Griffin als ‚Pan-Erfahrung' zusammenfassen lassen." (P. CLAYTON, Spielarten des Panpsychismus, in: B.P. GÖCKE/K. MÜLLER/F. SCHIEFEN (Hg.), Welt – Geist – Gott, Münster 2020, 1).

[5] CLAYTON, Spielarten des Panpsychismus [wie Anm. 4], 4; vgl. ebd., 6: „In der Zurückweisung eines physikalistischen Reduktionismus stimmen Nagel und ich überein, nicht aber in der Frage, ab wann es dieses ‚etwas mehr' braucht. Er ist der Ansicht, der Geist müsse, wenn man den Physikalismus besiegen wolle, für alle Dinge grundlegend sein. Demgegenüber meine ich, dass ihm zum ersten Mal bei der Erklärung von sich selbst reproduzierenden Zellen eine grundlegende Rolle zukommt. Ab dem Stadium der Zellen sind wir einer Meinung."

durch ein bestimmtes Level der Komplexität freischalten. Konkrete Einzeldinge, die auf der Komplexitätsskala unterhalb der ontologischen Komplexitätsgrenze einer biologischen Zelle zu verorten sind, haben im restriktiven Panpsychismus Claytons keine mentalen Eigenschaften. Für sie gilt, dass sie mentale Eigenschaften nur *in potentia* exemplifizieren: „Trifft die Analogie zu, so erlaubt sie uns zu sagen, dass Bewusstsein in den Teilen, aus denen sich eine Person mit Bewusstsein zusammensetzt, bereits *in potentia* existiert und dass analog Gewahrsein in den Teilen, aus denen sich eine Zelle zusammensetzt, *in potentia* existiert."[6]

3. Die mangelnde Intelligibilität inter-attributiver Emergenz

Obwohl der von Clayton entwickelte restriktive Panpsychismus *prima facie* mit der Intuition eines evolvierenden Universums harmoniert, das aufgrund steigender Komplexität im Laufe der Zeit sein Potential zur Entwicklung bewusster konkreter Einzeldinge realisiert, steht er *secunda facie* vor mindestens zwei theoretischen Schwierigkeiten, die zusammengenommen gegen seine und für die größere Plausibilität des universalen Panpsychismus sprechen.

Dass konkrete Einzeldinge, die nicht über mentale Eigenschaften verfügen, ab einem bestimmten Level physikalischer Komplexität ein von ihnen verschiedenes konkretes Einzelding konstituieren, welches dann mentale Eigenschaften hat, impliziert, dass ab dem spezifizierten Komplexitätslevel mentale Eigenschaften aus nicht-mentalen Eigenschaften emergieren. Clayton spricht daher explizit vom „emergenten Mentalen" und „emergenten Panpsychismus". Vor diesem Hintergrund besteht das erste Problem des restriktiven Panpsychismus darin, dass die Emergenz von mentalen Eigenschaften aus nicht-mentalen Eigenschaften ein Fall einer inter-attributiven Emergenz wäre, die zwar als *factum brutum* postuliert werden kann, sich aber theoretischer Intelligibilität entzieht, da die emergenten mentalen Eigenschaften über keinerlei relevante ontische Gemeinsamkeit mit ihrer nicht-mentalen physikalischen Emergenzbasis verfügen. Die Behauptung der Emergenz des Mentalen aus dem Physikalischen ist daher ähnlich obskur wie die Behauptung einer inter-attributiven Emergenz von räumlicher physikalischer Ausdehnung aus mathematischen Strukturen und sollte somit zurückgewiesen werden.[7] Dass die mentalen Eigenschaften eines konkreten Einzeldinges im Rah-

---

[6] CLAYTON, Spielarten des Panpsychismus [wie Anm. 4], 6.
[7] Fälle von intra-attributiver Emergenz können naturgesetzlich eingefangen werden. Vgl. G. BRÜNTRUP, Das Leib-Seele-Problem. Eine Einführung. Stuttgart 2012, 68: „F ist eine [schwach] emergente Eigenschaft von S genau dann, wenn es (a) ein Gesetz gibt, nach dem alle Systeme mit dieser Mikrostruktur F haben, (b) die Eigenschaft aber nicht auf [K_1, ..., K_n; R] mikroreduzierbar ist. [Schwach e]mergente Eigenschaften werden als von den zugrun-

men des von Clayton vertretenen restriktiven Panpsychismus vor ihrer Realisierung *in potentia* in den dieses Einzelding konstituierenden Entitäten existieren, löst dieses Problem auch nicht, sondern verschleiert es nur: Denn entweder sind potentiell vorhandene mentale Eigenschaften mentale Eigenschaften oder nicht. Wenn sie mentale Eigenschaften sind, dann impliziert die These des restriktiven Panpsychismus den universalen Panpsychismus, der jedes konkrete Einzelding mit einem Erfahrungssubjekt identifiziert und ihm mentale Eigenschaften zuschreibt. Wenn potentielle mentale Eigenschaften keine mentalen Eigenschaften sind, dann ist der restriktive Panpsychismus auch unter Verwendung der Annahme einer Mentalität *in potentia* auf den problematischen Begriff einer inter-attributiven Emergenz verpflichtet.[8]

---

deliegenden Basiskomponenten bestimmt (mikrodeterminiert), sind aber nicht auf diese zurückführbar (nicht mikroreduzierbar)." Vgl. dazu G. Strawson, Realistic Monism. Why Physicalism entails Panpsychism, in: A. Freeman (Hg.), Consciousness and its Place in Nature. Does Physicalism entail Panpsychism?, Exeter 2006, 13: „Liquidity is often proposed as a translucent example of an emergent phenomenon, and the facts seem straightforward. Liquidity is not a characteristic of individual H_2O molecules. Nor is it a characteristic of the ultimates of which H_2O molecules are composed. Yet when you put many H_2O molecules together they constitute a liquid (at certain temperatures, at least), they constitute something liquid. So liquidity is a truly emergent property of certain groups of H_2O molecules. It is not there at the bottom of things, and then it is there." Dagegen sind Fälle vermeintlicher inter-attributiver Emergenz, in denen ein neuer und irreduzibler Eigenschaftstyp emergiert, theoretisch obskur: vgl. Strawson, Realistic Monism. Why Physicalism entails Panpsychism, in: A. Freeman (Hg.), Consciousness and its Place in Nature. Does Physicalism entail Panpsychism?, Exeter 2006, 15: „Suppose someone [...] proposes that all ultimates, all real, concrete ultimates, are, in truth wholly unextended entities: that this is the truth about their being; that there is *no* sense in which they themselves are extended; that they are real concrete entities, but none the less true-mathematical point entities. And suppose [this someone] goes on to say that when collections of these entities stand in certain [...] relations, they give rise to or constitute truly, genuinely extended concrete entities; real, concrete extension being in this sense an emergent property of phenomena that are, although by hypothesis real and concrete, wholly unextended. Well, I think this suggestion should be rejected as absurd."

[8] In anderen Worten, dass Mentalität vor seiner Aktualisierung *in potentia* existiert, löst nicht das von Clayton sogenannte Cobb-Problem, dass Mentales aus Nicht-Mentalem hervorgeht: „Dürften sie nur ein einziges Argument zur Verteidigung ihrer Position anführen, hielten Whiteheadsche Panpsychist*innen wohl allgemein dafür, dass Mentales nicht aus etwas entstehen könne, das nicht-mental sei. Da eine solche Ablehnung gradualistischer Theorien des Mentalen insbesondere mit dem Namen John Cobbs verbunden ist, möchte ich diese spezielle Kritik als den ‚Cobb-Einwand' bezeichnen." Clayton, Spielarten des Panpsychismus [wie Anm. 4], 4.

4. Die metaphysische Kontingenz der Emergenz mentaler Eigenschaften

Selbst wenn das Problem der mangelnden Intelligibilität inter-attributiver Emergenz gelöst werden könnte, stünde der restriktive Panpsychismus vor einem weiteren Problem, das aus der impliziten Annahme folgt, dass es ganz spezifische Gesetze gibt, denen zufolge konkrete Einzeldinge erst ab einer bestimmten Stufe ihrer ontologischen Komplexität mentale Eigenschaften exemplifizieren. Basierend auf der Annahme, dass jedes Gesetz entweder ein logisches, ein physikalisches oder ein metaphysisches Gesetz ist, folgt in einem ersten Schritt, dass die vom restriktiven Panpsychismus vorausgesetzten mentalen Emergenzgesetze keine intra-attributiven Gesetze der Physik sind, da in ihnen physikalische Eigenschaften mit mentalen Eigenschaften in Verbindung gebracht werden und sie somit den Bereich der theoretischen Physik übersteigen.[9] Da die mentalen Emergenzgesetze auch keine logischen Gesetze oder begrifflichen Wahrheiten sind, die in allen möglichen Welten über Geltung verfügen – dann wären Positionen wie der Idealismus oder der Eliminativismus logisch widersprüchlich –, bleibt in einem zweiten Schritt nur die Möglichkeit, die vom restriktiven Panpsychismus implizierten mentalen Emergenzgesetze als metaphysische Gesetze zu verstehen. Dann aber ist es entweder metaphysisch notwendig oder metaphysisch kontingent, dass die Komplexität einer selbst-reproduzierenden Zelle für die Emergenz mentaler Eigenschaften aus nicht-mentalen Eigenschaften notwendig und hinreichend ist.

Wenn es metaphysisch notwendig ist, dass erst ab der Komplexität einer biologischen Zelle von der Exemplifizierung mentaler Eigenschaften in der Form eines rudimentären Bewusstseins gesprochen werden kann, dann ist es ausgeschlossen, dass es metaphysisch mögliche Welten gibt, in denen konkrete Einzeldinge einer geringeren Komplexität über mentale Eigenschaften verfügen. Claytons Argument, dass aber erst aufgrund der Komplexität einer biologischen Zelle sinnvoll von rudimentären Bewusstseinsformen gesprochen werden kann, müsste also zur Schlussfolgerung führen, dass es metaphysisch ausgeschlossen ist, Entitäten einer geringeren Komplexität sinnvollerweise rudimentäre Bewusstseinsformen zuzusprechen. Dies ist allerdings nicht der Fall. Basierend auf der Annahme, dass es einen begrifflichen Zusammenhang von Intentionalität und Dispositionalität gibt, da „to a significant degree, the behavior of physical dispositional states mimics

---

[9] Es kann also aus Sicht des restriktiven Panpsychismus ein minimal physikalisches Duplikat der tatsächlichen Welt geben, in denen diese Emergenzgesetze nicht gelten, in denen mithin die Exemplifizierung mentaler Eigenschaften entweder vollständig ausfällt oder durch die in diesen Welten eventuell geltenden Emergenzgesetze an andere Komplexitätsstufen physikalischer Konstitution gebunden ist.

that of mental intentional states"[10], ist es durchaus sinnvoll, auch weniger komplexen Einzeldingen wie beispielsweise Wassermolekülen Formen rudimentären Bewusstseins zuzuschreiben, denn analog zur biologischen Zelle haben auch Wasserstoffmoleküle ein intentionales Bestreben, ihren Zustand gegen die Einflüsse der Umwelt aufrechtzuerhalten. Es gibt also metaphysisch mögliche Welten, in denen die Komplexitätsgrenze zur Entstehung mentaler Eigenschaften nach unten verschoben ist, woraus folgt, dass die vom restriktiven Panpsychismus implizierten Gesetze, die konkreten Einzeldingen erst ab der Komplexität einer Zelle mentale Eigenschaften zuschreiben, nicht metaphysisch notwendig, sondern im Falle ihres Bestehens nur metaphysisch kontingent sein könnten.[11]

Wenn es aber ein metaphysisch kontingentes Faktum ist, dass in der tatsächlichen Welt eine bestimmte Grenze notwendig und hinreichend für die Exemplifizierung mentaler Eigenschaften ist, dann ist diese Tatsache entweder ein metaphysisches *factum brutum* oder ein göttliches Schöpfungsdekret. Da innerhalb theistischer Diskussionen die Möglichkeit einer unerklärlichen metaphysischen Tatsache in der Regel ausgeschlossen wird, verbleibt für die oder den restriktiven Panpsychist*in daher nur die Möglichkeit, das Bestehen der mentalen Emergenzgesetze als göttliches Schöpfungsdekret zu verstehen. Da Gott aber, wie gesehen, auch Welten hätte erschaffen können, in denen die Komplexitätsgrenze für die Existenz mentaler Eigenschaften anders gelegen ist, als vom restriktiven Panpsychismus Claytons vorausgesetzt, folgt, dass Claytons restriktiver Panpsychismus auf die Annahme verpflichtet ist, dass die Emergenzgesetze in der tatsächlichen Welt aufgrund eines willkürlichen göttlichen Dekrets bestehen und so zu einem problematischen Voluntarismus des Bewusstseins führen. Wenn man nun die Annahme hinzunimmt, dass die Existenz von bewussten Erfahrungssubjekten axiologisch relevant ist, scheint Gott in diesem Fall sogar irrational zu handeln, wenn er die Grenze für die Exemplifizierung bewusster Eigenschaften dergestalt willkürlich festlegt, dass in Anbetracht der metaphysischen Möglichkeit desselben nicht eine größtmögliche Menge konkreter Einzeldinge über mentale Eigenschaften verfügt.

---

[10] K. PFEIFER, Pantheism as Panpsychism, in: A. BUCKAREFF/Y. NAGASAWA (Hg.), Alternative Conceptions of God. Essays on the Metaphysics of the Divine, Oxford 2016, 45.

[11] Vgl. PFEIFER, Pantheism as Panpsychism [wie Anm. 10], 44–45: „Intentionality has traditionally been held to be the mark of the mental. But it has also been argued that the most typical characterizations of intentionality fail to distinguish mental states from physical dispositional states. [...] So to a significant degree, the behavior of physical dispositional states mimics that of mental intentional states. If the parallel between dispositional and intentional states is accepted and regarded no mere coincident, then two metaphysical possibilities might be entertained. Intentional states may be regarded as a special type of dispositional state, or they may be regarded as basically tantamount to one another."

5. Zusammenfassung

In Verbindung mit dem Problem der mangelnden Intelligibilität inter-attributiver Emergenz des Mentalen aus dem Nicht-Mentalen führt diese Konsequenz meiner Einschätzung nach, ceteris paribus, zur Schlussfolgerung, dass der restriktive Panpsychismus theoretisch weniger ansprechend ist als die metaphysisch einfachere und nicht auf einen göttlichen Voluntarismus verpflichtete Annahme des universalen Panpsychismus, demzufolge jedes konkrete Einzelding, unabhängig von der Komplexität seiner physikalischen Konstitution, *ab ovo* mentale Eigenschaften exemplifiziert.[12] Im direkten Vergleich ist der universale Panpsychismus daher dem restriktiven Panpsychismus vorzuziehen. Wie James es formuliert: „And Consciousness, however small, is an illegitimate birth in any philosophy that starts without it, and yet professes to explain all fact by continuous evolution. *If evolution is to work smoothly, consciousness in some shape must have been present at the very origin of things.* Accordingly we find that the more clear-sighted evolutionary philosophers are beginning to post it there. Each atom of the nebula, they suppose, must have had an aboriginal atom of consciousness linked with it."[13]

Verwendete Literatur

BLAMAUER, Michael: Introduction: The Mental as Fundamental, in: DERS. (Hg.), The Mental as Fundamental. New Perspectives on Panpsychism, Frankfurt a. M. 2011, 7–13.

BLAMAUER, Michael: Taking the Hard Problem of Consciousness Seriously: Dualism, Panpsychism and the Origin of the Combination Problem, in: DERS. (Hg.), The Mental as Fundamental. New Perspectives on Panpsychism, Frankfurt a. M. 2011, 99–116.

BRÜNTRUP, Godehard: Das Leib-Seele-Problem. Eine Einführung, Stuttgart 2012.

CLAYTON, Philip: Spielarten des Panpsychismus, in: B. P. GÖCKE/K. MÜLLER/F. SCHIEFEN (Hg.), Welt – Geist – Gott, Münster 2020.

FOSTER, John: The Immaterial Self: A Defence of the Cartesian Dualist Conception of the Mind, London 1991.

---

[12] D. SKRBINA geht genau diesen Weg: „[T]he body indeed has innumerable lesser selves: organs, cells, macromolecules, proteins, atoms, and so on. All of these (except the atomic ultimates) are themselves composed of lesser selves, and all participate in higher-order minds." D. SKRBINA, Mind Space: Toward a solution to the combination problem, in: M. BLAMAUER (Hg.), The Mental as Fundamental. New Perspectives on Panpsychism, Frankfurt a. M. 2011, 121–122.

[13] W. JAMES, The Principles of Psychology, Bd. 1, New York 1950, 149.

JAMES, William: The Principles of Psychology, Bd. 1, New York 1950.
PFEIFER, Karl: Pantheism as Panpsychism, in: A. BUCKAREFF/Y. NAGASAWA (Hg.), Alternative Conceptions of God. Essays on the Metaphysics of the Divine, Oxford 2016, 41–49.
SHOEMAKER, Sydney: The First-Person Perspective and Other Essays. Cambridge 1986.
SKRBINA, David: Mind Space: Toward a solution to the combination problem, in: M. BLAMAUER (Hg.), The Mental as Fundamental. New Perspectives on Panpsychism. Frankfurt a. M. 2011, 117–129.
STRAWSON, Galen: Panpsychism? Reply to Commentators with a Celebration of Descartes, in: A. FREEMAN (Hg.): Consciousness and its Place in Nature. Does Physicalism entail Panpsychism?, Exeter 2006, 184–280.
STRAWSON, Galen: Realistic Monism. Why Physicalism entails Panpsychism, in: A. FREEMAN (Hg.), Consciousness and its Place in Nature. Does Physicalism entail Panpsychism?, Exeter 2006, 3–31.

Heinrich Watzka SJ

Emergenter Panpsychismus oder emergenter Dualismus?
Eine Anfrage an Philip Claytons
Spielarten des Panpsychismus

Philip Clayton hat sich zum Ziel gesetzt, gegenüber Formen des reduktiven oder konstitutiven Panpsychismus eine minimale Version des Panpsychismus zu verteidigen. Claytons „minimaler" Panpsychismus ist der Sache nach ein „begrenzter Panpsychismus", ein „emergenter Panpsychismus" und ein „Panpsychismus der Potentialität und der Aktualität", d.h., er unterscheidet sich von den konstitutiven Spielarten darin, dass er (erstens) die Bedeutung des ‚Pan' in ‚Panpsychismus' und damit die Verbreitung des Mentalen in der Natur einschränkt, (zweitens) das Mentale disjunktiv und modal deutet und es (drittens) als eine Familie oder ein Cluster von Eigenschaften auffasst.[1] Die Frage der Zuschreibung mentaler Eigenschaften ist für Clayton eine Frage des ‚mehr oder weniger', nicht des ‚alles oder nichts'. Beispiele des Mentalen sind situationsgebundenes Bewusstsein, Zielgerichtetheit, Intentionalität, Subjektivität und Selbstbewusstsein. Er geht davon aus, dass die elementaren Partikel der Physik nicht aktual mental sind. Auf der anderen Seite bezeichnet er die Makromoleküle der Biologie als „potentiell mental", da sie die Bausteine der Zellen und zellulären Organismen darstellen, die in evolutionärer Perspektive die frühesten Beispiele des aktual Mentalen in der Natur sind.

1. Emergenter Panpsychismus – ein hölzernes Eisen?

Claytons minimaler Panpsychismus ist mit einem evolutionären Emergentismus kompatibel. Dies ist umso bemerkenswerter, als sich der Panpsychismus in der Diskussionslandschaft der heutigen Philosophie des Geistes als Alternative zur Emergenztheorie in Stellung bringt. Der Panpsychismus hat gleich mehrere Argumente auf seiner Seite, z.B. das Homogenitätsargument (die Natur setzt sich aus *einem* Stoff oder *einer* Art grundlegender Entitäten zusammen), das genetische Argument (aus nichts entsteht nichts) und das Argument der intrinsischen Naturen (Mikrosubjekte als Träger relationaler, durch die Physik beschreibbarer

---

[1] In der Diskussion bestätigte Philip Clayton meine Vermutung, dass es sich bei dem Begriff des Mentalen um einen Familienähnlichkeitsbegriff im Sinne Wittgensteins handele.

Eigenschaften). Er gewinnt seine Attraktivität aus der Zurückweisung der Idee starker, interattributiver Emergenz. Als Paradebeispiel interattributiver Emergenz wird immer wieder die Emergenz des Mentalen aus geistloser Materie angeführt. Wenn die grundlegende Schicht der Materie aus Mikroerlebnissen besteht, ist das Auftreten höherstufiger Erlebnissubjekte bei steigender Komplexität der Materie eigentlich zu erwarten. Der reduktive Panpsychismus hat darüber hinaus den Vorteil, dass er den Erklärungsrahmen des reduktiven Physikalismus vollkommen intakt lässt. Die Erlebnisse auf der Mikroebene determinieren sämtliche Ereignisse auf der Makroebene, also auch die Erlebnisse der Makrosubjekte. Makroerlebnisse sind kausal wirksam vermittels ihrer ‚Realisierungen' auf der Mikroebene. Auch bei Clayton entfaltet das Mentale *als Mentales* kausale Kraft, die mentalen Eigenschaften höherstufiger Subjekte supervenieren jedoch nicht nomologisch über den physikalisch beschreibbaren Zuständen eines materiellen Systems. Sofern Mentales auftritt, handelt es sich um einen Fall starker interattributiver Emergenz, der Mikrodetermination ausschließt und Abwärtsverursachung für möglich hält, wohingegen schwache Formen der Emergenz mit starker Supervenienz und Mikrodetermination vereinbar sind.[2] Mentales ist für Clayton ein stark emergentes Phänomen. In diachroner Perspektive tritt es erstmals mit der Existenz einzelliger Lebewesen in Erscheinung, die eine einfache Form situationsbezogenen Bewusstseins (*primitive awareness of its environment*) manifestieren. Komplexere Organisationsformen, z. B. menschliche Lebewesen, bringen einen neuen Typ von Verursachung hervor, die sogenannte „Akteursverursachung" (*agent causation*), die auf keine der in der Physik oder Biologie bekannten Formen der Verursachung zurückführbar ist.[3]

Uwe Meixner hat vorgeschlagen, mit Blick auf Personen den mittelalterlichen Begriff der Substanz mit ihrem neuzeitlichen Begriff zusammenzuführen. Personen sind diesem Vorschlag gemäß als Ausgangspunkte effizienter Kausalität, als *Agentia*, „Entitäten, die etwas bewirken können und auch tatsächlich bewirken", und als *Subjekte*, „Entitäten, die denken können und auch tatsächlich denken", zu betrachten.[4] Es könnte also gerechtfertigt erscheinen, mit Blick auf menschliche Personen von ‚emergenten Individuen' zu sprechen, sofern diese Redeweise nicht dualistisch ausgeschlachtet wird. Die menschliche Person ist für Clayton eine „psycho-somatische Einheit", Träger mentaler *und* physischer Eigenschaften, der wir als komplexer (physischer, biologischer, psychologischer, sozialer, spirituel-

---

[2] Zur Verhältnisbestimmung von starker/schwacher Emergenz und starker/schwacher Supervenienz siehe P. CLAYTON, Mind and Emergence, Oxford 2004, 124–128.
[3] Vgl. CLAYTON, Mind and Emergence [wie Anm. 2], 141.
[4] U. MEIXNER, Die Ersetzung der Substanzontologie durch die Ereignisontologie und deren Folgen für das Selbstverständnis des Menschen, in: R. HÜNTELMANN (Hg.), Wirklichkeit und Sinnerfahrung. Grundfragen der Philosophie im 20. Jahrhundert, Köln 1998, 87–103, 89.

ler) Realität nur mittels einer Vielzahl explanatorischer Strategien gerecht werden können.⁵ Claytons Emergentismus wahrt eine Intuition, die auch den Panpsychismus beseelt, dass nämlich die Natur auf all ihren Stufen aus nur einer „grundlegenden Art von Stoff" (*basic kind of stuff*) besteht und dass die Begriffe der Physik nicht hinreichend sind, um die unterschiedlichen Weisen, in denen dieser Stoff strukturiert, individuiert und kausal wirksam ist, zu beschreiben.⁶ Der eine Stoff nimmt auf den verschiedenen Stufen der Natur Formen an, deren Auftreten sich mittels der Gesetze der Physik nicht erklären lässt. Wir sollten daher nicht annehmen, dass die physikalischen Gesetze die einzigen Naturgesetze sind und dass die von der Physik postulierten Entitäten das Inventar dessen, was es gibt, ausschöpft. Diese Einsicht teilt Clayton mit den Anhängern des nicht-reduktiven Panpsychismus.

2. Brüntrups emergenter Panpsychismus

Auch Godehard Brüntrup plädiert neuerdings für einen „emergenten Panpsychismus",⁷ der sich von den reduktiven oder konstitutiven Spielarten des Panpsychismus durch folgende Annahmen unterscheidet: Während der reduktive Panpsychismus von der Mikrodetermination der mentalen Eigenschaften eines komplexen Organismus durch Mikrosubjekte und deren Erlebnisse ausgeht – nichts anderes besagt die Annahme der starken (logischen) Supervenienz der Makrophänomene über die Mikrophänomene –, deuten die Anhänger*innen des emergenten Panpsychismus die Relation zwischen der Makro- und der Mikroebene als nicht-superveniente *kausale* Relation. Dieser Schachzug erlaubt es ihnen, höherstufige Individuen mit neuen kausalen Kräften auszustatten, die nicht über den kausalen Kräften ihrer Teile supervenieren. Es dürfte klar sein, dass ein Panpsychismus, der mit der Existenz emergenter Individuen rechnet, in eine bedenkliche Nähe zum Substanzen-Dualismus gerät. Brüntrups emergenter Panpsychismus vermeidet den Kollaps in den Dualismus, indem er am Mikroexperientialismus, d. h. der These der intrinsischen (mentalen) Natur der Materiepartikel festhält. Er kann darauf verweisen, dass es sich im Fall der Emergenz eines Makrosubjekts aus einer Vielzahl interagierender Mikrosubjekte immer noch um einen Fall von „innerattributiver", nicht „interattributiver" Emergenz handelt.⁸ Wirklich verstörend sind Fälle interattributiver Emergenz wie die Ent-

---

⁵   Vgl. CLAYTON, Mind and Emergence [wie Anm. 2], 148.
⁶   Vgl. CLAYTON, Mind and Emergence [wie Anm. 2], 4.
⁷   Vgl. G. BRÜNTRUP, Emergent Panpsychism, in: DERS./L. JASKOLLA (Hg.), Panpsychism. Contemporary Perspectives, New York 2017, 48–71, 65.
⁸   Vgl. BRÜNTRUP, Emergent Panpsychism [wie Anm. 7], 68.

stehung von etwas aus Nichts oder der Emergenz einer konkreten raumzeitlichen Entität aus etwas Abstraktem, z. B. einer Zahl oder einer Proposition. Die Emergenz des Mentalen aus geistlosen Zuständen der Materie wäre ein klassisches Beispiel superstarker *interattributiver* Emergenz.

3. Ist der emergente Panpsychismus ein Dualismus?

Auch Clayton zeigt sich bestrebt, die schroffen Übergänge in der Natur zu vermeiden. Er postuliert zu diesem Zweck nicht die Existenz des aktual Mentalen auf *allen* Ebenen der Natur, vielmehr nur die *Tendenz* der Materie zur Emergenz von Mentalem bei zunehmender Komplexität. Das Mentale ist eine Eigenschaft, die die Materie nur dann aktualisiert, wenn sie einen gewissen Grad an Komplexität erreicht hat, z. B. die Komplexität eines zellulären Organismus. Daraus folgt, dass es vor dem Zeitpunkt der Entstehung des Lebens keinen Geist gegeben hat, von extraterrestrischen Intelligenzen einmal abgesehen. Auch nach jenem Zeitpunkt bleibt es wahr, dass nicht jede aktual existierende Entität mental ist. Wenn jedoch nicht jede aktual existierende Entität aktual mental ist, ist eine schwache Version des ontologischen Dualismus wahr. In Anlehnung an Uwe Meixner lässt sich der *starke ontologische Dualismus* als Konjunktion der beiden folgenden Behauptungen verstehen:

(1) Mindestens eine aktual existierende Entität ist mental.
(2) Jede aktual existierende mentale Entität ist nicht physisch.[9]

Spiegelbildlich dazu verhält sich eine Position, die ich als *schwachen emergenten Dualismus* bezeichnen möchte und die sich in der Wahrheit der beiden folgenden Sätze ausdrückt:

(3) Mindestens eine aktual existierende Entität ist nicht mental.
(4) Jede aktual existierende mentale Entität ist physisch (im Sinne von ‚emergiert aus Physischem').

Der ontologische Monismus, d. h. die These, dass es nur einen Grundstoff der Natur gibt, verträgt sich schlecht mit der Annahme der starken Emergenz des Mentalen aus dem Physischen. Claytons emergenter Panpsychismus scheint genau das zu implizieren, was ich ‚schwachen emergenten Dualismus' genannt habe. Claytons Panpsychismus steht dem Dualismus näher als Brüntrups emergenter Panpsychismus, der infolge der These der intrinsischen (mentalen) Natur des

---

[9] Vgl. U. MEIXNER, The Two Sides of Being. A Reassessment of Psycho-Physical Dualism, Paderborn 2004, 50.

Physischen eine gegenteilige Tendenz aufweist, nämlich eine Tendenz zum idealistischen Monismus.

Clayton darf erst gar nicht den Verdacht aufkommen lassen, dass sein emergenter Panpsychismus eine schwache Form des Dualismus implizieren könnte. Eine Minimalbedingung, die jede Form des Panpsychismus erfüllen muss, lautet:

(5) Jede aktual existierende Entität ist physisch und mental.

Brüntrups emergenter Panpsychismus erfüllt diese Bedingung: Jede aktual existierende Entität hat eine physische Außenseite und eine mentale Innenseite. Wir haben bereits gesehen, dass Claytons emergenter Panpsychismus eine Überzeugung mit dem von mir sogenannten schwachen emergenten Dualismus teilt, nämlich Satz (3): „Mindestens eine aktual existierende Entität ist nicht mental". Satz (3) widerspricht Satz (5), es sei denn, wir würden Satz (5) durch Satz (6) und Satz (3) durch Satz (7) ersetzen:

(6) Jede aktual existierende Entität ist physisch und mental (in der Bedeutung von *aktual* mental oder *potentiell* mental).
(7) Mindestens eine aktual existierende Entität ist nicht *aktual* mental, was nicht ausschließt, dass sie *potentiell* mental ist.

Das ist die Lösung, die uns Clayton in seinem Beitrag anbietet: Das Mentale ist über die Differenz von Möglichkeit und Wirklichkeit, Potentialität und Aktualität zugänglich. Das Mentale ist eine disjunktive modale Eigenschaft, die überall zu finden ist. Ein Cytosin-Molekül C, das zu den Basen einer DNS zählt, ist potentiell mental mit Bezug auf die aktual mentalen Zustände eines einzelligen Lebewesens, in dessen DNS C eingebaut ist. Eine Nervenzelle (Neuron) N ist potentiell mental mit Bezug auf das Gehirn eines Menschen, der aktual bei Bewusstsein ist. Diese Einsicht lässt sich verallgemeinern: Das aktual Mentale ist immer die Aktuierung eines potentiell Mentalen, das in der Materie grundgelegt ist. Das Mentale ist in allem, was existiert, wenn nicht *in actu*, so doch *in potentia*. Es gilt also:

(8) Es existiert nichts, was physisch und nicht (zumindest im potentiellen Sinne) mental wäre.

In Kombination mit der *modalen* Auffassung des Mentalen erfüllt Claytons emergenter Panpsychismus die Minimalbedingung des Panpsychismus, wonach jede aktual existierende Entität physisch *und* mental ist (Satz 5), wenn nicht mental *in actu*, dann mental *in potentia* (Satz 6). Damit ist der emergente Dualismus (Sätze 3 und 4) aus dem Feld geschlagen.

4. Eine Lösung im Geiste des Aristoteles

In der analytischen Ontologie gelten Eigenschaften als *modal*, die einem Gegenstand nicht aktual, sondern in einer möglichen Welt zugeschrieben werden können. Im Hintergrund von Claytons modaler Lesart des Mentalen steht nicht die Metaphysik möglicher Welten, sondern die aristotelische Akt-Potenz-Lehre. Natürliche Substanzen sind für Aristoteles Materie-Form-Einheiten. Die Materie ist dasjenige, was jeder substantiellen Veränderung, d. h. dem Entstehen und Vergehen der Substanzen, zugrunde liegt. Die Materie ist das Aufnahmefähige für Formen. Die Form ist Vermögen zu wirklicher Betätigung (ἐνέργεια, Aktualität) und Vollendung (ἐντελέχεια) des Einzelwesens im Sinne der Betätigung seiner wesenhaften Tüchtigkeit. In diesem Zusammenhang kann Aristoteles über die Lebewesen sagen: „Notwendig also muß die Seele (ψυχή) ein Wesen als Form (εἶδος) eines natürlichen Körpers sein, der in Möglichkeit Leben hat."[10] Im Fall der Lebewesen vertritt die Seele den Aspekt der Form, der organische Körper die Materie. Die Materie hat der Möglichkeit nach Leben, d. h. sie ist nicht *in actu* fühlend, selbststeuernd, erkennend etc., sondern all dies nur *in potentia*.

Dieser Sachverhalt lässt sich verallgemeinern. X sei eine beliebige Materie-Form-Einheit, d. h. ein konkretes Einzelwesen. X's artspezifische Leistung sei es, zu φ-en. Die Form von X ist das Vermögen zu φ-en. Die Form ist die erste Vollendung des X. Dessen zweite Vollendung ist das φ-en *in actu*. Die Materie von X ist das φ-en *in potentia*. Sobald X aufhört, zu existieren, hört auch die Materie von X auf, zu existieren. Natürlich bleibt etwas übrig, wenn X vergeht. Nehmen wir an, X zerfällt in $1{,}23 \cdot 10^4$ Mikrosubstanzen. Jede dieser Mikrosubstanzen ist eine Materie-Form-Einheit. Steht es uns frei zu sagen, die Materie dieser Mikrosubstanzen sei auch die Materie von X, und wenn nicht die nächste Materie (*materia proxima*), dann die entferntere Materie von X? Angenommen, die Antwort wäre positiv: Sind wir dann gerechtfertigt anzunehmen, auch die entferntere Materie von X sei ein φ-en *in Potenz*? Die Form ist die Ursache dafür, dass eine Materie eine spezifische Leistung, in unserem Fall das φ-en, *in actu* vollbringt. Nachdem X aufgehört hat, zu existieren, ist auch die Form von X nicht länger existent. Aristoteles kennt keine von der Materie abgetrennten Formen. Was immer die Form unserer Materiepartikel auch sein mag, sie ist mit Sicherheit nicht das Vermögen zu φ-en. Die Behauptung, auch die entferntere Materie von X sei ein φ-en *in potentia*, ist also fragwürdig.

Angenommen, ein anderes Einzelwesen, Y, verleibt sich komplett unsere $1{,}23 \cdot 10^4$ Mikrosubstanzen ein. Die artspezifische Leistung von Y sei das ψ-en. Unsere Materiepartikel sind jetzt Teil der entfernteren Materie von Y. Sind wir zu der Annahme berechtigt, auch dieser Teil der entfernteren Materie von Y sei ein

---

[10] ARISTOTELES/H. SEIDL, Über die Seele/De anima, Hamburg 1995, LVII, 1, 412a, 19–21.

ψ-en *in potentia*? Laufen wir nicht Gefahr, dass wir unseren Materiepartikeln zu viele *modale* Eigenschaften zuschreiben?

Aristoteles gebraucht den Terminus ‚Materie' in zweifacher Bedeutung. Materie ist zum einen das komplementäre Prinzip zur Form, zum anderen die Materie *dieses* oder *jenes* Einzelwesens. Materie in der zweiten Bedeutung ist *nächste* Materie. In dieser Bedeutung ist die Materie *potentiell* mental, sofern es sich um einen organischen Körper handelt, der in Möglichkeit Leben hat – zu den Lebensfunktionen zählen Empfindung, Wahrnehmung, Selbststeuerung, Denken. Die entferntere, sich in weniger komplexe Materie-Form-Einheiten auflösende Materie hat nicht in Möglichkeit Leben. Es fehlt ihr schlicht die Form zur Ausübung der Lebensfunktionen.

Aristoteles beschreibt die Prozesse der Verlebendigung und der Geistwerdung der Materie von ihrem Ende her, d. h. als Prozesse, die ihr Ziel, die Hervorbringung des aktual Mentalen in der Natur, längst erreicht haben und die dieses Ergebnis dank der Existenz der Formen auch immer wieder reproduzieren können. Das aristotelische Bild der Natur ist dualistisch in dem Sinne, dass nicht alle Schichten der Natur *potentiell* mental sind. Leben und Geist *in potentia* besitzt nur die *nächste* Materie der Wesen, ihr organischer Körper.

Als Emergenztheoretiker beschreibt Clayton die Prozesse der Geistwerdung der Natur nicht von ihrem Ende, sondern von ihrem Anfang her. Im Unterschied zu Aristoteles kennt er einen Anfangszustand, der ohne das aktual Mentale auskommt. Aus evolutionärer Perspektive sind die aristotelischen Formen emergente Phänomene, die den Prozess nicht triggern können, da sie das Resultat, nicht die Ursache des Prozesses darstellen. Damit fehlt dem evolutionären Prozess eine der beiden intrinsischen Ursachen der Entstehung der Wesen, die Form. Die starke Emergenz des Mentalen aus Naturzuständen, die nicht aktual mental sind, ist als Tatsache hinzunehmen. Verstehbar ist sie nicht.

Als Theologe hat Clayton die Freiheit, diesen Mangel zu kompensieren, indem er Gott als *causa exemplaris* des evolutionären Prozesses ins Spiel bringt.[11] Die Emergenz des aktual Mentalen aus den nicht aktual mentalen Zuständen aktualer Entitäten wäre als Prozess zu denken, der von keiner intrinsischen Ursache getriggert würde, sondern von einem Wesen, das aktual mental ist und in der Weise einer Exemplarursache den schöpferischen Prozess begleitet, sei es in der Weise der Wirkursächlichkeit oder der Zielursächlichkeit. Das Bild von Gott als aktual mentaler Entität, die als causa exemplaris den Prozess der Geistwerdung der Materie steuert, fügt sich nahtlos in ein panentheistisches Konzept des Gott-Welt-Verhältnisses ein.

---

[11] Die terminologische Entscheidung, von ‚Exemplarursache' zu sprechen, geht auf mich (H. W.) zurück. Clayton verwendet den Terminus nicht.

5. Panentheistisch eingebetteter Panpsychismus

Die These, für die Clayton in seinem Beitrag argumentiert, lautet: Der Panentheismus stellt stärkere Evidenzen für die Wahrheit des minimalen, emergenten Panpsychismus als für die Wahrheit des Gegenmodells, des reduktiven oder konstitutiven Panpsychismus, bereit. Das Argument umfasst vier Schritte, von denen der erste und der zweite weiter oben begründet wurden:

(1) Das Mentale ist in diachroner (evolutionärer) und synchroner Perspektive ein stark emergentes Phänomen. Spielarten des reduktiven oder konstitutiven Panpsychismus werden zurückgewiesen.

(2) Das Mentale ist eine disjunktive *modale* Eigenschaft. Eine aktuale Entität ist entweder *aktual* mental oder *potentiell* mental. Die Modalitäten werden im Sinne der aristotelischen Akt-Potenz-Lehre, nicht im Sinne einer Metaphysik möglicher Welten gedeutet.

(3) Der Panentheismus behauptet ein zweifaches In-Sein, das In-Sein der Natur in Gott und das In-Sein Gottes in der Natur. Wenn das erste In-Sein so gedeutet wird, dass jede aktuale Entität ein Teil von Gottes Erfahrung ist, scheint der Panentheismus in einen holistischen Panexperientialismus zu münden. Eine solche holistisch-idealistische Deutung des Panpsychismus wurde von Uwe Meixner durchgespielt.[12] Die These, dass alles aktual Existierende in Gott ist, lässt sich auch bescheidener deuten, z. B. in der Weise, dass Gott die aktual existierenden Wesen von der Stufe des *potentiell* Mentalen zur Stufe des *aktual* Mentalen, d. h. zu sich selber, lockt (Whitehead). Eine solche Deutung ist mit Claytons minimalem Panpsychismus kompatibel, ja, vermag diesen zu stützen.

(4) Auch der zweite Aspekt des Panentheismus, nämlich der Aspekt des In-Seins Gottes in allem, was aktual existiert, führt nicht zwangsläufig in den Panexperientialismus. Clayton glaubt, dass er „Cobbs Einwand",[13] wonach Mentales aus Nicht-Mentalem nicht entstehen kann, entkräften kann, ohne die Existenz des aktual Mentalen auf *allen* Ebenen der Natur postulieren zu müssen. Es handelt sich um einen Einwand, der im ‚genetischen Argument' der Panpsychisten wieder aufgegriffen wurde. Clayton glaubt, dass er den Einwand entkräften kann, indem er das Mentale als modale Eigenschaft auffasst. Die Anwesenheit Gottes in allem aktual Existierenden muss nicht so gedeutet werden, dass alles aktual Existierende aktual men-

---

[12] U. Meixner, Idealism and Panpsychism, in: G. Brüntrup/L. Jaskolla (Hg.), Panpsychism. Contemporary Perspectives, New York 2017, 387–405, 388.

[13] John B. Cobb (*1925) ist methodistischer Theologe und Vertreter der Prozesstheologie. Eine Quelle für ‚Cobbs Einwand' gibt Clayton nicht an.

tal wäre. Es genügt die Annahme, dass alles aktual Existierende entweder aktual mental oder potentiell mental ist.

Gott als aktual Mentales ist weder Teil noch Ergebnis der natürlichen Evolution. Gott spielt im evolutionären Prozess die Rolle einer transzendent-immanenten Ziel- und Exemplarursache, indem er den ganzen Prozess umfängt (‚alles in Gott') und an jedem aktualen Ereignis teilnimmt (als Gott ‚in allem'). Eine andere Frage ist, wie stark Gott von der Teilnahme am Werden der Geschöpfe affiziert wird.

6. Abschließende Würdigung

Für einen Naturwissenschaftler und Philosophen, der sich dem Naturalismus verpflichtet weiß – als solcher versteht sich Clayton –, ist der Schritt in die Theologie nicht möglich. Losgetrennt von seiner panentheistischen Einbettung büßt der emergente Panpsychismus seine erklärende Kraft ein und wird von einem emergenten Dualismus ununterscheidbar. Wir hatten gesehen, dass die Formen in evolutionärer Perspektive kein ‚Erstes' sein können. Sie triggern nicht den evolutionären Prozess. Dieser Mangel könnte theologisch durch die Postulierung eines ersten aktual Mentalen, das in der Weise der Zielursache den gesamten Prozess umfängt und stimuliert, kompensiert werden. Sobald die panentheistische Einbettung wegfällt, verliert die Zuschreibung des potentiell Mentalen auf allen Ebenen der Natur ihre Basis und der emergente Panpsychismus kollabiert in einen emergenten Dualismus.

Philip Clayton teilt Thomas Nagels kritischen Blick auf den physikalisch-chemischen Reduktionismus der Biologie und den psycho-physischen Reduktionismus der Psychologie. Für Nagel bündeln sich die „Zweifel an einer mechanistischen Darlegung von Ursprung und Evolution des Lebens, die einzig von den Gesetzen der Chemie und der Physik abhängt", und das „Scheitern des psycho-physischen Reduktionismus" in der Vermutung, „dass in der Naturgeschichte auch Prinzipien eines anderen Typs wirksam sind [...], die ihrer logischen Form nach eher teleologisch als mechanistisch sind".[14] Er denkt an eine „vereinheitlichende Konzeption", die eine „zusammenhängende Ordnung der Welt" zu entdecken vermag und auf Erklärungen verzichtet, die „bestimmte Charakteristika der natürlichen Welt durch ein göttliches Eingreifen erklärt, welches nicht Teil der Naturordnung ist".[15] Die gesuchte Lösung besteht darin, den immanenten Charakter der Naturordnung zu bewahren und ihn gleichzeitig komplizierter zu

---

[14] TH. NAGEL, Geist und Kosmos. Warum die materialistische neodarwinistische Konzeption der Natur so gut wie sicher falsch ist, Berlin 2013, 17.
[15] NAGEL, Geist und Kosmos [wie Anm. 14], 18.

veranschlagen, als die Physik dies als die vorgeblich fundamentale Erklärungsebene für alles zu leisten vermag. Es muss möglich sein, das Auftreten von Leben, Bewusstsein, Vernunft und Wissen „weder als zufällige Nebenfolgen der physikalischen Gesetzmäßigkeit der Natur noch als das Ergebnis eines intendierten Eingreifens von außen in die Natur [...], sondern als eine erwartbare, wenn nicht gar zwangsläufige Konsequenz, welche die natürliche Welt von innen beherrscht"[16], erscheinen zu lassen.

Nagel gelangt nicht über Andeutungen, wie die erweiterte, aber dennoch einheitliche Form der Erklärung aussehen soll, hinaus. Er vermutet, dass sie „teleologische Elemente" beinhalten wird.[17] Seine Skepsis gegenüber reduktiven Erklärungen überträgt sich auf die panpsychistische Variante des Reduktionismus. Der Sinn der Behauptung, dass alle Elemente der physischen Welt zugleich mental sind, erschöpfe sich in der Behauptung, dass sie auf eine Weise mental seien, „die eine reduktive Erklärung dafür liefert, wie ihre passenden Kombinationen notwendigerweise Organismen von der Sorte bildet, wie wir sie kennen"[18]. Alle weiteren Konsequenzen ihres „mehr-als-physikalischen Charakters" blieben bei diesem abstrakten Vorschlag unbestimmt.[19] Claytons emergenter Panpsychismus fällt nicht unter dieses Verdikt. Liegt es daran, dass er von einem emergenten Dualismus ununterscheidbar ist? Aus der Sicht des Verfassers dieser Zeilen wäre dies kein Mangel.

Verwendete Literatur

ARISTOTELES/H. SEIDL: Über die Seele/De anima, Hamburg 1995.
BRÜNTRUP, Godehard: Emergent Panpsychism, in: DERS./L. JASKOLLA (Hg.), Panpsychism. Contemporary Perspectives, New York 2017, 48–71.
CLAYTON, Philip: Mind and Emergence. From Quantum to Consciousness, Oxford 2004.
MEIXNER, Uwe: Die Ersetzung der Substanzontologie durch die Ereignisontologie und deren Folgen für das Selbstverständnis des Menschen, in: R. HÜNTELMANN (Hg.), Wirklichkeit und Sinnerfahrung. Grundfragen der Philosophie im 20. Jahrhundert, Köln 1998, 87–103.
MEIXNER, Uwe: Idealism and Panpsychism, in: G. BRÜNTRUP/L. JASKOLLA (Hg.), Panpsychism. Contemporary Perspectives, New York 2017, 387–405.

---

[16] NAGEL, Geist und Kosmos [wie Anm. 14], 53–54.
[17] Vgl. NAGEL, Geist und Kosmos [wie Anm. 14], 54.
[18] NAGEL, Geist und Kosmos [wie Anm. 14], 88.
[19] Vgl. NAGEL, Geist und Kosmos [wie Anm. 14], 88.

MEIXNER, Uwe: The Two Sides of Being. A Reassessment of Psycho-Physical Dualism, Paderborn 2004.
NAGEL, Thomas: Geist und Kosmos. Warum die materialistische neodarwinistische Konzeption der Natur so gut wie sicher falsch ist, Berlin 2013.

Julia Enxing

All-Inclusive.
Bleibt die panentheistische Gottheit selbstreferentiell?

1. Ausgangspunkt und Problemskizze

Das „All-Inclusive" im Titel dieses Beitrags steht für die Annahme, dass die Gottheit eine allumfassende Realität ist. Ich werde mich im Folgenden auf den Panentheismus beziehen, wie ihn der Prozesstheologe Charles Hartshorne (1897–2000) verstanden und theologisch-spirituell ausgelegt hat. So wenig wie es *die eine* Prozesstheologie gibt, gibt es *eine einheitliche* Interpretation des prozesstheologischen Panentheismus. Zudem muss bedacht werden, dass auch Hartshorne in seinem panentheistischen Verständnis auf bereits bestehende „panentheistische" Konzepte rekurriert, das panentheistische Gedankengut also alles andere als eine prozesstheologische Erfindung ist, wie seine zahlreichen Verweise auf Spinozas Pan(en?)theismus „Deus sive natura" oder Platons Weltenseele verdeutlichen.[1] Der *Begriff* „Panentheismus" wird dabei auf Karl Friedrich Krause (1781–1832) zurückgeführt, ist also recht neuer Provenienz.[2] Hartshorne selbst sprach zu-

---

[1] Vgl. D. DOMBROWSKI, A Platonic Philosophy of Religion: A Process Perspective, Albany 2005. – Vgl. entsprechende Rezension von: D.W. VINEY, in: The Journal of Religion, Volume 86, No. 2, April 2006, 339–340. – Vgl. D. DOMBROWSKI, Hartshorne, Platon und die Auffassung von Gott, in: J. ENXING/K. MÜLLER (Hg.), Perfect Changes. Die Religionsphilosophie Charles Hartshornes, Regensburg 2012, 53–72. – Vgl. D. DOMBROWSKI, Hartshorne and Plato, in: L.E. HAHN (Hg.), The Philosophy of Charles Hartshorne. The Library of Living Philosophers XX, La Salle 1991, 465–488 (Erwiderung von Charles Hartshorne: 703–704).

[2] Vgl. J. ENXING, Gott im Werden. Die Prozesstheologie Charles Hartshornes, Regensburg 2013, 51. Der *Gedanke* des Panentheismus ist weitaus älter, weshalb Brierley auch von einer „quiet revolution" spricht [M.W. BRIERLEY, Naming a Quiet Revolution. The Pan-entheistic Turn in Modern Theology, in: P. CLAYTON/A. PEACOCKE (Hg.), In Whom We Live and Move and Have Our Being. Panentheistic Reflections on God's Presence in a Scientific World, Grand Rapids 2004, 1–15, 4–5; vgl. 2–3, 13]. – Vgl. K.C.F. KRAUSE, Vorlesungen über die Grundwahrheiten der Wissenschaften, Göttingen 1829, 484. – Vgl. J.W. COOPER, Panentheism. The Other God of the Philosophers. From Plato to the Present, Grand Rapids 2006, 121. – Vgl. K. MÜLLER, Gott – größer als der Monotheismus? Kosmologie, Neurologie und Atheismus als Anamnesen einer verdrängten Denkform, in: F. MEIER-HAMIDI/K. MÜLLER (Hg.), Persönlich und alles zugleich. Theorien der All-Einheit und christliche Gottesrede, Regensburg 2010, 9–46, bes. 43–44. – Vgl. K. MÜLLER, Glauben – Fragen – Denken. Selbstbeziehung und Gottesfrage (Bd. 3), Münster 2010, 744–771, hier bes. 744–745, 747, 753–754. – Vgl. K. MÜLLER, Paradigmenwechsel zum Panentheismus? An den Grenzen des traditionellen Gottesbildes, in: Herder Korrespondenz

nächst von „new pantheism", später dann von „panentheism".[3]

2. Prozesstheologischer Panentheismus nach Charles Hartshorne

Wie also deutet Hartshorne das Verhältnis von Gott und Welt? Wenn Hartshorne in seinen Ausführungen zum Gott-Welt-Verhältnis von „world" spricht, so bezieht er sich mit dem Begriff „world" auf jedes Element des Universums in jedem Stadium seiner Entwicklung. Für Hartshorne ist „Welt" eine kontingente Bezeichnung all dessen, was im Prozess der Schöpfung ins Da-Sein und So-Sein gelockt wurde oder sich im Prozess des Entstehens befindet bzw. befinden kann. Kurzum: Alle Wirklichkeiten (Aktualitäten) und Möglichkeiten (Potentialitäten) werden als „Welt" bezeichnet. Diese sind in Gott: *Pan en theos*. Alles, was ist – worunter auch noch nicht realisierte Möglichkeiten zu fassen sind –, ist in Gott enthalten, von Gott umfangen. Wie genau dies zu verstehen ist, werde ich nun weiter ausführen und dabei insbesondere eine Anfrage an den Panentheismus aufgreifen, die m. E. häufig aufkommt. Die kritische Frage lautet: Wenn alles in Gott ist, liebt Gott dann etwas anderes als sich selbst oder ist Gottes Liebe selbstreferentiell? Oder anders ausgedrückt: Ist sie gar selbst-befriedigend? Wenn das geliebte Gegenüber Teil des eigenen Selbst ist, ist es dann angemessen, von einem „Gegenüber" zu sprechen?

Charles Hartshorne ist von einem *panentheistischen Monotheismus* überzeugt, d. h. für ihn existiert *eine* Gottheit. Er spricht von der Gottheit als „the individual integrity of ‚the world'"[4]. Diese ohne Anfang und Ende existierende Gottheit steht in einer Liebesbeziehung mit den Entitäten, die sie umfasst und die seit jeher mit ihr in einer wechselseitigen Interaktion stehen. Aus schöpfungstheologischer Perspektive wird also von einer *creatio ex profundis/ex theom* ausgegangen, die in

---

(Spezial) 2 (2011), 33–38, bes. 36. – Vgl. Dombrowski, Hartshorne, Platon [wie Anm. 1], 56. – Vgl. B. P. Göcke, Alles in Gott? Zur Aktualität des Panentheismus Karl Christian Friedrich Krauses, Regensburg 2012. – Siehe auch die Definition von „Panentheism" im Oxford Dictionary, die Brierley (in: Brierley, Naming a Quiet Revolution [wie in Anm. 2], 5) als die „klassische" bezeichnet. Der Sammelband Clayton/Peacocke (Hg.), In Whom [wie Anm. 2] gibt einen guten Einblick in die vielfältigen panentheistischen Herangehensweisen und Positionen. Zu Hartshornes „Panentheistic Turn" vgl. auch K. Müller, Gott: Totus intra, totus extra. Über Charles Hartshornes Transformation des Theismus, in: J. Enxing/K. Müller (Hg.), Perfect Changes. Die Religionsphilosophie Charles Hartshornes, Regensburg 2012, 11–24, 22–24. – Vgl. R. Faber, Gott als Poet der Welt. Anliegen und Perspektiven der Prozesstheologie, Darmstadt 2003, 116–118.

[3] Vgl. Ch. Hartshorne, Man's Vision of God and the Logic of Theism, Hamden ²1964, 347–348.

[4] Ch. Hartshorne, Omnipotence and Other Theological Mistakes, Albany 1984, 59.

und mit Gott in einem unendlichen Prozess der kontinuierlichen Co-Kreation steht: also eine *creatio ex profundis et continua*.⁵ Da für Hartshorne Gott und Welt keine sich gegenüberstehenden Phänomene sind, sondern Welt in Gott ist (ohne damit eine Gleichung im Sinne von „Welt = Gott" zu schaffen) und das Schöpferisch-Sein Gottes eine notwendige Eigenschaft Gottes ist, ist Gott ohne Schöpfung undenkbar. Während *diese* Welt kontingent ist (Gott demnach auch eine andere Welt ins Dasein hätte locken können und dies womöglich auch getan hat oder tun wird), ist Gott ohne Welt aus prozesstheologischer Perspektive keine Denkmöglichkeit. Der Grund hierfür liegt in der Überzeugung, dass Gott das bestmögliche und höchste Wesen ist, dessen Wert nicht mehr durch eine externe Zugabe gesteigert werden kann. Wären Gott und Welt zwei gänzlich distinkte Größen, dann hätte Welt entweder keinen Wert, was absurd wäre, insofern sie theologisch als Schöpfung Gottes gedacht wird, oder aber sie hätte einen Wert an sich, dann wäre Gott und Welt eine Wertsteigerung zum Gedanken Gott. Im letztgenannten Szenario könnte Gott nicht als höchstes und insofern vollkommenes und allumfassendes Wesen gedacht werden, was wiederum dem Wesen „Gott", wie Hartshorne es versteht, widersprechen würde. Wenn Gott die größtdenkbare Realität ist, dann muss Gott alles umfassen („all-inclusive"/„include"), das (von Wert) ist.⁶ Ferner kann Gott dann auch nur *eine* Realität sein, denn eine allumfassende Realität schließt per definitionem eine weitere Realität neben sich aus.⁷ Don Viney und George Shields formulieren dies wie folgt:

Could God include what is valuable in the universe without including the universe? Hartshorne does not think so. Each dynamic singular that comes to be is not simply an additional fact; it is, by virtue of Hartshorne's panexperientialist physicalism also a value-achievement, and that value-achievement is greater in more complex organisms.⁸

---

⁵ Vgl. C. Keller, The Face of the Deep. A Theology of Becoming, New York 2003, bes. Kapitel I und IV. – Vgl. J. Enxing, Anything flows? Das dynamische Gottesbild der Prozesstheologie, in: Herder Korrespondenz 68/7 (2014), 366–370.
⁶ Vgl. Ch. Hartshorne, The Divine Relativity. A Social Conception of God, New Haven/London 1967, 19.
⁷ Vgl. D.W. Viney/G.W. Shields, The Mind of Charles Hartshorne. A Critical Exploration, Claremont 2019, 47 (in Vorbereitung). – „Hartshorne defines inclusion in these terms: if X includes Y, then X + Y = X. If X denotes God and Y denotes the universe, then God, plus the universe is God. The argument that there could not be two all-inclusive deities is this: suppose W and X are two all-inclusive deities; this means that each must include the other. This is to say, W + X = X and W + X = W, but in that case, W = X." (The Mind of Charles Hartshorne, 47–48). – Vgl. Ch. Hartshorne, Synthesis as Polyadic Inclusion: A Reply to Sessions, in: Southern Journal of Philosophy 14/2 (1976) 245–255, 245.
⁸ Viney/Shields, Mind of Charles Hartshorne [wie Anm. 7], 45. – Vgl. Vineys Erläuterung zum Begriff „panexperientialist physicalism": „On the concept of panexperientialist physicalism: I borrow this expression from David Griffin. He uses it to emphasize that, in process philosophy (and certainly in Hartshorne's view), there is no such thing as an essentially disembodied person. For this reason, Hartshorne's philosophy is a type of physicalism. On the other hand, Hartshorne denies that there is anything answering to the description of

W. Norris Clarke SJ widerspricht Hartshorne an dieser Stelle: Bereits in der mittelalterlichen Philosophie sieht er diese Frage als diskutiert und beantwortet an. Nach Clarke umfasst „Gott plus Universum" ausschließlich im quantitativen – nicht aber im qualitativen Sinn – mehr Entitäten. Er argumentiert, dass alle Werte in Gott verwirklicht seien und die Entitäten des Universums daran teilhätten, damit aber nicht zur Wertsteigerung beitrügen.[9] Zur Illustration wählt er den Mathematikunterricht einer Schulklasse: Wenn eine Lehrerin ihre mathematischen Kenntnisse mit den Schüler*innen teile, sei damit keine qualitative Wertsteigerung des mathematischen Know-hows verbunden. Vielmehr partizipieren die Lernenden am Wissen der Lehrerin, die Distribution desselben sei ein rein quantitativer Vorgang. Hartshornes Perspektive ist jedoch eine andere.[10] Für Hartshorne ist Gottes Macht eine lockende. Statt des Mathematikunterrichts kann sein Verständnis treffender anhand des Beispiels eines Musikunterrichts veranschaulicht werden: Eine Musiklehrerin vermittelt den Lernenden die Grundlagen von Theorie und Komposition; die Schüler*innen entwickeln eigene Musikstücke, ein jedes mit einem eigenen Wert. Während es im Mathematik-Beispiel ausschließlich an einem Wert Teilhabende („sharers in being") gibt, gibt es im Musik-Beispiel Wert-Schaffende („creators of value").[11] Das Universum, wie Hartshorne es versteht, ist nicht nur das Produkt göttlicher Kreativität, es ist das Ergebnis eines Zusammenwirkens von multiplen schöpferisch-tätigen Entitäten. Aus Hartshornes Sicht beraubt Clarkes Argument die Geschöpfe von jeglichem Eigenwert. Ihr Wert ist ausschließlich gegeben, insofern sie an Gottes Wert partizipieren. Wie jedoch können diese Geschöpfe Gott dienen? Viney/Shields fragen: „If the value in a creature is wholly borrowed from God, then the individual can offer God nothing that did not already belong to God by natural endowment."[12] Bei Hartshorne tragen die Kreaturen durchaus mit ihrem Eigenwert zum Wert Gottes bei. Er spricht von „contributionism"[13].

    merely insentient matter. Every concrete singular (Whitehead's actual entities or Hartshorne's dynamic singulars) prehends its world, which is to say that it is an experiencing entity. Hence, it is not simply physicalism that Hartshorne defends but panexperientialist physicalism." (E-Mail-Korrespondenz am 10.09.2017) – Vgl. D.R. GRIFFIN, Unsnarling the World-Knot: Consciousness, Freedom, and the Mind-Body Problem, Berkeley 1998, Kap. 10, 227–242.

9   Vgl. W.N. CLARKE, Charles Hartshorne's Philosophy of God: A Thomistic Critique, in: S. SIA (Hg.), Charles Hartshorne's Concept of God: Philosophical and Theological Responses, Dordrecht 1990, 103–123. – Vgl. VINEY/SHIELDS, Mind of Charles Hartshorne [wie Anm. 7], 45.

10   Vgl. SIA, Charles Hartshorne's Concept [wie Anm. 9], 271.

11   VINEY/SHIELDS, Mind of Charles Hartshorne [wie Anm. 7], 46.

12   VINEY/SHIELDS, Mind of Charles Hartshorne [wie Anm. 7], 46.

13   CH. HARTSHORNE, The Logic of Perfection and Other Essays in Neoclassical Metaphysics, La Salle 1962, 242. – Vgl. CH. HARTSHORNE, Creativity in American Philosophy, Albany 1984, 153.

Darüber hinaus ist Gott als universale Entität auch nicht als die Summe der in Gott existierenden lokalen Entitäten zu verstehen, sondern eine Einheit, die insofern auch widersprüchliche Teile in sich enthalten kann (so wie auch eine Person früher kriminell gewesen sein kann und es jetzt nicht mehr ist und dabei dennoch die gleiche Person ist).[14] Gott kann also Eigenschaften – wie Hass – umfassen, die Gott nicht teilt. In anderen Worten: Gott kann Sündigende umfassen, ohne selbst zu sündigen. Zwar ist Gott nicht urhebende Kraft des Schlechten, aber Gott wird vom Schlechten berührt. In Hartshornes Worten: „God feels *how* other feel without feeling *as* they feel."[15]

Hartshorne bemüht nun drei verschiedene Metaphern, um das Gott-Welt-Verhältnis zu veranschaulichen. *Wörtlich verstanden* sind diese selbstverständlich unzutreffend[16]: Zum einen greift er auf die platonische Metapher der *Weltseele* zurück. Dan Dombrowski hat in zahlreichen Publikationen en détail die Verbindung des kosmologischen Monismus bei Platon und Hartshorne rekonstruiert.[17] Gott als Weltseele (*panta psyche*) beseelt nicht etwa einen speziellen Körper, sondern den ganzen Körper Welt.[18] Zum anderen die Analogie eines *Körpers und seiner Zellen*, eine Analogie, die Platon selbstverständlich noch fernlag: Die universale Gottheit steht zu den lokalen Entitäten in einem Verhältnis wie der Körper zu den einzelnen Zellen des Körpers. Während jede einzelne Körperzelle über eigene Energien und Strebevermögen verfügt, ist sie dennoch Teil eines Ganzen und der Körper umfasst all diese Einzelzellen und ist dabei mehr als die Summe seiner Teile. Während die Körper in Gott eine externe Umwelt haben, hat Gott keine Umwelt, die außerhalb von Gott selbst zu lokalisieren wäre.[19] („Thus, in the divine case, the ‚body' of God and the ‚environment' in which God operates are one and the same."[20]) Während einzelne Körper in Gott lokalisiert werden können, würde man daher vergeblich versuchen, das kosmische Individuum zu

---

[14] Vgl. VINEY/SHIELDS, Mind of Charles Hartshorne [wie Anm. 7], 46–47.
[15] HARTSHORNE, Creativity [wie Anm. 13], 199.
[16] Hartshorne argumentiert, dass Gott nur in Form von Konzepten artikuliert werden kann, da Gott als „the one individual with strictly universal functions" weder eine externe Umwelt hat noch lokalisiert werden kann. Vgl. HARTSHORNE, Divine Relativity [wie Anm. 6], 31. – Vgl. CH. HARTSHORNE, A Natural Theology for our Time, La Salle 1967, 76.
[17] Ich verweise an dieser Stelle lediglich auf Dombrowskis und Vineys Arbeiten: vgl. DOMBROWSKI, A Platonic Philosophy [wie Anm. 1]. – Vgl. entsprechende Rezension von: VINEY [wie Anm. 1]. – Vgl. DOMBROWSKI, Hartshorne, Platon [wie Anm. 1]. – Vgl. DOMBROWSKI, Hartshorne and Plato [wie Anm. 1]. – Vgl. D.W. VINEY, Process, Parturition, and Perfect Love: Diotima's Rather Non-Platonic Metaphysics of Eros, in: TH.J. OORD (Hg.), The Many Facets of Love. Philosophical Explorations, Cambridge 2007, 41–49. – Vgl. D.W. VINEY, Process Theism, in: Stanford Encyclopedia of Philosophy: https://plato.stanford.edu/entries/process-theism (letzter Zugriff: 09.09.2017), 23–29.
[18] Vgl. DOMBROWSKI, Hartshorne, Platon [wie Anm. 1], 55.
[19] Vgl. HAHN, The Philosophy of Charles Hartshorne [wie Anm. 1], 649.
[20] VINEY/SHIELDS, Mind of Charles Hartshorne [wie Anm. 7], 43.

lokalisieren. Dan Dombrowski verweist deshalb darauf, dass nach Hartshorne für Gott gleichermaßen gilt, dass der Kosmos beseelt ist, wie dass Gott verkörpert ist („embodied").[21]

Am bekanntesten ist in diesem Zusammenhang sicherlich die Metapher der *Welt als Körper Gottes*: So, wie wir mehr sind als unsere Körper, aber nicht ohne Körper sein können, so ist Gott mehr als Welt.[22] Viney und Shields halten fest: „A distinctive feature of Hartshorne's theism, and one that sets it apart from Whitehead's theism, is that God includes the universe in a way that bears a distant analogy with the way that a person includes his or her body."[23]

Gerade der späte Hartshorne greift immer wieder auf die Metapher der schwangeren Frau zurück, die – wie ich immer wieder feststelle – doch sehr gut zur Erläuterung dient, aber wie alle Metaphern auch deutliche Grenzen aufweist. Dieses Bild bevorzugt Hartshorne (in den 1980ern!) auch deshalb, weil es einen Gegenpart zu rein männlichen Gottesbildern darstellt.[24] In diesem Bild erinnert Hartshorne an eine schwangere Frau und ihr ungeborenes Kind: So wie die Schwangere den Fötus umfasst, der Fötus in Interaktion mit der Schwangeren lebt, so umfasst Gott die Welt, ohne dadurch mit ihr identisch zu sein, genauso wenig, wie die Schwangere und ihr Kind identisch sind.

Dabei führt Hartshorne noch eine weitere Differenzierung ein: Das Gott-Welt-Verhältnis und die Gott-Welt-Interaktion sind bestimmt von der *Dipolarität Gottes*: Die eine Gottheit umfasst einen *absoluten*, unveränderlichen Pol, der alle abstrakten Eigenschaften Gottes bezeichnet, d.h. Gottes absolute Vollkommenheit, Liebe, Treue, den Status als höchstes Wesen. Der *konkrete* Pol bezeichnet die Konkretion dieser absoluten Perfektion Gottes in Interaktion mit der Welt (R-Perfektion), d.h. die Konkretion von Gottes Treue, Liebe, Gerechtigkeit (etc.) in Interaktion mit den Lokalmächten. Der relative Pol ist also jener „Teil" Gottes, der – anders als der absolute Pol – von der Welt verändert werden kann. Hier berühren sich Gott und die in Gott seiende Welt – gegenseitig. Hartshorne spricht

---

[21] Vgl. D. DOMBROWSKI, Analytic Theism, Hartshorne, and the Concept of God, Albany 1996, 86. Dombrowski formuliert hier eine Hartshorne'sche Interpretation der Philosophie Platons. Er schreibt: „The *uni*verse is a society or an organism (a Platonic World-Soul) of which one member (the Platonic Demiurge) is preeminent, just as human beings or other embodied animals are societies of cells, of which the mental part is preeminent. In effect, it makes sense to say both that the cosmos is ensouled and that God is embodied."

[22] Vgl. HARTSHORNE, Man's Vision [wie Anm. 3], 185. – Vgl. VINEY/SHIELDS, Mind of Charles Hartshorne [wie Anm. 7], 43. – Vgl. J. ENXING, God's World – God's Body, in: P. JONKERS/M. SAROT (Hg.), Embodied Religion, Utrecht 2013, 229–240.

[23] Vgl. VINEY/SHIELDS, Mind of Charles Hartshorne [wie Anm. 7], 43. – Vgl. J. ENXING, Die ökologische Krise aus panentheistischer Sicht. Ein Antwortversuch mit der Theologin Sallie McFague, in: K. RUHSTORFER (Hg.), Das Ewige im Fluss der Zeit. Der Gott, den wir brauchen. Questiones Disputatae 280, Freiburg i. Brsg. 2016, 53–76, 63–65.

[24] Vgl. VINEY/SHIELDS, Mind of Charles Hartshorne [wie Anm. 7], 45.

deshalb von Gott als dem „most and best and moved mover"[25]. Die Reziprozität dieses Geschehens gestaltet den Prozess der Welt. Das Ergebnis des universalen Schöpfers mit den ko-schöpfenden Einzelmächten führt zu einer relativ indeterminierten Kreativität, die in ihrer Symphonie die Vollkommenheit des panentheistischen Gottes ausmacht.

3. Kritik am prozesstheologischen Panentheismus[26]

Die hier aufgeführten Metaphern sind Versuche, das panentheistische Verständnis darzustellen. Wie jedes theologische Konzept, so ist auch der hier beschriebene Panentheismus Kritik ausgesetzt. Exemplarisch soll an dieser Stelle auf einige zentrale Punkte der 2015 geäußerten Kritik von Saskia Wendel in ihrem Beitrag „Theismus nach Kopernikus. Über die Frage, wie Gott in seiner Einmaligkeit zugleich Prinzip des Alls sein kann"[27] eingegangen werden, der unter anderem explizit auf die Metapher der *Welt als Körper Gottes* rekurriert.[28] Wendels Auseinandersetzung mit dem Panentheismus prozesstheologischer Provenienz hinterfragt dabei nicht nur, ob der Panentheismus ein von Gott geliebtes Gegenüber überhaupt denken kann, sondern stellt darüber hinaus die Frage, ob der Prozesstheismus von sich überhaupt noch beanspruchen könne, „Theismus" zu sein.

Auf beide Kritikpunkte möchte ich eingehen und beziehe mich dabei direkt auf die von Wendel vorgetragene Kritik. Saskia Wendels Einwände sind dabei derart präzise vorgetragen, dass sie zum einen hilfreich sind, die hiesige Diskussion anzuregen, und zum anderen eine pointierte Antwort verdient haben.

Ist der Panentheismus überhaupt eine Form des Theismus? So lautet ein Kritikpunkt Wendels. An dieser Stelle muss ich einräumen, dass das der Kritik zugrunde liegende Verständnis von Theismus m. E. un(ter)bestimmt bleibt, um differenziert darauf antworten zu können, ob der Panentheismus das, was hier unter Theismus verstanden wird, umfasst. Offensichtlich versteht Wendel „Theismus" wohl nicht in dem von Heinrich Schmidinger im Lexikon für Theologie und Kirche definierten Sinne als „jede Weltanschauung, die v. der Existenz einer göttl. In-

---

[25] CH. HARTSHORNE, The Zero Fallacy and Other Essays in Neoclassical Philosophy, hrsg. von V. MOHAMMAD, Chicago 1997, 6, 39.
[26] Teile des folgenden Abschnitts wurden in leicht veränderter Form bereits publiziert, in: ENXING, Die ökologische Krise [wie Anm. 23].
[27] S. WENDEL, Theismus nach Kopernikus. Über die Frage wie Gott in seiner Einmaligkeit zugleich Prinzip des Alls sein kann, in: J. KNOP/M. LERCH/B. CLARET (Hg.), Die Wahrheit ist Person. Brennpunkte einer christologisch gewendeten Dogmatik. Festschrift für Karl-Heinz Menke, Regensburg 2015, 17–46.
[28] Vgl. WENDEL, Theismus nach Kopernikus [wie Anm. 27], 30, 32, 45.

stanz überzeugt ist, welche z. Welt eine lebendige Beziehung unterhält."²⁹ Der von Schmidinger aufgeführte theistische Prüfstein ist die eigene Überzeugung, ein Kriterium, dem Hartshornes panentheistische Vorstellung in jeder Weise standhalten würde. Vermutlich liegt hier allerdings ein abweichendes Verständnis von „Theismus" vor, denn nach diesem Verständnis von Theismus wäre es schlicht unmöglich, Theist*innen ihr Theist*innen-Sein aus einer Außenperspektive abzusprechen. Selbst Kants Formulierung, „der Deist glaub[t] einen Gott, der Theist aber einen lebendigen Gott"³⁰, erklärt nicht, wieso die Prozesstheologie kein Theismus wäre. Denn es ist ja gerade der lebendige, weltzugewandte Gott, den sie bezeugen möchte. Vermutlich ist es die der Kritik zugrunde liegende fehlende Differenzierung zwischen „Einheit" und „Einsheit" – auf die ich noch eingehen werde –, also der Vorwurf, Gott und die Welt seien in der Prozesstheologie identisch, die hinter Wendels Bedenken steht.³¹ Da Gott und die Welt in der Prozesstheologie allerdings *nicht identisch* sind, der Panentheismus also gerade kein Pantheismus ist, beansprucht sie meines Erachtens zu Recht, Theismus zu sein.

Für die in der Kritik geäußerte Beurteilung des Prozesstheismus spielt *erstens* der Begriff des *kosmischen Individuums*³² eine zentrale Rolle, den Wendel in der Prozesstheologie zwar vertreten, aber nicht legitimiert sieht. *Zweitens* beschreibt Wendel die Interaktionsfähigkeit Gottes mit der Welt als fragwürdig, da nicht klar sei, wie ein *apersonales Lebensprinzip* über eine solche Fähigkeit verfügen solle.³³ *Drittens* wird dem panentheistischen Konzept vorgeworfen, Gott als rein *selbstreferentielles System* zu fassen, denn hier würde ein Gott beschrieben, der in permanentem Selbstbezug mit Gottes eigenem Körper interagiere.

3.1 Gott als kosmisches Inviduum?

Ein weiterer Kritikpunkt bezieht sich auf Hartshornes Vorstellung von Gott als „kosmischem Individuum":

Die panentheistische Bestimmung des Gott-Welt-Verhältnisses will Hartshorne dadurch noch als theistisch beschreiben, dass er Gott als ‚kosmisches Individuum' interpretiert,

---

[29] H. M. Schmidinger, Art. Theismus, in: LThK Bd. 9, Freiburg i. Brsg. u. a. 2000, 1388–1389, 1388.
[30] I. Kant, KrV B 659–661, hg. v. J. Timmermann, Philosophische Bibliothek Bd. 505, Hamburg 2010.
[31] Vgl. Schmidinger, Art. Theismus [wie Anm. 29], 1389. Hier heißt es ferner: „Für die gesch. Erforschung der Religionen wird Th. dadurch z. Bez. für jene rel. Weltbilder, die einen Gott (od. mehrere Götter) enthalten, der (die) mit der Welt nicht identisch ist (sind)".
[32] Vgl. Wendel, Theismus nach Kopernikus [wie Anm. 27], 30–43.
[33] Vgl. Wendel, Theismus nach Kopernikus [wie Anm. 27], 33.

wobei er den Begriff des Individuums von demjenigen des Einzelnen (ob Ding, Ereignis oder Person) löst und an den Begriff der Interaktion bindet.[34]

Zunächst einmal ist die Beobachtung, dass Hartshorne Gott als „kosmisches Individuum" („cosmic individual", „kosmisches Bewusstsein"[35], „cosmic power"[36], „cosmic agent"[37]) fasst, richtig, wobei „cosmic" bei Hartshorne synonym mit „universal" verwendet wird.[38] So heißt es in Man's Vision of God: „God is the self-identical individuality of the world somewhat as a man is the self-identical individuality of his ever changing system of atoms"[39].

Um die Rede von Gott als „kosmisches Individuum" zu verstehen, ist es notwendig, die Hartshorne'sche Unterscheidung zwischen *Essenz, Existenz* und *Aktualität* zu berücksichtigen.[40] Individualität, sei sie nun von Gott oder von einem Geschöpf ausgesagt, ist zunächst immer abstrakt im Vergleich zur konkreten Situation ihrer Realisierung. Hartshorne hat dies mit dem Beispiel der Lerche verdeutlicht: Meine Existenz morgen um 12 Uhr mittags mag davon gekennzeichnet sein, dass ich eine Lerche singen höre (a) oder eben nicht (b).[41] In beiden Fällen – a und b – existiere ich und bin dasselbe Individuum, jeweils in einem spezifischen „Zustand" (Hartshorne spricht von „Aktualität"). Während das Abstrakte zwar im Konkreten enthalten ist, ist die Aktualität streng genommen umfassender als die Essenz oder Existenz. Existenz und Aktualität unterscheiden sich also insofern, als dass die Existenz aus der Aktualität geschlussfolgert werden kann, nicht jedoch umgekehrt: „Ich höre eine Lerche zur Mittagszeit" beinhaltet „Ich existiere", aber „Ich existiere" beinhaltet nicht „Ich höre eine Lerche zur Mittagszeit". Aus „Ich existiere" kann zwar gefolgert werden, „in diesem oder jenem Zustand" zu sein, der Zustand selbst bleibt jedoch aus der Aussage selbst nicht weiter bestimmbar. Der weitere Kontext, in dem Hartshorne das Konzept von Gott als „kosmisches Individuum" formuliert, sollte hierbei mit berücksichtigt werden: Hartshorne spricht von Gott als „cosmic agent" oder „cosmic power" im Zusammenhang mit der Modifikation der göttlichen Allmacht, verbunden mit seiner Vorstellung des göttlichen Wirkens als „Überzeugen" bzw. „Locken" der Entitäten des Universums. Gott als „cosmic power" lockt die über eigene Macht und Kreativität verfügenden „local powers".[42] In diesem Zusammenhang greift auch Klaus Müller die Bezeichnung von Gott als „kosmisches Individuum" auf und verweist

---

[34] WENDEL, Theismus nach Kopernikus [wie Anm. 27], 30.
[35] Vgl. ENXING, Gott im Werden [wie Anm. 2], 134.
[36] Siehe z. B. HARTSHORNE, Divine Relativity [wie Anm. 6], 138.
[37] HARTSHORNE, Divine Relativity [wie Anm. 6], 134.
[38] Vgl. HARTSHORNE, Divine Relativity [wie Anm. 6], 134.
[39] HARTSHORNE, Man's Vision [wie Anm. 3], 230.
[40] Vgl. hierzu die Tabelle in: ENXING, Gott im Werden [wie Anm. 2], 70.
[41] Vgl. HARTSHORNE, Logic of Perfection [wie Anm. 13], 63.
[42] Vgl. ENXING, Gott im Werden [wie Anm. 2], 169.

damit auf die Vollkommenheit Gottes im Unterschied zur Fragmentarität der Geschöpfe.[43]

Zwar ist Gott als „cosmic power" und „supreme socius"[44] maßgeblich durch die Reziprozität mit der Schöpfung bestimmt, dennoch kann man nicht wie Wendel so weit gehen, zu sagen, Hartshorne löse damit „den Begriff des Individuums von demjenigen des Einzelnen (ob Dinge, Ereignis oder Person) und [binde ihn, J. E.] an den Begriff der Interaktion"[45] oder gar der „Ausdruck ‚Individuum'" sei „allein durch die Fähigkeit der Interaktion legitimiert"[46]. Der „supreme socius"[47] ist, wie Wendel später selbst bestätigt, durch die Wechselwirkung, sprich Interaktion, mit der Schöpfung bestimmt, jedoch *in seiner Gebundenheit an einen personalen Gott*. Und damit komme ich zum zweiten Einwand.

3.2 Gott als apersonales Prinzip?

Wendel sieht Gott im Hartshorne'schen Konzept als „apersonales Lebensprinzip" charakterisiert und beschreibt in dessen Konsequenz die Schwierigkeit, wie denn ein apersonales Prinzip interagieren könne, noch dazu auf Interaktion reduziert werden könne.[48] Zwar ist die Interaktion Gottes mit der Schöpfung Kennzeichen des panentheistischen Gotteskonzeptes, allerdings ist der Vorwurf der Reduktion auf dieselbe ungerechtfertigt. Denn im Zentrum des Hartshorne'schen Gotteskonzeptes steht die Vorstellung der bereits erläuterten *Dipolarität Gottes*.[49] Dass der abstrakte Pol Gottes gerade *nicht* in Interaktion mit der Welt steht und eine Reduktion auf die Eigenschaft der Interaktion somit nicht gerechtfertigt ist, verkennt das angeführte Argument. Des Weiteren trifft der Vorwurf, „inwiefern ein apersonales Lebensprinzip (und mit solch einem Prinzip wird Gott ja in diesem Modell identifiziert) zu Interaktion fähig sein soll"[50], keineswegs. Denn Gott wird

---

[43] Vgl. MÜLLER, Totus intra [wie Anm. 2], bes. 14–16. – Vgl. hierzu HARTSHORNE, God is „the cosmic, or all-inclusive whole [...] an integrated individual, the sole non-fragmentary individual." HARTSHORNE, A Natural Theology [wie Anm. 16], 7.

[44] CH. HARTSHORNE, Reality as Social Process. Studies in Metaphysics and Religion, New York ²1971, 136.

[45] WENDEL, Theismus nach Kopernikus [wie Anm. 27], 30.

[46] WENDEL, Theismus nach Kopernikus [wie Anm. 27], 33.

[47] Wendel selbst bezieht sich nicht auf diese für Hartshornes Prozesstheologie zentrale Metapher.

[48] Vgl. WENDEL, Theismus nach Kopernikus [wie Anm. 27], 33–34.

[49] Vgl. zur Dipolarität Gottes: HARTSHORNE, Man's Vision [wie Anm. 3], 109–111. – Vgl. S. SIA, Reason, Religion and God. Essays in the Philosophies of Charles Hartshorne and A. N. Whitehead, Frankfurt a. M. – New York 2004, 32. – Vgl. J.C. MOSKOP, Divine Omniscience and Human Freedom. Thomas Aquinas and Charles Hartshorne, Macon 1984, 69–71. – Vgl. ENXING, Gott im Werden [wie Anm. 2], 67–70.

[50] WENDEL, Theismus nach Kopernikus [wie Anm. 27], 33.

in diesem Modell – wie übrigens auch bei Whitehead und Teilhard de Chardin – *gerade nicht als "apersonal", sondern als personal identifiziert*, wie Hartshorne in seinem Artikel „God, as personal" in der *Encyclopedia of Religion* darlegt.[51] Hartshorne selbst äußert sich 1933 in einem Interview wie folgt: „God is more personal than we are ... He is the ideal of personality. He is the most excellent person."[52] Mehr noch, wenn Wendel artikuliert:

> Von der Subjektperspektive ist die Personenperspektive zu unterscheiden: Sie bedeutet nicht die Einmaligkeit des bewussten Lebens, auch nicht sein ‚Zur-Welt-sein', sondern das ‚In-der-Welt-sein' des Daseins und ‚Mit-Anderen-seins', seine konkrete Relation, seinen Bezug, seine Eröffnetheit auf Anderes und Andere hin, also nicht nur die diesen Bezug ermöglichende Selbstgewissheit, die mit der Subjektperspektive verbunden ist, sondern der konkrete Vollzug einer Bezugnahme auf Anderes und Andere sowie eines In-Bezug-genommen-seins durch Anderes und Andere[53],

so kann man sagen, dass hier alles andere als ein Widerspruch zum neoklassischen Gotteskonzept der Prozesstheologie auszumachen ist. Im Gegenteil: Vielleicht hätte Hartshorne sein Verständnis von Gott nicht besser auf den Punkt bringen können.

3.3 Gottes Selbstreferentialität?

Der dritte Vorwurf betrifft die angebliche Selbstreferentialität im panentheistischen Gotteskonzept. Bei Wendel heißt es:

> Inwiefern kann ein Individuum zugleich ‚kosmisch' sein und umgekehrt der Kosmos zugleich ‚individuell' – wird hier nicht ein hölzernes Eisen ersonnen? Und mutet es nicht willkürlich an, den Ausdruck ‚Individuum' allein durch die Fähigkeit der Interaktion zu monopolisieren? Wird hier der Begriff des Individuums nicht so ausgeweitet, dass er seine spezifische Differenz und damit seine Bedeutung verliert? [...] Gott ‚interagiert' ja mit keinem von ihm unterschiedenen Anderen, einem Gegenüber, sondern mit sich selbst, mit seiner Folgenatur, seinem Körper – das aber ist nicht ‚Interaktion', sondern Selbstreferenz, es sei denn, man wollte, um bei der Analogie zu bleiben, den Bezug eines Selbst auf seinen eigenen Körper als ‚Interaktion' bezeichnen, wobei man dann zwischen dem Selbst und seinem Körper unterscheiden würde, also die leibseelische Einheit des Selbst aufsprengen würde, denn andernfalls gäbe es ja kein ‚Zwischen'.[54]

Obgleich zuvor (von Wendel) dargelegt wird, dass Hartshornes Panentheismus die Welt als in Gott, nicht aber mit Gott identisch begreife, zieht sie hier den

---

[51] Vgl. CH. HARTSHORNE, God, as personal, in: V. FERM (Hg.), An Encyclopedia of Religion, New York 1945, 302–303. – Vgl. ENXING, Gott im Werden [wie Anm. 2], 134.
[52] R.E. AUXIER, Interview with Hartshorne. December 1, 1993, in: R.E. AUXIER/M.Y.A. DAVIES (Hg.), Hartshorne and Brightman on God, Process, and Persons. The Correspondence, 1922–1945, Nashville 2001, 88–99 (Anhang 3), 89.
[53] Vgl. WENDEL, Theismus nach Kopernikus [wie Anm. 27], 38.
[54] WENDEL, Theismus nach Kopernikus [wie Anm. 27], 33.

Schluss, dass der Bezug Gottes auf ein in Gott Seiendes – aber laut Wendel nicht von Gott Verschiedenes – selbstreferentiell wäre. Zuvor beschreibt sie, dass Gott schon deshalb kein „Individuum" im strengen Sinne sein könne, da Gott „mit dem Universum qua Folgenatur eins ist und nicht entweder ein von ihm unterschiedenes quasi ‚absolutes' oder ein ihm zugehörendes ‚höchstes', ‚größtes' o. ä. einzelnes Seiendes oder Wesen."[55] Abgesehen davon, dass es die Vorstellung der Ur- und Folgenatur in Hartshornes Theismus nicht gibt, lässt dieser Kritikpunkt das gesamte Verständnis von Gott als „supreme being", das im Zentrum des Hartshorne'schen Gedankens der oben erläuterten Dipolarität steht, außer Acht.[56] Gott ist bei Hartshorne das „höchste" und auch das „größte" Seiende, das *in Einheit, aber nicht Identität* mit der Welt existiert. Der konkrete Pol Gottes ist es, der im Locken der Welt mit ihr interagiert. Dabei handelt es sich um ein Wechselwirken der kosmischen Kraft mit den lokalen Kräften, d. h. den Einzelmächten des Universums. Durch die Eigenmacht der Entitäten des Universums ist es diesen möglich, sich dem göttlichen Locken zu entziehen oder zu widersetzen. Es handelt sich also in der Tat um eine Interaktion mehrerer „Mächte/Strebekräfte". Dass die Vorstellung, das Universum sei in Gott, damit den Vorwurf einer gewissen Selbstreferentialität auf sich zieht, da Gott streng genommen mit Teilen von Gott selbst interagiert, mag vordergründig der Fall sein. Selbst wenn dem so wäre, folgt daraus aber nicht, dass es sich deshalb nicht um wahre Interaktion handeln könne. Abgesehen davon trifft der Vorwurf, Gott interagiere „mit keinem von ihm unterschiedenen Anderen"[57], nicht zu. Er wäre nur dann berechtigt, wenn *Teil von etwas zu sein* bedeuten würde, *identisch mit diesem* zu sein – „Einheit" bedeutet aber gerade nicht „Einsheit" –, das wäre eine Verwechslung von Pan*en*theismus und Pantheismus. Dass die Entitäten eigene Macht haben und sich dem göttlichen Locken entziehen können, zeigt gerade, dass die Schöpfung von Gott unterschieden ist. „Kosmisch" ist die göttliche Kraft, die von einem personalen Gott ausgeübt wird, insofern sie auf den gesamten Kosmos wirkt – anders als die Einzelmächte, deren Wirkmächte einen begrenzten Radius haben.[58]

---

[55] WENDEL, Theismus nach Kopernikus [wie Anm. 27], 32.

[56] Dasselbe gilt auch für das, was Whitehead Ur- und Folgenatur Gottes nennt: beide „Naturen" sind Teil der abstrakten Seite Gottes oder des Wesens (s. Hartshornes Diskussion hierüber in: CH. HARTSHORNE, Whitehead's Philosophy, Dallas 1972, 75–76). Die Folgenatur Gottes ist nach Hartshorne „Gott in irgendeinem aktualisierten Zustand", nicht „Gott als aktualisiert in diesem spezifischen Zustand". Deshalb ist Gott für Hartshorne – wollte man dies mit dem Whitehead'schen Vokabular ausdrücken – eine „personal ordered society" und nicht „a single entity". – Vgl. VINEY, Process Theism [wie Anm. 17].

[57] WENDEL, Theismus nach Kopernikus [wie Anm. 27], 33.

[58] Wendels eigenes Konzept artikuliert übrigens genau diese Vorstellung: „Da aber dieses Andere nicht ‚nur' Einzelnes ist, auch nicht ‚nur' die Erde, sondern das All, der Kosmos, so ist das Verhältnis Gottes zu seinem Anderen quasi kosmisch: Er bezieht sich auf Einzelnes wie auf das All zugleich, auf eine Vielzahl von Welten im Universum und auf das Universum als Ganzes. So gesehen ist er auf der einen Seite Subjekt, ‚einzig', auf der anderen Seite Person,

Das Problem besteht meines Erachtens darin, dass Wendel „kosmisch" mit „kein Einzelnes" und „Individuum" mit „Einzelding" assoziiert. „Kosmisch" bedeutet bei Hartshorne aber nicht „kein Einzelnes", sondern „many in one", während „Individuum" mit „one in many" beschrieben werden kann. Dies lässt sich auch mit einem Rückgriff in die Philosophie der griechischen Antike erläutern: Die Vorstellung des „Cosmos" betonte die Einheit des *Uni*versums. Dieser Kosmos ist, wie wir heute wissen, von einer Vielzahl sogenannter „Naturgesetze" bestimmt, die für den gesamten Kosmos gelten, was wiederum zeigt, dass es sich hierbei nicht um eine bloße Sammlung von Aggregatzuständen, sondern um verschiedene *Teile einer Einheit* handelt. „Kosmos" bedeutet also das Prinzip der *Vielheit in Einheit („many-in-one")*.

„Individuum" ist mit dem „one in many"-Prinzip zu bestimmen: Die Individualität eines Teils des Ganzen existiert in verschiedenen Zuständen. Diotima sagt im *Symposium*, dass, obgleich ein Individuum über verschiedene Zeiten hinweg als dasselbe Individuum bezeichnet wird, es dramatische Veränderungen über diese Zeit hinweg gibt und zwar sowohl physischer als auch mentaler Art.[59] Bei Hartshorne ist dieser Gedankengang ebenso zu finden: „Temporal designations belong with the subject not the predicate. It is not that John has the predicate sick-now, but that John-now has the predicate sick".[60]

Theologisch gewendet bedeutet dies, *dass Gott die individuelle Integrität des Kosmos ist*, die für die Ordnung des Kosmos sorgt: „The world as an integrated individual is not a ‚world' as this term is normally and properly used, but ‚God.' God, the World Soul, is the *individual integrity* of ‚the world,' which otherwise is just the myriad creatures."[61] Dieses „many-in-one"-Prinzip des Kosmos bedeutet, dass wir Teile dieses „Körpers" Gottes sind. „Körper" kann hierbei nicht im Sinne eines weltlichen Körpers, der mit einer Außenwelt interagiert, verstanden werden. Die „myriad creatures" sind alle dem Universum intern und somit in Gott. Hartshorne folgt bei diesem Schritt den Ausführungen im Timaios sowie einer Aussage Gustav Fechners und spricht von Gottes „internal environment"[62]. Der Kosmos

doch als Person bezieht er sich auf alles, was ist. In diesem Sinne ist Gott eine ‚kosmische Person', nicht aber ‚kosmisches Individuum', und nicht nur Interaktion, sondern interagierendes Subjekt, da die Subjektperspektive nicht allein einem begrenzten, verkörperten Einzelwesen zukommen muss." WENDEL, Theismus nach Kopernikus [wie Anm. 27], 42.

[59] Vgl. PLATON, Symposium, Reclam-Ausgabe (Griechisch/Deutsch), Stuttgart 2006, 207d.
[60] CH. HARTSHORNE, Personal Identity from A to Z, in: Process Studies 2/3 (1972) 209–215, 214.
[61] HARTSHORNE, Omnipotence [wie Anm. 4], 59.
[62] CH. HARTSHORNE, Beyond Humanism. Essays in the Philosophy of Nature, Chicago 1937, 239. – HARTSHORNE, Man's Vision [wie Anm. 3], 211. – CH. HARTSHORNE, Philosophers Speak of God, La Salle ²2000 (Reprint), 55. – HARTSHORNE, Logic of Perfection [wie Anm. 13], 196. – HARTSHORNE, Creativity [wie Anm. 13], 217. – HARTSHORNE, Zero Fallacy [wie Anm. 25], 72. – CH. HARTSHORNE, Creative Experiencing. A Philosophy of Freedom, hg. von D.W. VINEY/J. O. Albany 2011, 107; 109.

ist also eine *evolvierende Einheit* und weder über noch *gegenüber* von Gott. *Die Interaktionen finden zwischen den Teilen und dem Ganzen statt*, nicht zwischen dem Ganzen und sich selbst.[63]

4. Panentheismus – zusammengefasst

Mit einer kurzen Rekapitulation der wichtigsten Aspekte möchte ich meinen Beitrag beenden:

- In meinem Beitrag habe ich mich der Frage nach dem Verhältnis von Gott und Welt mittels der Prozesstheologie Charles Hartshornes genähert. Hartshornes Prozesstheologie ist meiner Einschätzung nach um eine konkrete Antwort auf die Frage nach dem Verhältnis von Gott und Welt bemüht. Darüber hinaus verdeutlicht sie in weitestgehend überzeugender Weise (kein Konzept beantwortet alle Fragen), wie eine dynamische Liebesbeziehung zwischen der höchsten Realität und der Schöpfung denkbar ist, ohne dabei die Größe Gottes zu reduzieren oder die Freiheit der Geschöpfe zu unterminieren.
- Der personale Gott wird dabei in einer reziproken Wechselwirkung mit Gottes „Körper" begriffen, wobei ein konkreter, relationaler, d.h. veränderlicher Pol von einem absoluten und unveränderlichen Pol unterschieden wird. Gottes Vollkommenheit bleibt unbestritten. Die Interaktion Gottes erfolgt dabei mit der im panentheistischen Sinne in Gott seienden Welt. Diese Gott-Welt-Einheit ist dabei gerade keine Einsheit, weshalb Gottes Liebe jeweils auf das Andere in Gott selbst gerichtet und somit nicht selbst-referentiell ist.

---

[63] Die einzige Schwierigkeit, die Hartshorne zwischen dem Verhältnis von „Individuum" und „Kosmos" in Gott ausmacht, ist die Frage danach, inwiefern der „Zustand/Status" des göttlichen Individuums wirklich analog zu dem der „lokalen" Individuen zu denken ist. Einsteins Relativitätstheorie hat Hartshorne als wirkliche Herausforderung an dieser Stelle gesehen. In Creative Synthesis and Philosophic Method formuliert er dies wie folgt: „If God here now is not the same concrete unity of reality as God somewhere else ‚now', then the simple analogy with human consciousness as a single linear succession of states collapses. I have mixed feelings about this. It seems, on the one hand, that the idea of God as an individual though cosmic being is thus compromised; but, on the other hand, I wonder if this is not rather what we might expect when an analogy is extended to include deity. Maybe it is not divine individuality that is threatened, but only the assumption that this individuality should be simple and easy for us to grasp." CH. HARTSHORNE, Creative Synthesis and Philosophic Method, Washington D.C. 1983, 124.

- Während Gottes universale Wirkkraft vollkommen ist, bleiben die Einzelmächte stets Fragmente im Zusammenspiel der Interaktion.[64]
- Die Differenz zwischen Gott und den Kreaturen ist eine kategoriale. Während Letztere eine externe Umwelt haben, die sie gefährdet und beschränkt, hat Gott eine Mitwelt, jedoch keine externe Umwelt.[65]
- Das hier zugegebenermaßen nur skizzenhaft erläuterte panentheistische Konzept vermag überzeugende Argumente für einen Monotheismus zu liefern. Es ist um eine konkrete Identifikation des Bezugspunktes Gott bemüht und zeigt ferner, wie die Güte Gottes in den Kreaturen wirkt und ihre Existenz ein Wert für und in Gott ist.
- Die von Hartshorne als Energien, Strebemächte, Kreaturen, lokale Mächte etc. beschriebenen Entitäten sind auf jeder Ebene der Existenz nicht nur mit einer Form von Materie, sondern immer zugleich mit Gefühlen ausgestattet. Hartshornes Panentheismus ist anschlussfähig an panpsychistische Vorstellungen, wie sie nicht zuletzt Tobias Müller, Heinrich Watzka SJ, Godehard Brüntrup SJ und andere seit einigen Jahren intensiv diskutieren.[66]

Die in anderen, systematisch-theologischen oder pastoraltheologischen, Kontexten artikulierte allumfassende Liebe und Güte Gottes, in der sich die Schöpfung allzeit geborgen wissen soll, wird hier mit einem Gotteskonzept untermauert, das einerseits vor dem Forum der Vernunft bestehen möchte und andererseits jenen alltagstauglich-spirituellen Zuspruch verheißt, den nicht nur der Titel eines Werkes von Philip Clayton[67] verkündet, sondern bereits der Apostel Paulus artikuliert hat: „Denn in Gott leben wir, bewegen wir uns und sind wir." (Apg 17,28; BigS)

Verwendete Literatur

AUXIER, Randall E.: Interview with Hartshorne. December 1, 1993, in: R.E. AUXIER/M.Y.A. DAVIES (Hg.), Hartshorne and Brightman on God, Process, and Persons. The Correspondence, 1922–1945, Nashville 2001.

[64] „The creatures are fragmentary in three senses, by being located in space (rather than encompassing all of space), by being temporally limited (by birth and death), and by the various ways they fall short in the realization of value (in contrast to optimal realization of value in deity)." VINEY/SHIELDS, Mind of Charles Hartshorne [wie Anm. 7], 49.
[65] Vgl. VINEY/SHIELDS, Mind of Charles Hartshorne [wie Anm. 7], 50.
[66] Vgl. zur Einführung: G. BRÜNTRUP, Überall Geist. Die Renaissance des Panpsychismus, in: Herder Korrespondenz 9 (2017), 44–47. – Vgl. T. MÜLLER/H. WATZKA (Hg.), Ein Universum voller ‚Geiststaub'? Der Panpsychismus in der aktuellen Geist-Gehirn-Debatte, Münster 2011.
[67] Vgl. CLAYTON/PEACOCKE (Hg.), In Whom [wie Anm. 2].

BRIERLEY, Michael W.: Naming a Quiet Revolution. The Panentheistic Turn in Modern Theology, in: P. CLAYTON/A. PEACOCKE (Hg.), In Whom We Live and Move and Have Our Being. Panentheistic Reflections on God's Presence in a Scientific World, Grand Rapids 2004.

BAIL, Ulrike: Bibel in gerechter Sprache, Gütersloh ⁴2011.

BRÜNTRUP, Godehard: Überall Geist. Die Renaissance des Panpsychismus, in: Herder Korrespondenz 9 (2017).

CLARKE, W. NORRIS: Charles Hartshorne's Philosophy of God: A Thomistic Critique, in: S. SIA (Hg.), Charles Hartshorne's Concept of God: Philosophical and Theological Responses, Dordrecht 1990.

CLAYTON, Philip/PEACOCKE, Arthur (Hg.), In Whom We Live and Move and Have Our Being. Panentheistic Reflections on God's Presence in a Scientific World, Grand Rapids 2004.

COOPER, John W.: Panentheism. The Other God of the Philosophers. From Plato to the Present, Grand Rapids 2006.

DOMBROWSKI, Daniel: Hartshorne and Plato, in: L. E. HAHN (Hg.), The Philosophy of Charles Hartshorne. The Library of Living Philosophers XX, La Salle 1991.

DOMBROWSKI, Daniel: Analytic Theism, Hartshorne, and the Concept of God, Albany 1996.

DOMBROWSKI, Daniel: A Platonic Philosophy of Religion: A Process Perspective, Albany 2005.

DOMBROWSKI, Daniel: Hartshorne, Platon und die Auffassung von Gott, in: J. ENXING/K. MÜLLER (Hg.), Perfect Changes. Die Religionsphilosophie Charles Hartshornes, Regensburg 2012.

ENXING, Julia: God's World – God's Body, in: P. JONKERS/M. SAROT (Hg.), Embodied Religion, Utrecht 2013.

ENXING, Julia: Gott im Werden. Die Prozesstheologie Charles Hartshornes, Regensburg 2013.

ENXING, Julia: Anything flows? Das dynamische Gottesbild der Prozesstheologie, in: Herder Korrespondenz 68/7 (2014).

ENXING, Julia: Die ökologische Krise aus panentheistischer Sicht. Ein Antwortversuch mit der Theologin Sallie McFague, in: K. RUHSTORFER (Hg.), Das Ewige im Fluss der Zeit. Der Gott, den wir brauchen. Questiones Disputatae 280, Freiburg i. Brsg. 2016.

FABER, Roland: Gott als Poet der Welt. Anliegen und Perspektiven der Prozesstheologie, Darmstadt 2003.

GÖCKE, Benedikt P.: Alles in Gott? Zur Aktualität des Panentheismus Karl Christian Friedrich Krauses, Regensburg 2012.

HAHN, Lewis E. (Hg.), The Philosophy of Charles Hartshorne. The Library of Living Philosophers XX, La Salle 1991.

GRIFFIN, David R.: Unsnarling the World-Knot: Consciousness, Freedom, and the Mind-Body Problem, Berkeley 1998.
HARTSHORNE, Charles: Beyond Humanism. Essays in the Philosophy of Nature, Chicago 1937.
HARTSHORNE, Charles: God, as personal, in: V. FERM (Hg.), An Encyclopedia of Religion, New York 1945.
HARTSHORNE, Charles: The Logic of Perfection and Other Essays in Neoclassical Metaphysics, La Salle 1962.
HARTSHORNE, Charles: Man's Vision of God and the Logic of Theism, Hamden ²1964.
HARTSHORNE, Charles: The Divine Relativity. A Social Conception of God, New Haven/London 1967.
HARTSHORNE, Charles: A Natural Theology for our Time, La Salle 1967.
HARTSHORNE, Charles: Reality as Social Process. Studies in Metaphysics and Religion, New York ²1971.
HARTSHORNE, Charles: Personal Identity from A to Z, in: Process Studies 2/3 (1972).
HARTSHORNE, Charles: Whitehead's Philosophy, Dallas 1972.
HARTSHORNE, Charles: Synthesis as Polyadic Inclusion: A Reply to Sessions, in: Southern Journal of Philosophy 14/2 (1976).
HARTSHORNE, Charles: Creative Synthesis and Philosophic Method, Washington D. C. 1983.
HARTSHORNE, Charles: Omnipotence and Other Theological Mistakes, Albany 1984.
HARTSHORNE, Charles: Creativity in American Philosophy, Albany 1984.
HARTSHORNE, Charles: The Zero Fallacy and Other Essays in Neoclassical Philosophy, hg. von V. Mohammad, Chicago 1997.
HARTSHORNE, Charles: Philosophers Speak of God, La Salle ²2000 (Reprint).
HARTSHORNE, Charles: Creative Experiencing. A Philosophy of Freedom, hg. von D. W. Viney/J. O. Albany 2011.
KANT, Immanuel: KrV B 659–661, hg. v. J. TIMMERMANN, Philosophische Bibliothek Bd. 505, Hamburg 2010.
KELLER, Catherine: The Face of the Deep. A Theology of Becoming, New York 2003.
KRAUSE, Karl Christian Friedrich: Vorlesungen über die Grundwahrheiten der Wissenschaften, Göttingen 1829.
MOSKOP, John C.: Divine Omniscience and Human Freedom. Thomas Aquinas and Charles Hartshorne, Macon 1984.
MÜLLER, Klaus: Gott – größer als der Monotheismus? Kosmologie, Neurologie und Atheismus als Anamnesen einer verdrängten Denkform, in: F. MEIER-HAMIDI/ K. MÜLLER (Hg.), Persönlich und alles zugleich. Theorien der All-Einheit und christliche Gottesrede, Regensburg 2010.
MÜLLER, Klaus: Glauben – Fragen – Denken. Selbstbeziehung und Gottesfrage (Bd. 3), Münster 2010.

MÜLLER, Klaus: Paradigmenwechsel zum Panentheismus? An den Grenzen des traditionellen Gottesbildes, in: Herder Korrespondenz (Spezial) 2 (2011).

MÜLLER, Klaus: Gott: Totus intra, totus extra. Über Charles Hartshornes Transformation des Theismus, in: J. ENXING/K. MÜLLER (Hg.), Perfect Changes. Die Religionsphilosophie Charles Hartshornes, Regensburg 2012.

MÜLLER, Tobias/WATZKA, Heinrich (Hg.), Ein Universum voller ‚Geiststaub'? Der Panpsychismus in der aktuellen Geist-Gehirn-Debatte, Münster 2011.

PLATON, Symposium, Reclam-Ausgabe (Griechisch/Deutsch), Stuttgart 2006.

SCHMIDINGER, Heinrich M.: Art. Theismus, in: LThK Bd. 9, Freiburg i. Brsg. u. a. 2000, 1388–1389.

SIA, Santiago (Hg.), Charles Hartshorne's Concept of God. Philosophical and Theological Responses, Dordrecht 1990.

SIA, Santiago: Reason, Religion and God. Essays in the Philosophies of Charles Hartshorne and A. N. Whitehead, Frankfurt a. M./New York 2004.

VINEY, Donald W.: Rezension von D. Dombrowski, A Platonic Philosophy of Religion: A Process Perspective, Albany 2005, in: The Journal of Religion, Volume 86, No. 2, April 2006.

VINEY, Donald W.: Process, Parturition, and Perfect Love: Diotima's Rather Non-Platonic Metaphysics of Eros, in: Th. J. OORD (Hg.), The Many Facets of Love. Philosophical Explorations, Cambridge 2007.

VINEY, Donald W.: Process Theism, in: Stanford Encyclopedia of Philosophy: https://plato.stanford.edu/entries/process-theism (letzter Zugriff: 09.09.2017).

VINEY, Donald W./SHIELDS, George W.: The Mind of Charles Hartshorne. A Critical Exploration, Claremont 2017.

WENDEL, Saskia: Theismus nach Kopernikus. Über die Frage wie Gott in seiner Einmaligkeit zugleich Prinzip des Alls sein kann, in: J. KNOP/M. LERCH/B. CLARET (Hg.), Die Wahrheit ist Person. Brennpunkte einer christologisch gewendeten Dogmatik. Festschrift für Karl-Heinz Menke, Regensburg 2015.

Tobias Müller

Selbstreferentialität Gottes und die Unterschiedenheit und Einheit im Gott-Welt-Verhältnis. Eine Response auf Julia Enxing

1. Die Selbstreferentialität Gottes als Quelle von Missverständnissen

Die panentheistische Denkfigur ist in prozessphilosophischen bzw. -theologischen Ansätzen von bestimmten Grundmotiven geleitet, die sich ihrerseits auf die konkrete Ausgestaltung des Gott-Welt-Verhältnisses auswirken. Von entscheidender Bedeutung sind in dieser Hinsicht in den Entwürfen von Alfred N. Whitehead und Charles Hartshorne zum einen die unhintergehbare Freiheit bzw. Spontaneität aller endlichen Wirklichkeit, die die relative Eigendynamik der Welt sicherstellen soll und somit auch den Grundmodus von Gottes Wirken in der Welt wesentlich bedingt. Zum anderen wird das panentheistische Grundcharakteristikum des gegenseitigen In-Seins von Gott und Welt in diesen Ansätzen als eine organische Verbundenheit von Gott und Welt konkretisiert.[1]

Diese beiden Punkte scheinen, gerade wenn man ihren Zusammenhang bedenkt, zwei wichtige „Stellschrauben" zu sein, die die konkrete Ausformulierung des Gott-Welt-Verhältnisses wesentlich prägen, denn hier entscheidet sich, wie Differenz und Einheit von Gott und Welt gedacht werden müssen. Wie die aktuelle Debatte zeigt, sind beide Punkte sowohl für Kritiker*innen als auch für Vertreter*innen des prozessphilosophischen Paradigmas eine Quelle von Missverständnissen. Während Erstere den prozessphilosophischen Entwürfen oft eine Identität von Gott und Welt unterstellen, so dass Gott in der Interaktion mit der Welt letzlich mit sich selbst agiere[2], wird von Letzteren oft angenommen, dass Gott nicht ohne Welt existieren könne. Beides hängt eng mit dem in Julia Enxings Beitrag erwähnten Konzept der Selbstreferentialität Gottes zusammen.

Ziel dieser Response ist es zum einen, dieses Konzept als ein konstitutives Merkmal aller konsistenten Gotteskonzepte herauszustellen, das in prozessphilo-

---

[1] Dabei spielen auch andere Fragen eine Rolle wie beispielsweise die, ob es in Gott neben notwendigen auch kontingente Aspekte gibt. Dass diese Fragen aber kein Spezifikum der panentheistischen Ansätze sind, zeigt sich beispielsweise an Positionen wie dem „Open Theism".

[2] Vgl. S. WENDEL, Theismus nach Kopernikus. Über die Frage, wie Gott in seiner Einmaligkeit zugleich Prinzip des Alls sein kann, in: J. KNOP u.a. (Hg.), Die Wahrheit ist Person. Brennpunkte einer christologisch gewendeten Dogmatik (=FS K.-H. MENKE), Regensburg 2015, 17–46, 33.

sophischen Entwürfen vielleicht manchmal zu implizit bleibt und von daher Anlass zu Missverständnissen gibt. Zum anderen möchte ich zeigen, dass sich diese Selbstreferentialität nicht auf das Gott-Welt-Verhältnis erstreckt, wobei ich die schon angedeutete Kritik Enxings weiter vertiefen werde.

Da ich mich zu diesem Zweck an verschiedenen Stellen auf Whiteheads Philosophie beziehen werde, sollen hier zunächst einige fundamentale Prinzipien der Philosophie A. N. Whiteheads skizziert werden.

2. Kurzer Grundriss der Philosophie Whiteheads

Als grundlegendes Charakteristikum von Whiteheads Philosophie ist ihre Kritik an einer starren Substanzmetaphysik zu sehen, die als wirklichkeitskonstituierende Elemente in der Zeit überdauernde Einheiten annimmt, die keine wesentlichen Verbindungen untereinander haben können. Nach Whitehead hat man vielmehr die Wirklichkeit von ihrer Prozesshaftigkeit und der wesentlichen Interdependenz ihrer Bestandteile her aufzufassen, die es dann ermöglichen, Neuheit, Werden und Spontaneität zu denken.[3] Da eine naturwissenschaftliche und speziell eine physikalische Perspektive lediglich die funktional-abstrakten Aspekte der Wirklichkeit erfasst, können die physikalischen Strukturen nicht die grundlegenden Einheiten der Welt sein, denn mit ihnen sind die erstrebten Konzeptionen von Neuheit, Werden, Spontaneität und vor allem Innenperspektive in Form von Erfahrung bzw. Bewusstsein nicht adäquat zu denken. Die physikalischen Strukturen als Abstraktionen reichen aber nicht aus, um die konkrete Wirklichkeit, von der alle naturwissenschaftliche Forschung ihren Ausgang nimmt, zu beschreiben. Daher scheint nur die Alternative sinnvoll, Beschreibungen zu finden, die der konkreten Wirklichkeit mit all ihren Eigenschaften angemessener sind, von denen die physikalischen Strukturen dann eine methodische Abstraktion darstellen.

Demnach beschreiben die Naturwissenschaften bestimmte Aspekte der Wirklichkeit und untersuchen die Relationen dieser Aspekte untereinander. Die wissenschaftlichen Theorien sind aber zu abstrakt, um die konkreten, geschichtlichen Einzeldinge als solche zu beschreiben. Sie beschreiben vielmehr eine bestimmte Klasse von Eigenschaften, die aber wiederum so allgemein sind, dass sie auch gesetzmäßig an anderen Gegenständen vorkommen.

Dieser Analyse zufolge muss ein bestimmtes Konzept der Natur vorausgesetzt werden, um überhaupt Naturwissenschaft betreiben zu können: Natur muss

---

[3] Vgl. zu diesem Entwurf vor allem: A. N. WHITEHEAD, Process and Reality. An Essay in Cosmology. Corrected Edition, New York 1971. Dt.: Prozeß und Realität. Entwurf einer Kosmologie. Übersetzt und mit einem Nachwort versehen von H.-G. HOLL, Frankfurt a. M. 1979.

einerseits in der Aufeinanderfolge unwiederholbarer Ereignisse bestehen (die individuellen Prozesse), andererseits gibt es an diesen Ereignissen auch Eigenschaften, die sich wiederholen können. Naturwissenschaften untersuchen nun eine (durch die jeweilige Methode festgelegte) bestimmte Menge dieser wiederholbaren Eigenschaften und die zwischen ihnen bestehenden Relationen. Grundlage dieser methodischen Abstraktion ist aber die inhaltlich reichere Wirklichkeit, die bei Whitehead aus organisch ineinandergreifenden, finiten Prozesseinheiten aufgebaut ist, die „actual entities" genannt werden.[4] Die ganze Wirklichkeit besteht also Whitehead zufolge aus einem organischen Geflecht von Prozessen, und diese sind die letzten Fakten der Wirklichkeit. Sie sind in ihrer jeweiligen Genese wesentlich mit anderen, vergangenen Prozessen verbunden, und dies hat natürlich Konsequenzen für die Struktur solcher „actual entities".

Alle Wirklichkeit (bestehend aus „actual entities") ist in ihrem Werden durch zwei Einflüsse bestimmt: zum einen durch den kausalen Einfluss der unmittelbaren Umwelt, aus der sie hervorgeht.[5] Zum anderen geht aber keine „actual entity" in der kausalen Bestimmung auf, denn dabei nennt Whitehead die Seite einer „actual entity", durch die der kausale Einfluss zum Tragen kommt, „physischen Pol" („physical pole"). Durch ihn erfasst eine „actual entity" ihre Umwelt. Keine „actual entity" geht aber in der kausalen Bestimmung auf, denn sie ist in ihrer Struktur auch final ausgerichtet und besitzt eine gewisse Spontaneität bzw. Freiheit, sich selbst innerhalb eines gewissen Rahmens zu bestimmen. Das heißt, dass sich Wirklichkeit immer zwischen kausal relevantem „Material" (vergangene Prozesse ihrer unmittelbaren Umwelt) und gerichteter, nicht reduzierbarer Spontaneität (Finalität) bestimmt. Einer „actual entity" steht aufgrund ihrer finalen Ausrichtung immer auch eine ganze Hierarchie von möglichen Bestimmungen („eternal objects") zur Verfügung. Die Seite der „actual entity", welche die ihr zugehörigen Möglichkeiten erfasst, wird „begrifflicher Pol" („mental pole") genannt. Welche Realisierungsmöglichkeiten überhaupt zur Verfügung stehen, hängt von der Vergangenheit der „actual entity" ab, während die konkrete Realisierung einer Möglichkeit genuiner Moment ihres Konstitutionsprozesses ist. Dabei ist jede „actual entity" entsprechend der ihr zur Verfügung stehenden Möglichkeiten eine Realisierung eines Wertes, der sich nach der Komplexität des Prozesses und seiner Sozialverträglichkeit bemisst.

Zum besseren Verständnis sollte hier noch angemerkt werden, dass Makro-Objekte wie Lebewesen, aber auch schon Atome keine einzelnen „actual entities" sind, sondern sich aus einer hierarchisch geordneten Vielzahl von ständig entstehenden und vergehenden „actual entities" konstituieren, die ein bestimmtes

---

[4] Vgl. WHITEHEAD, Prozeß und Realität [wie Anm. 3], 63.
[5] Vgl. WHITEHEAD, Prozeß und Realität [wie Anm. 3], 438.

Formelement durch die Zeit hindurch weitergeben, wodurch eine gewisse Kontinuität entsteht.[6]

Die Prozessphilosophie Whiteheads enthält auch einen metaphysischen Gottesbegriff, ohne den sein System nicht kohärent zu denken ist. „Gott" kommt dann ins Spiel, wenn für die metaphysische Beschreibung der Welt Eigenschaften angenommen werden müssen, die prinzipiell nicht mehr durch Funktionen innerhalb der Welt erklärt werden können.[7] Somit kommt Gott durch die metaphysische Analyse der Welt in den Blick, und diese Analyse thematisiert die göttlichen Eigenschaften nur insofern, als diese in der metaphysischen Grundsituation der die Welt konstituierenden Prozesse eine Rolle spielen. Dabei kommt dem Gottesbegriff bei Whitehead zumindest auf einer operationalen Ebene der Status eines Grenzbegriffs zu.

Ähnlich wie schon in „Science and the Modern World" hat Gott auch in Whiteheads späterem Werk „Process and Reality" die Funktion, die Möglichkeiten, die jeder „actual entity" in ihrem Werdeprozess zur Verfügung stehen, zu begrenzen, da es sonst nicht einsichtig wäre, wie trotz der vielen Möglichkeiten eine gewisse Konstanz im Weltverlauf gewährleistet werden kann. Gott spannt somit einen Rahmen von Möglichkeiten auf. Allerdings sieht Whitehead Gottes Funktion hinsichtlich der Welt nicht nur in der Begrenzung, sondern in einer gleichzeitigen Bewertung der möglichen Bestimmungen. Diese zusätzliche Zuschreibung wird damit legitimiert, dass die Tendenz der Welt, immer neuere und komplexere Formen zu verwirklichen, dadurch erreicht werden kann, dass Gott zu mehr Komplexität und Harmonie „überredet", wobei gerade das spontane Moment in der Wirklichkeit bewahrt wird. Gott „lockt" gewissermaßen die Welt zu tieferer Erfahrung, ohne ihr die Freiheit zu nehmen.

Analog zu den weltlichen Entitäten führt die metaphysische Analyse hinsichtlich des Gotteskonzepts zu einer Bipolarität Gottes, durch die er mit der Welt verbunden ist:[8] Gottes „mentaler Pol", der „Urnatur" (primordial nature) genannt wird, enthält alle möglichen Formen als Potentiale für die Welt und stimmt diese für den Konstitutionsprozess der weltlichen Entitäten als mögliche zu realisieren-

---

[6] Wie sich diese Konzeption zu den einzelwissenschaftlichen Perspektiven verhält, ist beschrieben in T. MÜLLER/B. DÖRR (Hg.), Realität im Prozess. A. N. Whiteheads Philosophie im Dialog mit den Wissenschaften, Paderborn 2011. Dort wird die Relevanz der Philosophie Whiteheads für philosophische Probleme der Physik, Biologie, Neurowissenschaften und Theologie behandelt.

[7] Vgl. zur Einführung des Gottesgedankens und seines Status als eines Grenzbegriffs bei Whitehead: T. MÜLLER, Gott – Welt – Kreativität. Eine Analyse der Philosophie A. N. Whiteheads, Paderborn 2009, 117–260.

[8] Es muss hier schon kurz darauf hingewiesen werden, dass die bipolare Struktur analog ist, womit schon innerhalb Whiteheads Ansatz auch eine bleibende Andersartigkeit im Vergleich zu den weltlichen Prozessen bleibt. Vgl. MÜLLER, Gott – Welt – Kreativität [wie Anm. 7], 154–156.

de Formen gerade so ab, dass die Verwirklichung dieser Formen zu größtmöglicher Erfahrungstiefe bei gleichzeitiger größtmöglicher Sozialverträglichkeit führen würde. Durch seine Folgenatur (consequent nature), die seinen „physischen Pol" und damit seine rezeptive Seite darstellt, nimmt Gott dann die weltlichen Entitäten in seinen eigenen Prozess auf, sobald diese vollständig bestimmt und so in der Welt vergangen sind. Es gibt also nicht nur eine organische Verwobenheit der weltlichen Entitäten untereinander, eine solche findet sich – wenn man den Grundannahmen der metaphysischen Analyse Whiteheads folgt – notwendig auch zwischen Gott und Welt.[9]

Es bleibt aber nochmals anzumerken, dass Whiteheads Augenmerk der *metaphysischen* Situation der Entitäten *in* der Welt galt, wozu dann in einer metaphysischen Perspektive seiner Ansicht nach auch das oben beschriebene bipolare Gotteskonzept gehört.

Die Betonung, dass es sich bei seinem Gotteskonzept um ein metaphysisches handelt, erscheint deswegen wichtig, weil in diesem nur über die Funktionen Gottes gesprochen werden kann, die ihm gemäß der metaphysischen Analyse der Welt durch die von Whitehead verwendete Methode der „deskriptiven Verallgemeinerung" erfasst werden können. Weiterführende inhaltliche Bestimmungen des Gotteskonzepts und damit zusammenhängende Theologoumena können nach Whitehead nur durch spezifischere Erfahrungen, im Falle des Gotteskonzepts durch religiöse Erfahrungen und die sich auf diese beziehenden Reflexionen, erlangt werden, die eben nicht mehr im Fokus seines metaphysischen Projekts liegen und durch die verwendete Methode auch gar nicht liegen können.

3. Selbstreferentialität als konstitutives Moment des Absoluten

Wenn in philosophischer Perspektive Gott als das metaphysische Absolute thematisiert wird, dann ist es zunächst hilfreich, eine Grundbestimmung zu eruieren, die als Kriterium für einen philosophischen Gottesbegriff gelten kann und die zugleich eine Minimalbedingung des Absoluten benennt. Zu diesem Zweck möchte ich einige Überlegungen von Wolfgang Cramer vorstellen, die auch im Kontext der Diskussion um prozessphilosophische Gestalten des Panentheismus höchst relevant sind.

---

[9] Es bleibt auch hier darauf hinzuweisen, dass dies keine Austauschbarkeit von Gott und Welt bedeutet und dass beide einen unterschiedlichen ontologischen Status haben. Ferner nimmt Gott die „actual entities" auch in besonderer Weise in sich auf und verbindet diese mit seinem eigenen Prozess. Und schließlich bleibt es noch zu klären, ob diese notwendige Verbundenheit, die zwischen Gott und Welt besteht, aus einem freiheitlichen Akt Gottes hervorgegangen ist.

Wolfgang Cramer hat nicht nur in kritischer Auseinandersetzung mit Descartes, Leibniz, Husserl und vor allem Kant eine Theorie der konkreten Subjektivität entwickelt, die bei ihren Kennern als noch nicht adäquat berücksichtigte Ressource für aktuelle Debatten geschätzt wird.[10] Aufbauend auf den Einsichten dieser Theorie konkreter Subjektivität hat Cramer auch eine Theorie des Absoluten entworfen, die er kontinuierlich weiterentwickelt hat und die auch einige formale Minimalbestimmungen des Absoluten bietet.[11]

Es ist eine wesentliche Aufgabe einer jeden Theorie des Absoluten, dessen Verhältnis zum Kontingenten oder Endlichen zu klären. Dabei gilt es, in einem ersten Schritt Minimalbedingungen des Absoluten zu eruieren, durch die ein Rahmen geschaffen wird, innerhalb dessen sinnvoll über das metaphysische Absolute reflektiert werden kann. Als Ausgangspunkt für diese Klärungen lässt sich zunächst vom Bedeutungsgehalt des Begriffs des Absoluten ausgehen, der eine Art des Abgelöstseins bezeichnet. Wenn das Absolute A von einem B ablösbar ist, dann besagt das, dass B nicht für A konstitutiv ist, was man beispielsweise daran erkennen kann, dass A noch ist, auch wenn B nicht mehr ist.[12] Kann es unter kontingenten Dingen der Fall sein, dass sie nicht (d. h. dann, wenn ein Ding A auch ohne Ding B und umgekehrt existieren könnte) oder beide wechselseitig füreinander konstitutiv sind, so muss im Falle des Absoluten das Verhältnis einseitig gerichtet sein: Das Absolute kann nur dasjenige genannt werden, zu dem es nichts gibt, was für das Absolute selbst noch konstitutiv wäre.

Wäre z. B. das Absolute durch etwas begründet, das nicht es selbst ist, dann wäre dieses zunächst als solches angenommene Absolute nicht mehr das Absolute, weil es von etwas anderem abhängig wäre. Somit ist das Verhältnis des Abgelöstseins im konstitutionstheoretischen Sinne asymmetrisch: Das Absolute A kann von einem B abgelöst werden (d. h., B ist nicht konstitutiv für A); umgekehrt gilt aber, dass B nicht von A abgelöst werden kann, weil anderenfalls dann B von A unabhängig wäre und damit ein zweites Absolutes darstellen würde, was aber ausgeschlossen werden kann, weil dann das Verhältnis dieser zwei vermeintlichen Absoluten in einer übergeordneten Ordnung begründet wäre, die das eigentliche Absolute darstellen würde.[13]

Die Selbstreferentialität in diesem Sinn drückt also die Unbedingtheit des Absoluten aus, die besagt, dass es konstitutionstheoretisch von nichts anderem als

[10] Vgl. z. B. J. STOLZENBERG, Wolfgang Cramer, in: J. NIDA-RÜMELIN (Hg.), Philosophie der Gegenwart in Einzeldarstellungen, Stuttgart³ 2007, 92–98, 97.
[11] Vgl. für die nachfolgenden Ausführungen den Handbuchartikel „Das Absolute" von Cramer, in dem er versucht, einige Grundeinsichten seiner Theorie des Absoluten kompakt darzustellen. Vgl. W. CRAMER, Das Absolute, in: H. KRINGS u. a. (Hg.), Handbuch philosophischer Grundbegriffe, München 1973, 1–20.
[12] Vgl. CRAMER, Das Absolute [wie Anm. 11], 1.
[13] Zur Einzigartigkeit des Absoluten ähnlich H. TETENS, Gott denken. Ein Versuch über rationale Theologie, Stuttgart 2015, 41, Fußnote 13.

von sich selbst abhängig sein kann. Wenn diese Bestimmung ein konstitutives Kriterium für alle Gottesbegriffe darstellt, dann müssen sich natürlich auch alle prozessphilosophischen Gotteskonzepte daran messen lassen, was sie – wie ich behaupte – entgegen anderslautender Kritik auch tun.

Es lässt sich zeigen, dass sich in beiden Ansätzen auch der Absolutheitscharakter Gottes – wenn auch manchmal in etwas verdeckter Weise – wiederfindet. Während bei Hartshorne Gott einen abstrakten Pol besitzt, der sein absolutes Wesen ausmacht, zu dem auch seine notwendige Existenz gehört, ist das Konzept der Absolutheit und der Selbstreferentialität Gottes bei Whitehead etwas subtiler. Zwar besitzt Gott bei Whitehead eine organische Verbindung zur Welt, und die Welt bereichert Gott so in einer gewissen Weise, aber im Gegensatz zu den endlichen Prozessen der Welt benötigt Gott diesen Bezug zur Welt nicht, um seine Identität zu erlangen. Die weltlichen Prozesse tragen nichts zu Gottes Wesen bei. Die Grundmerkmale, die Gott als Gott auszeichnen, sind nicht davon abhängig, welche konkreten weltlichen „actual entities" in Gott aufgenommen werden. Gott ist immer schon in seiner Funktion für die Welt identifizierbar: als der Pool der Möglichkeiten und – in gewisser Weise – als der Vollender der Welt. Gott bildet also immer die ontologische Voraussetzung für alle endlichen Prozesse. Darüber hinaus lässt sich seine ontologische Sonderstellung auch durch bestimmte Eigenschaften untermauern, die ihm systemimmanent zugesprochen werden müssen: So umfasst z. B. seine Urnatur eine unbegrenzte Anzahl von Möglichkeiten für die Welt, während weltliche Entitäten immer nur eine bestimmte Anzahl von Möglichkeiten in ihrem mentalen Pol erfassen, die sie dann für ihre eigene Realisierung benötigen.

Es findet auch keine Verendlichung Gottes statt, denn bei Whitehead wird Gott zwar explizit, aber nur analog als „actual entity" aufgefasst. Er ist aus den oben genannten Gründen kein Prozess unter anderen gleichen. Whitehead benutzt hier die Kategorie „actual entity" in analoger Weise, um zu sagen, dass Gott eben im Konstitutionsprozess einer jeden weltlichen „actual entity" nicht nichts ist, sondern eine Instanz, die all diese weltlichen „actual entities" bedingt und damit für den Weltprozess ein dynamisches und konstitutives Moment darstellt. Auch bei Hartshorne besagt die Bezeichnung „kosmisches Individuum" nicht, dass Gott ein Einzelding unter anderen wäre. Sie besagt lediglich, dass Gott bei aller Immanenz auch ein Etwas (im Sinne von: nicht nichts) ist, das über die Welt hinausgeht und mit dieser interagieren kann.

4. Die Missverständnisse im Kontext des Gott-Welt-Verhältnisses

Wie bereits angedeutet worden ist, ist die organische Bezogenheit von Gott und Welt in prozessphilosophischen Ansätzen sowohl für Kritiker als auch für Vertreter dieses Paradigmas eine Quelle von Missverständnissen. In diesem Kontext sind vor allem drei Aspekte zu nennen: 1. die vermeintliche Austauschbarkeit von Gott und Welt,[14] 2. die vermeintliche Identität von Gott und Welt, die in der Gott-Welt-Interaktion für einen Selbstbezug Gottes sorge, und 3. die vermeintliche Negation einer freiheitlichen „creatio ex nihilo", die damit begründet wird, dass es nur eine ewige Zuordnung von Gott und Welt geben könne oder zumindest Gott notwendigerweise eine Welt schaffen müsse.[15]

4.1 Die vermeintliche Austauschbarkeit von Gott und Welt

Der erste Einwand, der der Austauschbarkeit, bezieht sich für gewöhnlich mehr auf Whiteheads Ansatz, weil dieser im fünften Teil von „Process and Reality" eine Reihe von sogenannten Antithesen aufstellt, in denen pointiert bestimmte metaphysische Aspekte des Gott-Welt-Verhältnisses zusammengefasst werden. Dort ist z. B. Folgendes zu lesen: „It is as true to say that God is permanent and the World fluent, as that the World is permanent and God is fluent." Der Schlüssel zum Verständnis dieser Antithesen liegt in der Einbeziehung des einbettenden metaphysischen Kontextes, in dem diese Antithesen formuliert werden. Sie bilden die pointierte und plakative Formulierung eines komplexen Zusammenhangs, im Grunde der kompletten Metaphysik Whiteheads, in der Gott und Welt zwar dynamisch aufeinander bezogen sind, aber dennoch eine ontologische Differenz bestehen bleibt. Diese Formulierung ist nur deshalb möglich, weil hier – ähnlich wie bei Hartshorne – einige Eigenschaftspaare wie „kontingent-notwendig" Gott und Welt in verschiedener Hinsicht zukommen, wobei dann aber diese Unterschiede in der Formulierung der Antithesen zum Zwecke der Pointierung weggelassen werden. So ist z. B. Gott in dem Sinne permanent, dass er als Prozess nie vergehen kann oder insofern man seine Urnatur als den Pool aller möglichen Bestimmun-

---

[14] So z.B. Leo Scheffczyk, der die Andersheit Gottes in der Prozessphilosophie durch immanentistische Tendenzen nicht gewahrt sieht. Vgl. L. Scheffczyk, Prozesstheismus und christlicher Glaube, in: MThZ 35 (1984), 81–104, 103. Auch Ulrich Lüke konstatiert bei Whitehead die Tendenz zum Pantheismus: U. Lüke, Mensch – Natur – Gott. Naturwissenschaftliche Beiträge und theologische Erträge, Münster u. a. 2002, 71. Karl Heinz Haag zitiert eine Stelle aus den Antithesen von Gott und Welt unter Vernachlässigung des gesamten einbettenden Kontextes, um Whitehead Pantheismus zu unterstellen: K.H. Haag, Metaphysik als Forderung rationaler Weltauffassung, Frankfurt a. M. 2005, 110–111.

[15] Die erste Behauptung bezieht sich gewöhnlich auf Whitehead, die zweite auf Hartshorne.

gen für die Welt betrachtet, wodurch er einen unveränderlichen Aspekt besitzt. Wenn man im Gegensatz dazu die Prozesshaftigkeit der kontingenten Welt thematisiert, besteht diese in einem Entstehen und Vergehen von finiten Prozesseinheiten und ist somit „fließend". Dreht man nun die Perspektive in der „Antithese", dann besitzt jedoch auch Gott in seiner Folgenatur einen kontingenten und prozesshaften Aspekt, während die vergangenen „actual entities" der Welt ihre konkrete inhaltliche Bestimmtheit in dem Abschluss ihres Werdeprozesses finden und in diesem Sinne permanent sind: vollständig bestimmt als Vergangenheit. Die Antithesen beleuchten somit in verschiedenen Perspektiven mit pointierten Formulierungen jeweils bestimmte Aspekte der Whitehead'schen Metaphysik.

4.2 Die vermeintliche Selbstreferentialität des Absoluten im Gott-Welt-Verhältnis: die relative Selbstständigkeit der Welt

Wie schon in dem Beitrag von Julia Enxing erläutert worden ist, ist dem prozessphilosophischen Panentheismus ebenfalls vorgeworfen worden, dass Gottes Liebe letztendlich als selbstreferentiell aufgefasst werden müsste, weil Gott sich nur auf sich selbst beziehen könne, wenn die Welt als Teil Gottes aufgefasst wird.[16] Es bliebe nach dieser Auffassung kein „Zwischen", was eine echte Beziehung zwischen Gott und Welt ermögliche. Dieser Vorwurf setzt also bei dem ontologischen Status der Welt, ihrer relativen Selbstständigkeit, an, die in diesem Ansatz nicht mehr gedacht werden könne.

Dabei wird die panentheistische Relation des Welt-in-Gott-Seins in dieser Kritik so verstanden, dass die Welt in all ihren Aspekten so umfassend in Gott ist, dass es zwischen den beiden keine Differenz geben könne. Da es aber dem prozessphilosophischen Panentheismus genau darum gehen müsste, Differenz in Einheit und Einheit in Differenz zu denken, um sich von pantheistischen Ansätzen absetzen zu können, stelle sich der Kritik gemäß die Frage, wie diese komplexe Verhältnisbestimmung in prozessphilosophischer Perspektive gedacht werden könne.[17]

In den Ansätzen von Whitehead und Hartshorne liegt der Schlüssel zum Verständnis der Differenz in der Einheit in der unhintergehbaren Spontaneität

---

[16] S. WENDEL, Theismus nach Kopernikus [wie Anm. 2], 33; ähnlich auch S. WENDEL, Gott – Prinzip und Person zugleich. Eine prozesstheologisch inspirierte Verteidigung des Theismus, in: K. RUHSTORFER (Hg.), Das Ewige im Fluss der Zeit. Der Gott, den wir brauchen, Freiburg i. Brsg. 2016, 94–109, 100–101.

[17] Es sei in diesem Kontext angemerkt, dass die Rede von der Welt als Teil Gottes, wie sie in der heutigen Debatte öfters im panentheistischen Kontext vorkommt, in mehrfacher Hinsicht problematisch ist, denn sie suggeriert, dass Gott etwas Zusammengesetztes ist. Somit wird eine Art Dingontologie suggeriert. Von dieser Annahme setzen sich prozessphilosophische Ansätze ab.

bzw. Freiheit der Welt, die Gott nur überredend beeinflussen kann. Besonders in Whiteheads Ansatz wird dies deutlich: Die konkrete Entscheidung der jeweiligen weltlichen „actual entity" ist im Moment der Entscheidung vielleicht die höchste Form der Differenz bei einer bleibenden ontologischen Verbundenheit mit Gott. Denn erst nachdem die „actual entity" entschieden hat, wie sie ihre Umwelteinflüsse in ihrem Selbstvollzug in eine neue Synthese integriert und damit ihr Selbstbestimmungsprozess seine Erfüllung gefunden hat, wird dieses Resultat als vollkommen bestimmter Prozess in Gottes Folgenatur aufgenommen.

Im kreativen und freiheitlichen Übergang von Potentialität zur Wirklichkeit, also in der Interaktion zwischen den verschiedenen Instanzen (nämlich vergangenen Prozessen und Gott), die für das Werden der Weltprozesse konstitutiv sind, ist die Welt bei aller intrinsischer Bezogenheit auf Gott auch ein relativ selbstständiges Gegenüber. Der Vorwurf der Selbstreferentialität bezüglich Gottes Interaktion mit der Welt trifft die prozessphilosophische Gestalt des Panentheismus somit nicht. Im Gegenteil: Modifiziert man mit Charles Hartshorne oder Lewis Ford in Absetzung zu Whitehead den prozessphilosophischen Gottesbegriff so, dass er zugleich auch der Grund für das Entstehen neuer Prozesse ist, ohne deren unhintergehbare Eigendynamik zu negieren, gelangt man zu einer panentheistischen Denkfigur, in der Gott als Subjekt der Grund aller endlichen Entitäten und der Ursprung aller Kreativität ist. Unter Beachtung der formalen Bestimmungen des Absoluten lässt sich ein gegenseitiges Immanenz-Verhältnis entwickeln, ohne dass Gottes Bezug zur Welt selbstreferentiell würde.

4.3 Die Möglichkeit einer freien Schöpfung in prozessphilosophischen Ansätzen

Die These, dass es eine freiheitliche Schöpfung in der Prozessphilosophie bzw. -theologie nicht geben könne, weil Gott immer schon mit der Welt koexistieren würde, beruht auf einem methodischen Missverständnis: Whitehead bestreitet eine „creatio ex nihilo" nicht, sie kommt aber bei ihm aus methodischen Gründen nicht in den Blick, denn seine Methode der sogenannten deskriptiven Verallgemeinerung sucht nach metaphysischen Faktoren, die für die jeweils gegenwärtigen Prozesse konstitutiv sind, und insofern Gott als Pool der Möglichkeiten und zugleich als ein diesen Möglichkeitsraum limitierendes Prinzip immer schon in den Prozessen präsent ist, bildet er eben auch einen konstitutiven Faktor für weltliche Prozesse. Gott und Welt erscheinen in dieser Perspektive also immer koextensiv, und auch die Entstehung neuer Prozesse wird nicht explizit Gott zugeschrieben; zu groß war wohl Whiteheads Sorge, eine solche Zuschreibung würde die Theodizee-Frage unlösbar machen, weil dann durch diese Schöpfung die Gefahr bestünde, Gott auch für alle konkreten Realisierungen und Entscheidungen verantwortlich zu machen. Ob Gott die Welt in einem Schöpfungsakt hervorgebracht hat, lässt sich daher innerhalb der Whitehead'schen Metaphysik aus methodischen Gründen nicht entscheiden.

In Hartshornes Ansatz ist Gott zwar der Schöpfer der Welt und kann wählen, welche Welt er erschafft, doch steht es ihm nicht frei, gar keine Welt zu schaffen, weil sein Wesen sein Schöpfersein notwendig implizieren würde.[18] Wenn es aber eines der grundlegenden Charakteristika der Prozessphilosophie ist, Gott auch kontingente Aspekte zuzusprechen, dann lässt sich natürlich auch hinsichtlich seines Schöpferseins fragen, ob dieses nicht vielmehr als eine Art Potenz anzusehen ist, zu deren Aktualisierung er sich freiheitlich bestimmen kann. Denn es scheint keinen logischen Grund dafür zu geben, dass das notwendige Schöpfersein Gottes zu der Grundbestimmung des Absoluten gehört, von nichts anderem als sich selbst wesentlich abhängig zu sein. Es lässt sich damit innerhalb der prozessphilosophischen Ansätze jedenfalls kein zwingender philosophischer oder theologischer Grund finden, warum das Schöpfersein Gottes nicht als eine Potenz aufgefasst werden könnte.[19]

5. Selbstreferentialität im Gott-Welt-Verhältnis? Ein kurzes Fazit

Die vorangegangenen Überlegungen sollten zumindest andeutungsweise gezeigt haben, dass sich die für die prozessphilosophischen Ansätze behauptete Selbstreferentialität Gottes hinsichtlich des Gott-Welt-Verhältnisses als Missverständnis entpuppt, das sich durch eine genauere Analyse der verwendeten Konzepte auflösen lässt. Dabei zeigt sich, dass durch die modale Verfasstheit einer „actual entity" – und somit durch ihr spontanes Selbstbestimmen – ihre relative Selbstständigkeit Gott gegenüber sichergestellt wird, so dass eine echte Beziehung zwischen Gott und Welt ermöglicht wird. Der Whitehead'sche Ansatz hat dabei den Vorteil, dass die sehr allgemeine Bestimmung der beiden Grundrelationen des Panentheismus, „Welt-in-Gott" und „Gott-in-Welt", durch eine detaillierte Analyse des Werdeprozesses aller endlichen Entitäten so konkretisiert werden kann, dass die philosophisch-theologischen Fallstricke des panentheistischen Paradigmas umgangen werden können. Dadurch lässt sich ein Verhältnis von Immanenz und Transzendenz denken, in dem die jeweiligen Immanenz- und Transzendenz-Aspekte von Gott und Welt genauer bestimmt werden können. Von daher bietet

---

[18] Vgl. z. B. C. HARTSHORNE/W. L. REESE, Philosophers Speak of God, Amherst 1963, 501.
[19] Vgl. für den Versuch, dieses Anliegen durchzuführen, R. B. EDWARDS, How Process Theology Can Affirm Creation Ex Nihilo, in: Process Studies 29/1 (2000), 77–96.

sich Whiteheads Prozessphilosophie als Ressource für eine Weiterentwicklung und Konkretisierung der panentheistischen Denkfigur an.

Verwendete Literatur

CRAMER, Wolfgang: Das Absolute, in: H. KRINGS u. a. (Hg.), Handbuch philosophischer Grundbegriffe, München 1973, 1–20.

EDWARDS, Rem B., How Process Theology Can Affirm Creation Ex Nihilo, in: Process Studies 29/1 (2000), 77–96.

HAAG, Karl Heinz, Metaphysik als Forderung rationaler Weltauffassung, Frankfurt a. M. 2005.

HARTSHORNE, Charles/REESE, William L., Philosophers Speak of God, Amherst 1963.

LÜKE, Ulrich, Mensch – Natur – Gott. Naturwissenschaftliche Beiträge und theologische Erträge, Münster/Hamburg/London 2002.

MÜLLER, Tobias, Gott – Welt – Kreativität. Eine Analyse der Philosophie A. N. Whiteheads, Paderborn 2009.

MÜLLER, Tobias/DÖRR, Bernhard (Hg.), Realität im Prozess. A. N. Whiteheads Philosophie im Dialog mit den Wissenschaften, Paderborn 2011.

SCHEFFCZYK, Leo, Prozesstheismus und christlicher Glaube, in MThZ 35 (1984), 81–104.

STOLZENBERG, Jürgen, Wolfgang Cramer, in: J. Nida-Rümelin (Hg.), Philosophie der Gegenwart in Einzeldarstellungen. 3., neubearb. und aktualisierte Auflage, Stuttgart 2007, 92–98.

TETENS, Holm, Gott denken. Ein Versuch über rationale Theologie, Stuttgart 2015.

WENDEL, Saskia, Theismus nach Kopernikus. Über die Frage, wie Gott in seiner Einmaligkeit zugleich Prinzip des Alls sein kann, in: J. Knop/M. Lerch/B. Claret (Hg.), Die Wahrheit ist Person. Brennpunkte einer christologisch gewendeten Dogmatik. Festschrift für Karl-Heinz Menke, Regensburg 2015, 17–46.

WENDEL, Saskia, Gott – Prinzip und Person zugleich. Eine prozesstheologisch inspirierte Verteidigung des Theismus, in: K. Ruhstorfer (Hg.), Das Ewige im Fluss der Zeit. Der Gott, den wir brauchen. Freiburg i. Brsg. 2016, 94–109.

WHITEHEAD, Alfred N., Process and Reality. An Essay in Cosmology. Corrected Edition, New York 1971. Dt.: Prozeß und Realität. Entwurf einer Kosmologie. Übersetzt und mit einem Nachwort versehen von H.-G. Holl, Frankfurt a. M. 1979.

Andreas Reitinger

Ein Plädoyer für den Prozess- und Panentheismus. Response auf Julia Enxing

Dass sich Philosophinnen und Philosophen, wenn sie alle Disziplinen ihrer Zunft vollumfänglich ernst nehmen, buchstäblich mit Gott und der Welt beschäftigen, scheint nur auf den ersten Blick trivial. Denn nicht nur das Tagungsthema, auch ein Blick in die entsprechende Fachliteratur machen deutlich, dass in der gegenwärtigen Religionsphilosophie und systematischen Theologie die Debatte um panentheistische Gotteskonzepte und die ihnen folgenden Modelle des Gott-Welt-Verhältnisses im vollen Gange ist. Dabei kann eine angemessene Diskussion – und diese Erkenntnis ist auch fast schon trivial – immer nur mit Rekurs auf zusätzliche Themenfelder adäquat geführt werden, wenn es in der Sache zum Beispiel auch um Gottes Allmacht und sein Handeln in der Welt geht, um die Tragfähigkeit des traditionellen Theismus gegenüber Non-standard-Theismen[1] oder um die Frage nach einem personalen oder apersonalen Gottesverständnis. All diese Aspekte sind im Vortrag von Julia Enxing[2] deutlich geworden, und eine angebrachte Beschreibung ihrer Position in meiner knapp gehaltenen Response müsste nun eigentlich auch all dies berücksichtigen, was natürlich schon aus Zeitgründen nicht möglich ist.[3]

Ich werde mich daher auf die mir als zentral erscheinenden Punkte der Argumentation beschränken, wobei ich in drei Schritten vorgehen werde: Zunächst möchte ich möglichst pointiert die Aspekte anführen, bei denen ich Julia Enxing ausdrücklich zustimme, dann konstruktiv-kritische Nachfragen formulieren, um abschließend kurz die Perspektive noch einmal zu weiten.

---

[1] Vgl. J. BISHOP/K. PERSZYK, A Euteleological Conception of Divinity and Divine Agency, in: TH. SCHÄRTL/CH. TAPP/V. WEGENER (Hg.), Rethinking the Concept of a Personal God. Classical Theism, Personal Theism, and Alternative Concepts of God, Münster 2016, 211–225.

[2] Vgl. Julia Enxings Vortrag „All-Inclusive. Bleibt die panentheistische Gottheit selbstreferentiell?" auf der Tagung „Welt – Geist – Gott. Erkundungen zu Panpsychismus und Panentheismus" vom 22. bis 24.02.2018 an der Katholischen Akademie Schwerte als Tagung der Arbeitsgemeinschaft deutschsprachiger Philosophiedozentinnen und -dozenten im Studium der Katholischen Theologie an wissenschaftlichen Hochschulen und ihren entsprechenden Beitrag in diesem Band. – Der hier vorliegende Artikel ist eine leicht veränderte Fassung der auf der Tagung erfolgten Response auf Enxings Referat.

[3] Aus diesen Gründen und aufgrund des ausdrücklichen Wunsches der Herausgeberschaft dieses Sammelbandes wurde für diesen Beitrag der Response-Charakter bewusst zu erhalten versucht.

1. Ausdrückliche Zustimmung

Charles Hartshornes prozesstheologisch orientierter Panentheismus, wonach alles, was ist, in Gott enthalten ist, und der von ihm elaborierte Gottesbegriff[4] decken sich natürlich zum größten Teil mit Whiteheads Philosophie- und Gotteskonzept, v. a. wie dieser es in *Process and Reality*[5] vorgelegt hat, wobei Whiteheads Gottesbegriff letztlich auch unterbestimmt bleibt (die innerprozesstheologischen und -philosophischen Debatten um die angemessenen Fortschreibungen und Modifikationen, welche die verschiedenen prozesstheologischen Schulen an Whiteheads Metaphysik vorgenommen haben, wären ebenfalls ein eigenes Thema, das den hier vorgegebenen Rahmen sprengt). Hartshorne denkt gemäß dem panentheistischen Verständnis – und auch hier folgt er Whiteheads Auffassung – Gott und Welt nicht als voneinander getrennte Bereiche, sondern, wie Enxing formuliert, als in einer wechselseitigen Interaktion und in einem unendlichen Prozess der kontinuierlichen Co-Kreation stehend.

Hinsichtlich der Bestimmung des Welt-Gott-Verhältnisses und schöpfungstheologisch geht damit die Absage an das traditionelle *creatio-ex-nihilo*-Modell einher[6], wenn Gott ohne Welt aus prozesstheologischer Perspektive keine Denkmöglichkeit darstellt. Damit wird auch die Differenz zum klassischen Theismus markiert, wobei der entscheidende Punkt nicht in der Interaktion Gottes mit allem Kontingent-Geschöpflichen als solchem liegt, sondern in der dabei angenommenen Reziprozität: Auch bei Thomas von Aquin steht Gott mit der Welt in Beziehung, geschieht also Interaktion, aber bekanntlich sind für den Aquinaten zwar die Geschöpfe real auf Gott selbst bezogen, aber umgekehrt steht dieser in keiner realen Kausalbeziehung zur Welt. Anders bei Hartshorne, wenn die Kreaturen mit ihrem Eigenwert zum Wert Gottes beitragen, wie Enxing in ihrem Vortrag dargelegt hat. Wenn man eine sympathisierende Auseinandersetzung mit Whitehead und dem Prozessdenken betreibt, wird man den bisherigen Gedanken im Wesentlichen zustimmen.

---

[4] Vgl. J. Enxing, Gott im Werden. Die Prozesstheologie Charles Hartshornes, Regensburg 2013. – Ch. Hartshorne, Omnipotence and Other Theological Mistakes, Albany 1984. – Ch. Hartshorne, The Divine Relativity. A Social Conception of God, New Haven/London 1967.

[5] Vgl. A. N. Whitehead, Prozeß und Realität. Entwurf einer Kosmologie. Übersetzt und mit einem Nachwort versehen von Hans Günter Holl, Frankfurt a. M. 1979.

[6] Natürlich impliziert nicht jede prozesstheologische oder prozessaffine Position eine Absage an das creatio-ex-nihilo-Theorem. Philip Clayton etwa hält ausdrücklich daran fest, während Prozessdenkerinnen und -denker, die Gott essenziell und nicht als Resultat einer freiwilligen und daher auch revidierbaren Selbstbeschränkung kenotisch zu bestimmen suchen, sehr oft auch die Vorstellung der Schöpfung aus dem Nichts ablehnen; vgl. etwa Th. J. Oord, The Uncontrolling Love of God. An Open and Relational Account of Providence, Illinois 2015.

Ebenso teile ich Enxings und Hartshornes Perspektive auf den faktischen *modus operandi* Gottes in der Welt: Gottes Macht ist eine lockende und schöpferische Liebe, die versucht, in einem umfassenden Werdeprozess des Wirklichen allen Entitäten zu immer intensiveren Erfahrungen zu verhelfen. Alles ist dabei von Gott umfasst, Gott selbst ist jedoch nicht mit der Welt identisch, vielmehr ist er immer schon „mehr" bzw. größer als die Welt, um an dieser Stelle eine Lesart des Pan-en-theismus zu benennen. Freilich wird hier das traditionelle Allmachtsprädikat modifiziert, wenn die – graduell zwar unterschiedlich bemessene – Freiheit alles Kreatürlichen im Universum (Enxing hat dies mit Hartshorne „Lokal- oder Einzelmächte" genannt) eine metaphysische Notwendigkeit darstellt und nicht aus der Selbstbegrenzung eines nur den Gesetzen der Logik unterworfenen allmächtigen Wesens folgt.

Ein weiterer meiner Meinung nach wichtiger Punkt ist Enxings Hinweis, dass Hartshorne Gott als allumfassende Realität denkt, insofern, als dass er auch Entitäten mit gewissen Eigenschaften umfassen kann, die er selbst nicht teilt. Dies steht im Zusammenhang mit einem Einwand, der in der Diskussion nicht selten gegenüber prozesstheologischen und generell panentheistischen Gotteskonzeptionen[7] vorgebracht wird: Wenn alles *in* Gott sei, dann sei auch das Böse in Gott?! Saskia Wendel, auf deren Kritik Enxing im zweiten Teil ihres Beitrags repliziert, hat bereits einige Jahre vorher in mehreren Gesprächen mit mir den in Rede stehenden Einspruch vorgebracht, konkreter im Zusammenhang mit Whiteheads Idee, dass alle aktualen Entitäten in die sogenannte *Folgenatur* Gottes eingehen. So werde, gerade im Kontext der Theodizeediskussion, das Plädoyer für eine prozesstheologische Lösungsstrategie[8] ad absurdum geführt.[9] Diese Kritik verfinge meines Erachtens nur dann, wenn Gott durch die Aufnahme von Bösem in seine Folgenatur auch in seinem Wesen verändert würde, er also letztlich selbst böse würde; dies ist aber keineswegs der Fall, vielmehr bleibt Gottes unveränderliche *Urnatur*, der nichts hinzugefügt werden kann, davon notwendigerweise unbeeinträchtigt. Ferner ist Gott auch keineswegs Ursache des Bösen (was vor dem Hin-

[7] Vgl. exemplarisch P. CLAYTON/A. PEACOCKE (Hg.), In Whom We Live and Move and Have Our Being. Panentheistic Reflections on God's Presence in a Scientific World. Grand Rapids, MI 2004. – K. MÜLLER, Paradigmenwechsel zum Panentheismus? An den Grenzen des traditionellen Gottesbildes, in: Streitfall Gott. Zugänge und Perspektive. Herder Korrespondenz Spezial (Oktober 2011), 33–38. – F. MEIER-HAMIDI/K. MÜLLER (Hg.), Persönlich und alles zugleich. Theorien der All-Einheit und christliche Gottesrede, Regensburg 2010.

[8] Vgl. A. REITINGER, Theodizee prozesstheologisch gedacht. Gott, Welt und Leid im Paradigma eines panentheistischen Konzepts, Münster 2019.

[9] Vgl. S. WENDEL, Wurzel des Protest-Atheismus. Zum Problem der Theodizee, in: Gottlos? Von Zweiflern und Religionskritikern. Herder Korrespondenz Spezial (April 2014), 10–13, 12. – S. WENDEL, Sendschreiben an einen christlichen Panentheisten, in: DIES./Th. SCHÄRTL (Hg.), Gott – Selbst – Bewusstsein. Eine Auseinandersetzung mit der philosophischen Theologie Klaus Müllers, Regensburg 2015, 225–239, 232–234.

tergrund der prozessphilosophischen Basisannahmen des göttlichen Handelns in der Welt offenkundig ist).

Im Hinblick auf Enxings Verteidigung gegenüber den von Saskia Wendel vorgebrachten Kritikpunkten an Hartshornes Prozesstheismus bzw. an einem Panentheismus prozesstheologischer Prägung im Allgemeinen[10], stimme ich ebenfalls Enxing zu: Auch hier kann ich nur knapp einige Aspekte betonen bzw. kommentieren:

Wendels Vorbehalte gegenüber dem Prozessdenken speisen sich meines Erachtens (nicht nur, aber vorwiegend auch) aus ihrer Überzeugung, dass in einem panentheistischen Paradigma prinzipiell Subjektivität und Freiheit des Einzelnen unterbestimmt blieben (so sehe ich im Wesentlichen auch ihre Einwände gegen Klaus Müllers Plädoyer für ein Alleinheitsdenken in der philosophischen Gotteslehre motiviert und auch ihre Position in dieser Debatte, ob ein im Anschluss an Dieter Henrich subjektphilosophisch bestimmbarer Grund prinzipiell im Bewusstsein non-egologisch, also ich-los verfasst sein müsse oder nicht[11]). Dass Hartshornes panentheistisches Gotteskonzept als apersonales Lebensprinzip charakterisiert werden könne und dieses auf Interaktion mit der Schöpfung reduziert würde (so Wendel), sehe ich ebenso wenig wie Enxing. Während Whiteheads Gottesbegriff, vor allem in der Diskussion um den ontologischen Status der Kreativität, noch eher apersonale Züge trägt, trifft dies in Hartshornes prozesstheologischer Fortschreibung mit seinem Approach eines *neoclassical theism* weitaus weniger zu.

Auch bezüglich des Vorwurfs einer Selbstreferentialität im panentheistischen Gotteskonzept ist Enxings Replik auf Wendel zuzustimmen: Nach prozesstheologischem Verständnis bezieht sich Gott im Rahmen eines panentheistisch formulierten Gott-Welt-Verhältnisses immer auf ein in ihm Seiendes, aber eben nicht mit ihm Identisches (wenn a ein Teil von b ist, dann ist a nicht notwendig mit b identisch, *dieselben* Eigenschaften können das in Gott Seiende und Gott selbst nie haben, wenn Letzterer nach Hartshorne auch einen ewigen, unveränderlichen abstrakten Pol essenziell besitzt). Demnach bezieht sich Gott nicht auf sich selbst, wohl aber auf ein anderes seiner selbst (aber dies scheint Wendel mit ihrer Formulierung „mit keinem von ihm unterschiedenen Anderen"[12] gerade nicht zu meinen, sondern tatsächlich Identität im Sinne einer Ununterscheidbarkeit). Im Übrigen ist meines Erachtens Wendels Formulierung, Gott sei „[...]mit dem

---

[10] Vgl. hierfür vor allem S. WENDEL, Theismus nach Kopernikus. Über die Frage wie Gott in seiner Einmaligkeit zugleich Prinzip des Alls sein kann, in: J. KNOP/M. LERCH/B. CLARET (Hg.), Die Wahrheit ist Person. Brennpunkte einer christologisch gewendeten Dogmatik. Festschrift für Karl-Heinz Menke, Regensburg 2015, 17–46.

[11] Vgl. WENDEL, Sendschreiben [wie Anm. 9], 234–235.

[12] Vgl. WENDEL, Theismus nach Kopernikus [wie Anm. 10], 33.

Universum qua Folgenatur eins"[13], nach prozessmetaphysisch-whiteheadschem Verständnis nicht nur unterkomplex, sondern unzutreffend: Das Eingehen aller endlichen aktualen Entitäten in Gottes Folgenatur mittels ihrer Erfassung durch dessen physischen Pol, also mittels der Folgenatur, bedeutet weder, dass die aufgenommenen Entitäten göttlich werden, dergestalt, dass sie Gottes Natur, sein Wesen annehmen, noch umgekehrt, dass Gott in seinem Wesen mit den von ihm erfassten Entitäten identisch wird.

2. Anfragen und Nachfragen

Bei der sehr großen Übereinstimmung mit Enxings Position, v. a. auch mit ihrer Erwiderung auf Wendels Einwände, sehe ich nun noch einige Punkte, bei denen ich vielleicht gar keinen Dissens ausmache, sondern nur eine unterschiedliche Akzentsetzung oder in eins damit auch nur eine freundliche Anfrage hinsichtlich gemeinsamer „Baustellen" verbinden möchte (nach dem Motto: Wie gehst *Du* damit um?).

Erstens: Wie kann in Hartshornes Konzept die Verhältnisbestimmung zwischen den beiden behaupteten Polen Gottes möglichst kohärent beschrieben und gefasst werden? Ein ewiger, abstrakter und vollkommener Pol einerseits und ein konkreter, relationaler, zeitlicher Pol andererseits. Allerdings erscheint mir die Beantwortung der Frage, ob man die beiden Momente, den unveränderlichen weltjenseitigen und den zeitlichen, affizierbaren Gott, in ein und denselben Charakter Gottes kohärent integriert sieht, auch abhängig davon, wie jemand generell die Leistungsfähigkeit von prozesstheologischen als Non-standard-Konzeptionen in Abwägung zu traditionellen Modellen beurteilt.

Zweitens: Anders als Whitehead versteht Hartshorne Gott nicht als *ein* Ereignis, sondern als Folge von konkreten Ereignissen, und mit der von ihm verwendeten Leib-Seele-Metapher wird der personale Charakter, den Hartshorne Gott zuschreiben will, auch deutlich. Insofern hat Enxing hier auch Wendels Einwand, in der Prozesstheologie Hartshornes sei ein apersonales Prinzip verwirklicht, zurückgewiesen. Allerdings schätze ich die Relevanz dieses Aspektes – die Frage also, ob der panentheistisch gedachte Gott (bei Hartshorne und allgemein im Rahmen des panentheistischen Paradigmas) – nicht so hoch ein wie Wendel und Enxing. Gerade die in der Diskussion v. a. von Thomas Schärtl betonte Differenzierung zwischen einem *klassischen* Theismus einerseits und einem *personalen* Theismus andererseits, wonach sich durchaus auch Konvergenzen zwischen klassischen und Non-standard-Vorstellungen gegen einen streng personalen Theismus aus-

---

[13] Vgl. WENDEL, Theismus nach Kopernikus [wie Anm. 12], 32.

machen lassen, könnte deutlich machen, dass die Positionslinien in der Debatte nicht notwendig entlang der personal-apersonal-Unterscheidung laufen müssen.

Drittens: Enxings Formulierung, dass „kosmisch" bei Hartshorne mit „many in one" und „Individuum" mit „one in many" beschrieben werden könne, lässt sich vielleicht mit Whiteheads Gedankengang zum Prinzip der Kreativität ergänzen. In *Process and Reality* schreibt er:

‚Creativity' is the universal of universals characterizing ultimate matter of fact. It is that ultimate principle by which many, which are the universe disjunctively, become the one actual occasion, which is the universe conjunctively [...]. ‚Creativity' is the principle of novelty. An actual occasion is a novel entity diverse from any entity in the ‚many' which it unifies. Thus ‚creativity' introduces novelty into the content of the many, which are the universe disjunctively.[14]

Wenn Gott, wie Enxing am Ende ihres Vortrags betont hat, „die individuelle Integrität des Kosmos ist, die für die Ordnung des Kosmos sorgt"[15], dann kann die gerade zitierte prozessontologisch-whiteheadsche Passage diese theologische Überlegung stützen und ergänzen.

Viertens: Eine eher prozess*metaphysische*, prozess*ontologische* Terminologie kann überdies in der Diskussion hilfreich sein, zum einen die eigene Position genau herauszustellen und zum anderen in der Auseinandersetzung mit kritischen Stimmen eine möglichst unzweideutige, begriffliche Klarheit zu schaffen. Gerade in der Debatte um die prozesstheologischen Denkformen sehe ich diesen Umstand keineswegs als trivial an: Whitehead etwa bedient sich ja in *Process and Reality* auch einer metaphorischen Sprache oder kreiert Neologismen, die dann umso sorgfältiger erklärt, präzisiert und übersetzt werden müssen. Die Rede von Gottes „Locken" und seiner „persuasive power" bedarf natürlich einer Erklärung, um Missverständnisse und falsche Assoziationen zu vermeiden. Dies gilt v. a. auch für panpsychistische Vorstellungen. Wenn daher Enxing als letzten Punkt ihrer Zusammenfassung völlig zu Recht die Anschlussfähigkeit von Hartshornes (und natürlich nicht nur Hartshornes) Panentheismus an panpsychistische Positionen betont (so wie sie etwa Godehard Brüntrup oder Benedikt Paul Göcke in der Leib-Seele-Debatte vertreten), erscheint es mir durchaus hilfreich, nicht nur von „Energien", „lokalen Mächten" einer Entität, die „immer zugleich mit Gefühl ausgestattet" sind, zu sprechen, sondern noch präzisere und trennschärfere Formulierungen zu verwenden.

---

[14] A. N. WHITEHEAD, Process and Reality. An Essay in Cosmology. Gifford Lectures Delivered in the University of Edinburgh during the Session 1927–28. Corrected Edition, D. R. GRIFFIN/W. SHERBURNE (Hg.), New York 1978, 21.

[15] J. ENXING, All-Inclusive. Bleibt die panentheistische Gottheit selbstreferentiell? In: B. P. GÖCKE/K. MÜLLER/F. SCHIEFEN (Hg.), Welt – Geist – Gott, Münster 2020, 39–56.

3. Perspektivenweiterung und -vergewisserung

Damit komme ich zum Schluss, indem ich die Perspektive über meine konkrete Response auf Enxings Darstellung weiten möchte: Es hat sich gezeigt, dass es weder die *eine* Prozesstheologie noch die *eine* Lesart des Panentheismus gibt. Umso wichtiger erscheint mir, deshalb immer wieder neu zu klären und darüber zu diskutieren, worüber wir diskutieren (oder eben nicht diskutieren), indem wir uns auch immer wieder einander einige „Gretchenfragen" stellen: Wie hältst du's mit dem Handeln Gottes? Welche Konzeption seiner Allmacht vertrittst du konkret? Bist du Panentheist in dem Sinne, dass du auch eine reale Relation der Welt zu Gott annimmst, et cetera?

Jede Prozesstheologin ist sehr wahrscheinlich auch Panentheistin, aber wohl nicht jeder Panentheist ist ein Prozesstheologe. Klaus Müller, Philip Clayton und Godehard Brüntrup, alle drei vertreten, würde man sie fragen, einen Panentheismus, aber sie dürften doch in den Themenfeldern Theodizeeproblematik, Allmacht, Handeln und Personalität Gottes oder in der Frage nach der Tragfähigkeit eines Panpsychismus ihre je eigenen Akzente setzen. Godehard Brüntrup hat in letzter Zeit auch den Vorschlag in die Diskussion eingebracht, den Terminus „Panentheismus" dann vielleicht besser zu vermeiden. Ob man sich dem anschließen möchte, wäre noch einmal eigens zu debattieren.

Aber all dies macht deutlich, dass die *Erkundungen zum Panentheismus*, so der Untertitel der Tagung, differenziert geführt werden müssen und auch spannend bleiben, dann hoffentlich nicht nur selbstreferentiell, sondern all-inclusive.

Verwendete Literatur

Bishop, John/Perszyk, Ken: A Euteleological Conception of Divinity and Divine Agency, in: Th. Schärtl/Ch. Tapp/V. Wegner (Hg.), Rethinking the Concept of a Personal God. Classical Theism, Personal Theism, and Alternative Concepts of God, Münster 2016.

Clayton, Philip/Peacocke, Arthur (Hg.), In Whom We Live and Move and Have Our Being. Panentheistic Reflections on God's Presence in a Scientific World, Grand Rapids, MI 2004.

Enxing, Julia: Gott im Werden. Die Prozesstheologie Charles Hartshornes, Regensburg 2013.

Enxing, Julia: Bleibt die panentheistische Gottheit selbstreferentiell? In: B.P. Göcke/K. Müller/F. Schiefen (Hg.), Welt – Geist – Gott, Münster 2020, 39–56.

Hartshorne, Charles: Omnipotence and Other Theological Mistakes, Albany 1984.

HARTSHORNE, Charles: The Divine Relativity. A Social Conception of God, New Haven/London 1967.
MÜLLER, Klaus: Paradigmenwechsel zum Panentheismus? An den Grenzen des traditionellen Gottesbildes, in: Streitfall Gott. Zugänge und Perspektiven. Herder Korrespondenz Spezial (Oktober 2011), 33–38.
MEIER-HAMIDI, Frank/MÜLLER, Klaus (Hg.), Persönlich und alles zugleich. Theorien der All-Einheit und christliche Gottesrede, Regensburg 2010.
OORD, Thomas J.: The Uncontrolling Love of God. An Open and Relational Account of Providence, Downers Grove, IL 2015.
REITINGER, Andreas: Theodizee prozesstheologisch gedacht. Gott, Welt und Leid im Paradigma eines panentheistischen Konzepts, Münster 2019.
WENDEL, Saskia: Sendschreiben an einen christlichen Panentheisten, in: DIES./TH. SCHÄRTL (Hg.), Gott – Selbst – Bewusstsein. Eine Auseinandersetzung mit der philosophischen Theologie Klaus Müllers, Regensburg 2015, 225–239.
WENDEL, Saskia: Theismus nach Kopernikus. Über die Frage wie Gott in seiner Einmaligkeit zugleich Prinzip des Alls sein kann, in: J. KNOP/M. LERCH/B. CLARET (Hg.), Die Wahrheit ist Person. Brennpunkte einer christologisch gewendeten Dogmatik. Festschrift für Karl-Heinz Menke, Regensburg 2015.
WENDEL, Saskia: Wurzel des Protest-Atheismus. Zum Problem der Theodizee. In: Gottlos? Von Zweiflern und Religionskritikern. Herder Korrespondenz Spezial (April 2014), 10–13.
WHITEHEAD, A.N.: Process and Reality. An Essay in Cosmology. Gifford Lectures Delivered in the University of Edinburgh during the Session 1927–28. Corrected Edition, D.R. Griffin/W. Sherburne (Hg.), New York 1978.
WHITEHEAD, A.N.: Prozeß und Realität. Entwurf einer Kosmologie. Übersetzt und mit einem Nachwort versehen von Hans Günter Holl, Frankfurt a.M. 1979.

Philip Goff

Hat sich das Universum selbst entworfen?

Obwohl der Panpsychismus in der Vergangenheit oft belächelt worden ist, wird er in der zeitgenössischen analytischen Philosophie zunehmend ernst genommen. Viele hoffen, dass er die jeweils mit dem Physikalismus und dem Dualismus in der Philosophie des Geistes verbundenen Schwierigkeiten überwinden und somit einen attraktiven Mittelweg zwischen beiden Positionen schaffen kann. Im Folgenden wird auf eine weitere potentielle Stärke des Panpsychismus in der Religionsphilosophie eingegangen: seine Fähigkeit, die Feinjustierung des Universums zu erklären. Das Problem des *fine-tunings* lässt sich dabei wie folgt skizzieren: Die Naturgesetze und Anfangsbedingungen des Universums weisen eine Reihe von Konstanten auf, deren Werte in einen äußerst engen Bereich fallen mussten, damit Leben im Universum überhaupt möglich ist. Viele Wissenschaftler und Philosophen gehen vor diesem Hintergrund davon aus, dass es eine Erklärung dafür geben muss, warum aus allen möglichen Werten, die die Konstanten hätten haben können, sie genau über diejenigen verfügen, die Leben ermöglichen. Angesichts der großen Schwierigkeiten, die sowohl der Theismus als auch die Multiversums-Hypothese als Erklärungen des *fine-tunings* mit sich bringen, argumentiere ich, dass eine bestimmte Form des Panpsychismus die Feinjustierung des Universums unter Rekurs auf die mentalen Fähigkeiten des Universums auf eine wesentlich bessere und ontologisch sparsamere Art und Weise erklären kann als der Theismus und die Multiversums-Hypothese.

1. Russell'scher Panpsychismus

1.1 Russell'scher Monismus

Um die jüngsten Sympathien für den Panpsychismus verstehen zu können, müssen wir mit derjenigen Position beginnen, die aufgrund der Thesen, die Russell in seinem Buch *The Analysis of Matter*[1] vertreten hat, als der „Russell'sche Monismus" bekannt geworden ist. Während die meisten Philosophen des 20. Jahrhunderts ein *brain-first*-Paradigma vertreten haben und davon ausgingen, dass die Aufgabe der Philosophie nur darin besteht, herauszufinden, wie das schein-

---

[1] B. RUSSEL, The Analysis of Matter, London 1927.

bar durch die Neurowissenschaften bereits hinreichend gut verstandene Gehirn subjektive Erfahrungen, also eine innere Welt von Farben, Gerüchen und Geräuschen erzeugt, argumentierten Russell'sche Monisten, dass uns die physikalischen Wissenschaften nicht nur überraschend wenig über die Natur des Gehirns – und über die Natur der Materie ganz allgemein – verraten, sondern dass es vielmehr die Natur des Bewusstseins ist, die wir deswegen auf herausragende Weise verstehen, weil wir selbst über subjektives Bewusstsein verfügen. Konsequenterweise besteht die zentrale philosophische Aufgabe aus Sicht der Russell'schen Monisten primär darin, unser Verständnis des Gehirns basierend auf unserem Verständnis des Bewusstseins voranzutreiben. Im Gegensatz zum *brain-first*-Paradigma gehen die Russell'schen Monisten also von einem *consciousness-first*-Paradigma aus, um das Leib-Seele-Problem zu lösen.

Aber wieso erfahren wir wenig über die Natur der Materie durch die physikalischen Wissenschaften? In der öffentlichen Wahrnehmung ist die Physik doch auf dem besten Weg, die grundlegende Beschaffenheit von Raum, Zeit und Materie umfassend darzustellen. Bei näherer Betrachtung wird allerdings deutlich, dass sich die Naturwissenschaften ausschließlich mit dem beschäftigen, was Materie *tut*: So beschreibt die Neurowissenschaft auf der einen Seite Gehirnzustände unter Berücksichtigung der kausalen Rolle, die sie für die gesamte Funktionstätigkeit des Gehirns haben, und analysiert auf der anderen Seite die chemischen Komponenten dieser Zustände. In der Chemie werden dann die jeweiligen chemischen Komponenten sowohl auf ihre kausalen Relationen untereinander als auch auf ihre physikalischen Komponenten hin untersucht und beschrieben. Die Physik schließlich charakterisiert dann die grundlegenden physikalischen Eigenschaften, und sie beschreibt diese ausschließlich als Dispositionen. Masse wird zum Beispiel anhand ihrer Disposition, Beschleunigung anzuziehen oder zu widerstehen, bestimmt. Die Naturwissenschaften liefern uns also viele Informationen über das *Verhalten* physikalischer Entitäten, sagen uns aber nichts über ihre *intrinsische Natur*.

Eine Reaktion auf diese Tatsache ist, zu leugnen, dass Materie überhaupt eine intrinsische Natur besitzt, insofern die intrinsische Natur einer Entität als etwas definiert wird, das über die kausalen Eigenschaften der Materie hinausgeht. Nehmen wir einmal an, ein physikalisches Objekt – wie ein Elektron oder ein Kleinhirn – besäße eine intrinsische Natur nur, wenn es eine *Quiddität* instanziiert, wobei eine Quiddität als eine Eigenschaft definiert wird, deren Exemplifizierung über die Exemplifizierung einer rein dispositionalen Eigenschaft hinausgeht, und damit mit Hilfe rein kausaler Begriffe nicht vollständig erfasst werden kann.[2] Eine

---

[2] Mein Begriff der intrinsischen Natur ist nicht gleichbedeutend mit dem Begriff einer intrinsischen Eigenschaft.

Quiddität kann kausale Kräfte beinhalten oder hervorrufen, aber ihre Exemplifizierung beinhaltet mehr als nur kausale Merkmale.

Warum sollte man überhaupt davon ausgehen, dass es intrinsische Naturen und Quidditäten gibt? Wenn uns die Physik nur davon berichtet, was Materie tut, dann ist das vielleicht alles, worauf es bei Materie ankommt. Sobald man versteht, was ein Elektron tut, weiß man möglicherweise alles, was es über ein Elektron zu wissen gibt. Bei dieser Betrachtungsweise, die in der philosophischen Literatur als „dispositionaler Essentialismus" bezeichnet wird, sind physikalische Entitäten keine „statischen", sondern vielmehr „dynamische" Entitäten.[3] Wenn der dispositionale Essentialismus intelligibel ist, dann scheint die Postulierung von Quidditäten schlicht über das erforderliche explanatorische Maß hinauszugehen.

Demgegenüber behaupten Russell'sche Monisten, dass das vom dispositionalen Essentialismus beschriebene Universum nicht intelligibel ist, da seine Charakterisierung der physikalischen Eigenschaften in einem bösartigen Regress oder einem argumentativen Teufelskreis münden würde.[4] Das Argument für diese These – das sogenannte Regress-Argument – basiert auf der Annahme, dass eine Disposition unter Bezug auf ihre Manifestation definiert wird, also unter Bezug auf die Eigenschaft, die sich instanziiert, wenn sich die Disposition manifestiert. Die Manifestation von Zerbrechlichkeit, zum Beispiel, ist das Zerbrechen. Man kann die Natur einer Disposition diesem Gedanken folgend also erst verstehen, wenn man weiß, wie sie sich manifestiert: So weiß man zum Beispiel erst, was Zerbrechlichkeit ist, wenn man sieht, wie etwas zerbricht. Aber laut dem dispositionalen Essentialismus sind alle Eigenschaften Dispositionen. Daher ist die Manifestation einer gegebenen Disposition A selbst eine Disposition B und die Manifestation von B ist wiederum eine Disposition C und so weiter. Da aber basierend auf der obigen Definition einer Disposition die Natur der Disposition A nicht verstanden werden kann, solange man nicht die Natur von B versteht – man kann die Natur einer Disposition nicht verstehen, solange man die Natur ihrer Manifestation nicht verstanden hat –, und da die Natur der Disposition B nicht verstanden werden kann, solange die Natur von C nicht verstanden ist, folgt, dass es niemandem möglich ist, die Natur der instanziierten Eigenschaften im Univer-

---

[3] Vgl. A. BIRD, Natur's Metaphysics: Laws and Properties, Oxford 2007. – Vgl. B.D. ELLIS, Scientific Essentialism, Cambridge 2001. – Vgl. B.D. ELLIS, The Philosophy of Nature: A Guide to the new Essentialism, Montreal 2002. – Vgl. G. MOLNAR, Powers: A study in metaphysics, Oxford 2003. – Vgl. S. MUMFORD, Laws in Nature, New York 2004.

[4] Dies ist das sogenannte Regress-Argument, siehe auch K. CAMPBELL, Metaphysics: An Introduction, CA 1976. – H. ROBINSON, Matter and Sense, Cambridge 1982. – S. BLACKBURN, Fillin in space, in: Analysis 50/2 (1990), 62–65. – D.M. ARMSTRONG, A World of States of Affairs, Cambridge 1997. – J. HEIL, From an Ontological Point of View, Oxford 2003. – E.J. LOWE, Personal Agency: The Metaphysics of Mind and Action, Oxford 2006. – P. GOFF, Consciousness and Fundamental Reality, Oxford 2017, Kapitel 6.

sum zu verstehen, wenn der dispositionale Essentialismus wahr ist. Mit anderen Worten, das Universum des dispositionalen Essentialismus ist nicht intelligibel.

Wenn das skizzierte Regress-Argument schlüssig ist, dann muss es Quidditäten geben, die den von den Naturwissenschaften beschriebenen Dispositionen zugrunde liegen. Aber selbst wenn das Argument nicht schlüssig ist, besteht Grund zur Annahme, dass die Exemplifizierung physikalischer Eigenschaften die Existenz von Quidditäten impliziert.[5] Das zentrale Argument der Russell'schen Monisten für diese Annahme stützt sich wesentlich auf folgende Punkte: (i) Physikalische Eigenschaften implizieren Quidditäten und (ii) Bewusstsein lässt sich aufgrund der quidditistischen Natur der physikalischen Eigenschaften erklären. Was den Russell'schen Monismus in diesem Kontext attraktiv macht, ist also, dass er verspricht, die beiden Probleme, die sich aus der Auseinandersetzung mit dem Dualismus und dem zeitgenössischen Physikalismus ergeben, zu umgehen: Dualisten behaupten, dass mentale Zustände irreduzible mentale Eigenschaften implizieren, die sich von den physikalischen Eigenschaften des Gehirns unterscheiden. Aber die populärste Form des Dualismus, der interaktionistische Dualismus, scheint unvereinbar zu sein mit der kausalen Geschlossenheit des Universums, der These, dass jedes physikalische Ereignis eine hinreichende physikalische Ursache hat. Da viele Philosophen davon ausgehen, dass die kausale Geschlossenheit des Universums eine empirisch gerechtfertigte These ist, folgt, dass der Dualismus mit massiven Problemen konfrontiert ist.[6] Denn wenn sich herausstellt, dass die physikalischen Vorgänge, die beim Abfassen dieses Artikels eine relevante Rolle spielen, physikalische Vorgänge in meinem Gehirn sind, dann scheint zu folgen, dass die Möglichkeit, dass meine bewussten Gedanken dabei irgendeine Rolle spielen, nicht länger verteidigt werden kann (vorausgesetzt der Dualist hat Recht damit, dass meine bewussten Gedanken sich von meinen physikalischen Gehirnprozessen unterscheiden).[7] Der Physikalist wiederum umgeht dieses Problem *prima facie*, weil er Bewusstseinszustände mit physikalischen oder funktionalen Zuständen des Gehirns identifiziert[8], ist aber mit dem Problem konfrontiert, dass

[5] Einige Russell'sche Monisten *identifizieren* physikalische Eigenschaften mit Quidditäten. Dieser Auffassung folgend ist Masse eine Quiddität, die von der Physik durch ihre kausale Rolle identifiziert wird. Andere vertreten die These, dass physikalische Eigenschaften Dispositionen sind, die durch Quidditäten konstituiert werden. Ich benutze das Wort ‚implizieren', um beide Optionen zu berücksichtigen.

[6] Die wahrscheinlich beste Rechtfertigung dieser Annahme liefert D. Papineau, The rise of physicalism, Cambridge 2001, 3–36. Dieses Thema wird von mir eingehender in Goff, Consciousness and Fundamental Reality [wie Anm. 4], hier: Kapitel 9 erläutert.

[7] Ich gehe hier von der Annahme aus, dass Gedanken eine Art Bewusstseinszustand sind. Dies ist etwas umstritten, aber ich könnte auch leicht ein anderes, weniger umstrittenes Fallbeispiel nehmen, wie etwa Schmerzen.

[8] Es wird allgemein angenommen, das Überdetermination unproblematisch ist, wenn eine der beiden Ursachen durch die andere konstituiert wird, vgl. K. Bennett, Why the causal exclusion problem seem intractable, and how, just maybe, to tract it, in: Noûs 37/3 (2003),

es starke Argumente gibt – das Knowledge-Argument und das Conceivability-Argument –, die im Falle ihrer Schlüssigkeit zeigen, dass Bewusstseinszustände notwendigerweise verschieden sind von physikalischen oder funktionalen Zuständen des Gehirns.[9]

Russell'sche Monisten vermeiden das Problem, das den Dualismus konfrontiert, weil sie mentale Zustände mit Gehirnzuständen identifizieren, aber zusätzlich davon ausgehen, dass die Existenz der jeweiligen Gehirnzustände die Existenz von Quidditäten impliziert. Sie akzeptieren die kausale Geschlossenheit des Universums, solange davon ausgegangen wird, dass die hinreichenden physikalischen Ursachen, mit denen jedes physikalische Ereignis erklärt werden kann, Quidditäten beinhalten. Russell'sche Monisten akzeptieren also, dass sich mein Schreiben dieses Artikels mit Quidditäten-implizierenden Zuständen in meinem Gehirn vollständig kausal erklären lässt, solange dies nicht ausschließt, dass meine bewussten Gedanken hierbei eine Rolle spielen, da meine bewussten Gedanken als Quidditäten (entsprechend dem Russell'schen Monismus) Teil der für das Schreiben des Artikels verantwortlichen Zustände meines Gehirns sind.[10]

Warum wird die vom Russell'schen Monismus behauptete Identität von mentalen und physikalischen Zuständen nicht durch das Knowledge- und das Conceivability-Argument ausgeschlossen? Weil diese Argumente lediglich gegen die Identifizierung von mentalen Zuständen mit den von den Naturwissenschaften entdeckten *kausal-strukturellen* Eigenschaften gerichtet sind. Sie haben keinerlei Auswirkung auf die Identifizierung mentaler Zustände mit den Quidditäten, die dem Russell'schen Monismus zufolge diesen kausal-strukturellen Eigenschaften ontologisch zugrunde liegen. So ist es unter Bezug auf das Conceivability-Argument beispielsweise möglich, sich ein Wesen vorzustellen, das ein vollständiges Duplikat eines Menschen hinsichtlich seiner kausal-strukturellen Merkmale ist, dem aber nichtsdestotrotz kein Bewusstsein zugesprochen wird, während es weitaus unklarer ist, ob wir uns ein Wesen vorstellen können, das ein vollständiges

---

471–497. – GOFF, Consciousness and Fundamental Reality [wie Anm. 4], hier: Kapitel 6. Die Annahme, dass funktionale Zustände durch physikalische Zustände determiniert sind, führt daher zu keiner problematischen Überdetermination.

[9] Vgl. F. JACKSON, Epiphenomenal qualia, in: Philosophical Quarterly 32/127 (1982), 127–136. – D. J. CHALMERS, The two-dimensional argument against materialism, in: B. MCLAUGHLIN (Hg.), The Oxford Handbook of the Philosophy of Mind, Oxford 2009. – GOFF, Consciousness and Fundamental Reality [wie Anm. 4].

[10] Vgl. D. J. CHALMERS, Panpsychism and panprotopsychism, in: T. ALTER/Y. NAGASAWA (Hg.), Consciousness in the Physical World: Essays on Russellian Monism, Oxford 2015. – Vgl. GOFF, Consciousness and Fundamental Reality [wie Anm. 4]. R. HOWELL, The Russellian Monist's problems with mental causation, in: Philosophical Quarterly 65/258 (2015), 22–39 hingegen behauptet, Russell'sche Monisten könnten die Befürchtungen hinsichtlich kausaler Wirkungslosigkeit mentaler Zustände nicht vermeiden.

Duplikat eines Menschen mitsamt seiner Quidditäten ist, aber dennoch über kein Bewusstsein verfügt.[11]

1.2 Varianten des Russell'schen Monismus

1.2.1 Panpsychismus versus Panprotopsychismus

Russell'sche Monisten gehen von der Annahme aus, dass die Exemplifizierung fundamentaler physikalischer Eigenschaften die Exemplifizierung von Quidditäten impliziert und dass diese Quidditäten der ontologische Grund für die Existenz des Bewusstseins sind. Aber über die positive Natur der Quidditäten sind sie sich uneinig. Die *Panpsychisten* unter den Russell'schen Monisten glauben, dass die Quidditäten fundamentaler physikalischer Eigenschaften, wie Masse und Ladung, *an sich* die Existenz von Bewusstsein implizieren. Die auf der Makroebene des menschlichen Gehirns existierenden physikalischen Zustände samt der von ihnen implizierten Quidditäten werden diesem Ansatz folgend durch Quidditäten-implizierende physikalische Zustände der tieferliegenden ontologischen Ebene konstituiert.[12] Die *Panprotopsychisten* unter den Monisten hingegen leugnen, dass die Quidditäten fundamentaler physikalischer Eigenschaften die Existenz von Bewusstsein implizieren. Einige Panprotopsychisten bieten eine alternative Erklärung der quidditistischen Natur fundamentaler physikalischer Eigenschaften an, während andere akzeptieren, dass wir zumindest gegenwärtig keine klare Vorstellung von der tatsächlichen Beschaffenheit ihrer quidditistischen Natur haben.[13]

---

[11] Vgl. D. STOLJAR, Two conceptions of the physical, in: Philosophy and Phenomenological Research 62/2 (2001), 253–281. – Vgl. CHALMERS, Panpsychism and panprotopsychism [wie Anm. 10]. – Vgl. GOFF, Consciousness and Fundamental Reality [wie Anm. 4].

[12] Vgl. G. STRAWSON, Realistic materialism: Why physicalism entails panpsychism, in: Journal of Consciousness Studies 13/10–11 (2006), 3–31. – Vgl. GOFF, Consciousness and Fundamental Reality [wie Anm. 4].

[13] S. COLEMAN, Panpsychism and neutral monism: How to make up one's mind, in: G. BRÜNTRUP/L. JASKOLLA (Hg.), Panpsychism: Contemporary Perspectives, New York 2016, macht einen positiven Vorschlag hinsichtlich der intrinsischen Natur der Materie. Pereboom 2011 hofft, dass wir eines Tages einen theoretischen Weg zu einem positiven Vorschlag finden. C. MCGINN, Can we solve the mind-body problem?, in: Mind 98/391 (1989), 349–366, kann, so glaube ich, dahingehend interpretiert werden, dass er eine Form des Panprotopsychismus vertritt, demzufolge Menschen aufgrund ihrer Veranlagung prinzipiell nicht in der Lage sind, die intrinsische Natur der Materie jemals zu erfassen. In GOFF, Consciousness and Fundamental Reality [wie Anm. 4] gebe ich eine detailliertere Definition des Russell'schen Monismus, um ihn von verschiedenen Thesen des Physikalismus zu unterscheiden, die ebenfalls auf die Existenz von Quidditäten verpflichtet sind.

Ich habe an anderer Stelle argumentiert, dass, sobald man den Russell'schen Monismus akzeptiert, ein auf dem Begriff der Einfachheit aufbauendes Argument zeigt, dass der Panpsychismus dem Panprotopsychismus vorzuziehen ist.[14] Basierend auf den Prämissen, (i) dass uns die Physik nichts über die intrinsische Natur der Materie sagt und (ii) einige materielle Entitäten, wie das Gehirn, über eine intrinsische Natur verfügen, die die Existenz von Bewusstsein impliziert, ist die einfachste und eleganteste Vermutung, dass auch die intrinsischen Naturen von außerhalb des Gehirns existierenden Entitäten (und die eigenen Bestandteile des Gehirns) die Existenz von Bewusstsein implizieren. Für die Zwecke dieses Artikels genügt jedoch die Schlussfolgerung, dass panpsychistische Ausprägungen des Russell'schen Monismus nicht weniger ontologisch sparsam oder anderweitig problematischer sind als panprotopsychistische Varianten: Im Rahmen des Russell'schen Monismus verfügen die Grundbausteine der Materie so oder so über eine intrinsische Natur, die über die von der Wissenschaft entdeckten kausal-strukturellen Eigenschaften der Grundbausteine der Materie hinausgeht. Die Annahme, dass diese intrinsischen Naturen die Existenz von Bewusstsein implizieren, ist ontologisch nicht weniger sparsam als die Annahme, dass sie kein Bewusstsein implizieren.[15]

1.2.2 Smallismus versus Prioritätenmonismus

Philosophen neigen zu der Annahme, dass große Entitäten durch kleinere Entitäten konstituiert werden. Zum Beispiel wird die Tatsache, dass ein Tisch existiert und ist, wie er ist, dadurch ontologisch begründet, dass seine fundamentalen Konstituenten auf eine komplexe Art und Weise miteinander in Beziehung stehen. Diese Position nenne ich im Folgenden *Smallismus*.[16] Als Gegenposition zum Smallismus hat Jonathan Schaffer in den letzten zehn Jahren den *Prioritätenmonismus* entwickelt. Der Prioritätenmonismus ist die Ansicht, dass kleine Entitäten durch große Entitäten konstituiert werden. Letzen Endes impliziert der Prioritätenmonismus Schaffers, dass jede Entität existiert und ist, wie sie ist, auf-

---

[14] Vgl. GOFF, Consciousness and Fundamental Reality [wie Anm. 4].

[15] Es gibt natürlich Herausforderungen für den Panpsychismus, allen voran das Kombinationsproblem (S. COLEMAN, The real combination problem: Panpsychism, microsubjects and emergence, in: Journal of Consciousness Studies 79/1 [2014], 19–44. – GOFF, Consciousness and Fundamental Reality [wie Anm. 4]. – D.J. CHALMERS, The combination problem for panpsychism, in: G. BRÜNTRUP/L. JASKOLLA [Hg.], Panpsychism: Contemporary Perspectives, New York 2016). In GOFF, Consciousness and Fundamental Reality [wie Anm. 4], hier: Kapitel 7 habe ich argumentiert, dass diese nicht größer sind als die Probleme, dem der Panprotopsychismus gegenübersteht.

[16] Dieser Begriff stammt von S. COLEMAN, Being realistic: Why physicalism may entail panexperientialism, in: Journal of Consciousness Studies 13/10–11 (2006), 40–52.

grund von Tatsachen, die das Universum als Ganzes betreffen.[17] Für den Prioritätenmonismus ist das Universum als Ganzes somit die einzige fundamentale Entität.

Unter den Russell'schen Monisten gibt es sowohl Vertreter des Smallismus als auch des Prioritätenmonismus. Für die Anhänger des Smallismus werden die fundamentalsten Quidditäten von physikalischen Entitäten der Mikroebene instanziiert, möglicherweise von Elektronen und Quarks. Für den Anhänger des Prioritätenmonismus werden die fundamentalsten Quidditäten vom Universum als Ganzem instanziiert. Bringen wir diese Unterscheidung mit der Unterscheidung zwischen Panpsychismus und Panprotopsychismus zusammen, dann erhalten wir vier Kategorien des Russell'schen Monismus:

- *Smallistischer Panpsychismus*: Fundamentale Quidditäten werden von Entitäten der Mikroebene instanziiert und implizieren die Existenz von Bewusstsein.
- *Prioritärmonistischer Panpsychismus* (auch bekannt als *konstitutiver Kosmopsychismus*): Fundamentale Quidditäten werden vom Universum als Ganzem instanziiert und implizieren die Existenz von Bewusstsein.[18]
- *Smallistischer Panprotopsychismus*: Fundamentale Quidditäten werden von Entitäten der Mikroebene instanziiert und implizieren nicht die Existenz von Bewusstsein.
- *Prioritärmonistischer Panprotopsychismus*: Fundamentale Quidditäten werden vom Universum als Ganzem instanziiert und implizieren nicht die Existenz von Bewusstsein.

Der konstitutive Kosmopsychismus ist die Ausprägung des Russell'schen Monismus, die für unsere Zwecke relevant ist, da er meines Erachtens das *fine-tuning* des Universums erklären kann. Obwohl ich in meiner vorherigen Arbeit den konstitutiven Kosmopsychismus aus anderen Gründen vertreten habe[19], gehe ich hier nur davon aus, dass der konstitutive Kosmopsychismus zumindest nicht offensichtlich gegenüber anderen Formen des Russell'schen Monismus benachtei-

---

[17] Vgl. J. SCHAFFER, Spacetime: The one substance, in: Philosophical Quarterly 145/1 (2009), 131–148. – Vgl. J. SCHAFFER, Monism: The priority of the whole, in: Philosophical Review 119/1 (2010), 31–76, nachgedruckt in: P. GOFF: Spinoza on Monism, Basingstoke 2012.

[18] Vgl. I. SHANI, Cosmopsychism: A holistic approach to the metaphysics of experience, in: Philosophical Papers 44/3 (2015), 389–437. – Vgl. Y. NAGASAWA/K. WAGER, Panpsychism and priority monism, in: G. BRÜNTRUP/L. JASKOLLA (Hg.), Panpsychism: Contemporary Perspectives, Oxford 2016. – GOFF, Consciousness and Fundamental Reality [wie Anm. 4]. – Vgl. M. ALBAHARI, Beyond cosmopsychism and the Great I Am: How the world might be grounded in universal ‚Advaitic' consciousness, in: W. SEAGER (Hg.), The Routledge of Panpsychism, London [im Druck].

[19] Vgl. GOFF, Consciousness and Fundamental Reality [wie Anm. 4].

ligt ist oder offensichtliche Probleme mit sich bringt. Wenn, wie im Folgenden argumentiert wird, der konstitutive Kosmopsychismus im Gegensatz zu anderen Formen des Russell'schen Monismus eine Erklärung für die Feinjustierung des Universums liefern kann, dann wäre dies vielmehr ein Grund, ihn zu bevorzugen.

2. Das Problem der kosmischen Feinjustierung

Die Grundgesetze der Physik und die Anfangsbedingungen des Universums weisen eine Reihe von Konstanten auf, die derart beschaffen sind, dass ihre Werte, um Leben ermöglichen zu können, in einen äußerst engen Bereich fallen mussten. Daher ist die Wahrscheinlichkeit, dass ein physikalisches Universum über Naturgesetze und -konstanten verfügt, die Leben ermöglichen, äußerst gering. Hier sind drei Beispiele:

- Die starke Kernkraft (die Kraft, die die Elemente im Kern eines Atoms zusammenhält) hat einen Wert von 0,007. Hätte dieser Wert 0,006 oder weniger betragen, dann hätte das Universum ausschließlich aus Wasserstoff bestanden. Hätte dieser Wert 0,008 oder mehr betragen, so wäre der Wasserstoff fusioniert und hätte schwerere Elemente erzeugt. In beiden Fällen wäre jede Art chemischer Komplexität physikalisch unmöglich gewesen. Und ohne chemische Komplexität kann es kein Leben geben.[20]
- Die physikalische Möglichkeit chemischer Komplexität hängt auch von den Massen der Grundbausteine der Materie ab: Elektronen und Quarks. Wäre die Masse eines *down*-Quarks um einen Faktor von 3 höher gewesen, hätte das Universum nur aus Wasserstoff bestanden. Wäre die Masse eines Elektrons um einen Faktor von 2,5 größer gewesen, hätte das Universum nur aus Neutronen bestanden, das bedeutet, es hätte keinerlei Atome und mit Sicherheit keine chemischen Reaktionen gegeben. In der Tat balanciert das Universum auf Messers Schneide: Die mit der chemischen Komplexität kompatiblen Massenwerte bewegen sich in einem extrem schmalen Bereich.[21]
- Die Schwerkraft scheint eine bedeutsame Kraft zu sein, aber sie ist um einen Faktor von 10^{36} geringer als andere Kräfte, die auf Atome einwirken. Dies sichert ein wichtiges Merkmal unseres Universums: Astronomische Prozesse umfassen immense Zeitspannen im Vergleich zu den mikrophysika-

---

[20] Vgl. M. REES, Just Six Numbers: The Deep Forces that Shape the Universe, New York 2008, hier: Kapitel 4.
[21] Vgl. G. F. LEWIS/L. A. BARNES, A Fortunate Universe, Cambridge 2016, hier: Kapitel 2.

lischen Zeitspannen physikalischer und chemischer Reaktionen. Wäre die Schwerkraft im Verhältnis zum Elektromagnetismus nur ein wenig stärker gewesen, hätten sich die Sterne aus weniger Materie entwickelt, wären demzufolge kleiner gewesen und hätten somit ein kürzeres Leben gehabt. Eine typische Sonne würde ungefähr 10.000 Jahre existieren anstelle von 10 Milliarden Jahren, was für Evolutionsprozesse, die zu komplexem Leben führen, nicht ausgereicht hätte. Wäre im Gegenzug die Schwerkraft nur ein wenig schwächer gewesen (bzw. die elektromagnetische Kraft ein wenig stärker), wären die Sterne viel kühler gewesen und nicht als Supernovae explodiert. Auch das hätte das Leben unmöglich gemacht, da Supernovae die Hauptquelle vieler schwerer Elemente sind, die für die Entwicklung des Lebens notwendig sind.[22]

Einige halten die Feinjustierung des Universums schlichtweg für eine grundlegende Tatsache: Sie sei vielleicht ein Glücksfall für uns, aber nichts, das einer weiteren Erklärung bedürfe. Viele Wissenschaftler und Philosophen halten diese Annahme jedoch für wenig überzeugend. Lee Smolin vermutet, dass unter Berücksichtigung aller für das *fine-tuning* des Universums relevanten Fakten, die Wahrscheinlichkeit, in einem Universum zu leben, das aufgrund seiner Naturgesetze und Anfangsbedingungen Leben ermöglicht, 1 zu 10^{229} beträgt. Hieraus zieht er folgende Schlussfolgerung: „In my opinion, a probability this tiny is not something we can let go unexplained. Luck will certainly not do here; we need some rational explanation of how something this unlikely turned out to be the case."[23]

---

[22] Vgl. LEWIS/BARNES, A Fortunate Universe [wie Anm. 21], hier: Kapitel 2.
[23] L. SMOLIN, The life of the cosmos, Oxford 1999, 45, zitiert in D. RATZSCH/J. KOPERSKI, Teleological arguments for God's existence, in: E.N. ZALTA (Hg.), Stanford Encyclopedia of Philosophy, 2015. Das Augenmerk des *fine-tuning*-Arguments liegt nicht auf *jedem erdenklichen Universum*, sondern auf *Universen mit der Gesetzesform der tatsächlichen Welt*. Wir sind insbesondere an der Menge der Universen interessiert, die exakt dieselben physikalischen Gesetze und Anfangsbedingungen vorweisen wie unser Universum, mit der Ausnahme, dass die Werte der Konstanten, die bei den physikalischen Gesetzen und Anfangsbedingungen dieser Universen involviert sind, variieren. Ich bezeichne diese Welten als „physikalisch mögliche Welten". Die grundlegende Wahrscheinlichkeitsaussage des *fine-tuning*-Argumentes ist daher eine bedingte Wahrscheinlichkeitsaussage: Gegeben, dass das tatsächliche Universum eine physikalisch mögliche Welt ist, war es extrem unwahrscheinlich, dass in ihm Leben entstehen konnte. Einige Philosophen (vgl. T. McGREW/ L. McGREW/E. VESTRUP, Probabilities and the fine-tuning argument: A sceptical view, in: Mind 110/440 [2001], 1027–1038. – Vgl. M. COLYVAN/J.L. GARFIELD/G. PRIEST, Problems with the argument from fine-tuning, in: Synthese 145/39 [2005], 325–338) bestreiten, dass Wahrscheinlichkeiten in diesem Kontext Sinn machen. Ich gehe auf diese Anliegen in Appendix I ein.

Im Folgenden gehe ich von der allgemeinen, wenn auch nicht unumstrittenen These aus, dass die Feinjustierung des Universums einer Erklärung bedarf: Unsere Vernunft verpflichtet uns, eine Erklärung auf die Frage zu finden, warum diese Konstanten, obwohl es extrem unwahrscheinlich ist, dennoch die exakt erforderlichen Werte besitzen, damit Leben unter physikalischen Bedingungen möglich ist.[24]

Für das *fine-tuning* des Universums gibt es zwei Standarderklärungen: den Theismus und die Multiversums-Hypothese. Theisten gehen von einem allmächtigen und moralisch perfekten übernatürlichen Schöpfer des Universums aus und erklären dann das *fine-tuning* des Universums durch die guten Absichten Gottes: Das Leben ist von großem objektiven Wert, Gott wollte in seiner Güte dieses Wertvolle hervorbringen und schuf daher Gesetze mit Konstanten, die Leben ermöglichen.[25] Die Multiversums-Hypothese geht von einer enormen, vielleicht unendlichen Anzahl physikalischer Universen aus, in denen die Konstanten Werte haben, die sich von denen in unserem Universum unterscheiden. Bei einer hinreichenden Anzahl an Universen, die im Verbund eine ausreichende Bandbreite an Konstanten realisieren, ist es dann gar nicht so unwahrscheinlich, dass es darunter wenigstens ein Universum gibt, das *fine-tuned* für biologisches Leben ist.[26]

Keine dieser Antworten ist attraktiv. Die Multiversums-Hypothese impliziert eine ausufernde Ontologie konkreter, nicht beobachtbarer Universen, die sich von dem unsrigen unterscheiden. Wenn möglich, dann wäre bei ansonsten gleichen Bedingungen eine ontologisch sparsamere Erklärung für die Feinjustierung des Universums vorzuziehen.[27] Man könnte meinen, dass der Theismus ontolo-

---

[24] In Abschnitt 4 werde ich ausführlicher danach fragen, *warum* eine Erklärung notwendig ist. In einem unveröffentlichten Papier argumentieren Hawthorne und Isaacs (MS), dass die Debatte des *fine-tunings* besser im Rahmen einer Bayes'schen Wahrscheinlichkeitstheorie diskutiert werden kann. Ich stimme zu, dass das grundlegende Problem des *fine-tunings* und seiner Erklärung besser im Rahmen einer solchen Theorie diskutiert werden kann. Für die meisten Zwecke reicht es jedoch aus, die Feinjustierung des Universums unter Bezug auf abduktive Argumente zu diskutieren.

[25] Vgl. R. SWINBURNE, The Existence of God, Oxford ²2004.

[26] Physiker, die beispielsweise das Postulat eines Multiversums für eine rationale Antwort auf den Befund des *fine-tunings* halten, sind L. SUSSKIND, The Cosmic Landscape: String Theory and the Illusion of Intelligent Design, New York 2005. – B. GREENE, The Hidden Reality: Parallel Universes and the Deep Laws of the Cosmos, New York 2011. – M. TEGMARK, Our Mathematical Universe: My Quest for the Ultimate Nature of Reality, München 2014. Philosophen, die diese Frage erörtern, sind beispielsweise J.J.C. SMART, Our Place in the Universe: A Metaphysical Discussion, Oxford 1989. – D. PARFIT, Why anything? Why this? In: London Review of Books 20/2 (1998), 24–27. – D. BRADLEY, Multiple universes and observation selection effects, in: American Philosophical Quarterly 46/1 (2009), 61–72.

[27] Die Angelegenheit sähe anders aus, wenn wir unabhängige Gründe hätten, die für die Multiversums-Hypothese sprechen würden, und in der Tat gibt es spekulative wissenschaftliche Theorien, die die Existenz vieler Universen postulieren. In diesem Aufsatz betrachte ich die Multiversums-Hypothese lediglich als Erklärung für das *fine-tuning* des Universums.

gisch sparsamer ist, weil er davon ausgeht, dass es nur ein Universum und einen Designer gibt. Aber obwohl der Theismus ontologisch sparsam in Bezug auf die Quantität der postulierten Entitäten ist, bringt er doch enorme Kosten im Bereich der qualitativen ontologischen Verpflichtung mit sich.

Während das Prinzip der quantitativen ontologischen Sparsamkeit dazu anhält, so wenig konkrete Entitäten (*tokens*) wie nur möglich zu postulieren, fordert das Prinzip der qualitativen Sparsamkeit, dass man so wenig wie möglich verschiedene Arten (*types*) von Entitäten in das ontologische Inventar aufnimmt. Wenn der einzige Unterschied zwischen zwei Theorien des Universums darin besteht, dass die erste Theorie eine größere Menge an Elektronen postuliert als die zweite, dann sind beide Theorien in Bezug auf ihre qualitative ontologische Sparsamkeit gleichwertig, aber die zweite Theorie ist quantitativ sparsamer als die erste Theorie. Wenn sich aber zwei Theorien hinsichtlich der Menge der Partikel im Universum einig sind, die erste aber 13 verschiedene Arten grundlegender physikalischer Entitäten impliziert, während die zweite davon ausgeht, dass es nur 12 Arten grundlegender physikalischer Entitäten gibt, dann sind unsere Theorien zwar hinsichtlich ihrer quantitativen Sparsamkeit gleichwertig, aber die zweite Theorie ist qualitativ sparsamer. Qualitative ontologische Sparsamkeit hat für gewöhnlich einen höheren theoretischen Stellenwert als quantitative Sparsamkeit: Ein Dualist, der an wenige Seelen glaubt, ist aus Sicht der qualitativen Sparsamkeit *ceteris paribus* schlechter gestellt als ein Materialist, der nur an viele Körper glaubt.

Der Theismus impliziert aus Sicht der qualitativen Sparsamkeit große Kosten, da er zusätzlich zur Existenz eines *materiellen* und *kontingenten* Universums die Existenz eines *immateriellen* und *notwendigen* Wesens postuliert. Er ist auch auf eine radikal uneinheitliche Konzeption der Natur verpflichtet, da die natürliche Welt im Theismus vollständig vom übernatürlichen Gott getrennt ist. Da die theoretische Einheit einer Konzeption aber für sich genommen eine wichtige theoretische Tugend ist, stößt der Theismus mit seiner Trennung zwischen einem natürlichen und einem übernatürlichen Bereich zumindest *prima facie* auf Probleme. Aber das größte Problem mit dem Theismus sind nicht seine theoretischen Schwächen – obgleich diese von Bedeutung sind –, sondern das wohlbekannte Problem des Bösen. Es ist schwierig, zu verstehen, warum ein allmächtiger und moralisch perfekter Gott das schreckliche Leid, das wir auf unserem Planeten vorfinden, zulässt und warum solch ein Schöpfer den grauenvollen Prozess natürlicher Selektion wählt, um intelligentes Leben zu erschaffen. Im Folgenden gehe ich daher von der geläufigen, wenn auch nicht unumstrittenen Annahme aus, dass das Böse, das wir in der Welt vorfinden, ein starkes Indiz gegen die Existenz Gottes ist.

Aber gibt es eine Alternative zum Theismus und zur Multiversums-Hypothese? Im nächsten Abschnitt schlage ich eine Form des konstitutiven Kosmopsychismus vor, der meiner Meinung nach eine bessere Alternative für die Erklärung des *fine-tunings* des Universums ist.

3. Akteurskosmopsychismus

Der konstitutive Kosmopsychismus ist eine Form des Russell'schen Monismus, derzufolge (i) alle Tatsachen durch Tatsachen über das Universum als solches konstituiert werden und (ii) das Universum als solches Quidditäten instanziiert, die die Existenz von Bewusstsein implizieren. Zwei Modifizierungen an dieser Grundposition sind notwendig, um mit Hilfe des konstitutiven Kosmopsychismus das *fine-tuning* des Universums zu erklären. Im Folgenden werde ich auf diese beiden Modifizierungen eingehen.

3.1 Erste Modifizierung: Das Universum als Akteur

Dem konstitutiven Kosmopsychismus zufolge ist das Universum ein bewusstes Subjekt. Alle anderen Entitäten – von den Planeten über die Menschen bis zu den fundamentalen Bausteinen des Universums – sind ebenfalls bewusste Subjekte, die als echte Teile des bewussten Universums existieren.[28] Obwohl wir dazu neigen, uns vorzustellen, dass ein Ganzes aus seinen Teilen zusammengesetzt ist, verläuft für den konstitutiven Kosmopsychismus die Denkrichtung genau entgegengesetzt: Tatsachen über die echten Teile des Universums gründen ontologisch in Tatsachen, die das Universum als Ganzes betreffen. Das bewusste Universum ist der Grund allen Seins. Sicherlich ist es *prima facie* merkwürdig, dass ein bewusstes Subjekt ein echter Teil eines von ihm verschiedenen bewussten Subjekts sein soll, und obwohl wir uns anscheinend darunter nichts positiv vorstellen können, ist in der vorgeschlagenen Modifikation des konstitutiven Kosmopsychismus nichts Widersprüchliches oder Inkohärentes. Zum Vergleich: Obwohl wir uns die vierdimensionale Raumzeit nicht bildlich vorstellen können, berechtigt uns dies nicht dazu, an der Wahrheit der Relativitätstheorie zu zweifeln.

Die Behauptung, dass das Universum ein Bewusstsein hat, impliziert nicht, dass es über die mentalen Merkmale verfügt, die das Bewusstsein des Menschen auszeichnen, wie beispielsweise Intelligenz oder die Fähigkeit zu rationalem Den-

---

[28] Ich vereinfache stark. Im konstitutiven Kosmopsychismus, den ich in GOFF, Consciousness and Fundamental Reality [wie Anm. 4] vertrete, gibt es einige Entitäten, die analysiert werden können, ohne ein korrespondierendes bewusstes Subjekt zu postulieren. Wir können beispielsweise Tatsachen über Partys in Tatsachen über feiernde Menschen zerlegen, ohne postulieren zu müssen, dass die Party selbst ein bewusstes Subjekt ist.

ken und Handeln. In unserem Fall ist der Besitz dieser mentalen Eigenschaften das Ergebnis eines über Millionen Jahre dauernden evolutionären Prozesses. Man kann also bezweifeln, dass Entitäten, die, wie unser Universum, nicht durch einen evolutionären Prozess entstanden sind, mentale Eigenschaften wie Intelligenz oder die Fähigkeit zu rationalem Denken besitzen. An anderer Stelle habe ich dafür argumentiert, dass sich der Kosmopsychist das Bewusstsein des Universums wie ein Durcheinander vorstellen sollte, dem Denkvermögen und Rationalität vollständig fehlen.[29]

Solange wir jedoch glauben, dass die kausalen Kapazitäten des Universums völlig irrational sind, ist es unwahrscheinlich, dass wir in der Lage sind, die Feinjustierung des Universums zu erklären. Wir könnten vermuten, dass das Universum eine Disposition für die Entwicklung von Gesetzen mit feinjustierten Werten hat. Wenn das Universum jedoch vollkommen *arational* ist, dann bleibt die Tatsache, dass es fähig ist, Gesetze mit genau den Werten festzulegen, die notwendig für Leben sind, ein nicht hinnehmbarer Zufall.

Wenn der Kosmopsychist also die Feinjustierung des Universums erklären will, dann muss er nicht nur davon ausgehen, dass das Universum ein Bewusstsein hat, sondern muss darüber hinaus auch annehmen, dass das Universum in irgendeiner Weise ein bewusst handelnder Akteur ist. Unter einem bewusst handelnden Akteur verstehe ich dabei jede Entität, die die Fähigkeit besitzt, Gründe oder Fakten, die einen Wert darstellen, zu erkennen und rational auf sie zu reagieren. Die meisten Menschen sind in diesem Sinne Akteure. Auch wenn wir manchmal auf nicht-rationale Affekte reagieren, beispielsweise wenn wir von Hunger oder Lust getrieben sind, ist es in den meisten Fällen doch so, dass wir uns für gewisse Dinge entscheiden, weil wir glauben, dass sie lohnenswert sind. In manchen Fällen kann das Motiv ein ehrgeiziges Ziel sein, beispielsweise aus der Welt einen besseren Ort zu machen. Aber selbst in alltäglichen Fällen, wenn es nur darum geht, ein Restaurant auszuwählen, erleben wir im Allgemeinen, dass unsere Überlegungen sich an Gründen orientieren, die eine bestimme Wahl bevorzugen, zum Beispiel ziehen wir ein angenehmes und gutes Restaurant einem dreckigen Restaurant vor. Damit soll nicht gesagt sein, dass unser Verhalten generell durch die besten Gründe für eine Entscheidung determiniert wird oder unsere Entscheidungen generell nur von rationalen Überlegungen gelenkt werden. Der springende Punkt ist schlicht, dass wir keine Kreaturen sind, die nur von Instinkten hin- und hergetrieben werden, sondern wir zum großen Teil auf der Grundlage dessen handeln, was wir als normative Vernunftgründe erkannt haben.[30]

---

[29] Vgl. GOFF, Consciousness and Fundamental Reality [wie Anm. 4].
[30] Ich setze hier die Konzeption menschlicher Handlungsvermögen voraus, die in T. SCANLON, What We Owe to Each Other, Harvard 1998 und J. DANCY, Practical Reality, Oxford 2000 ausführlich ausgearbeitet wird.

Es wird allgemein angenommen, dass die menschliche Handlungsfähigkeit durch komplexe Fakten über den physikalischen Aufbau des menschlichen Körpers ermöglicht wird, und diese Annahme will ich hier nicht infrage stellen. Wir können uns jedoch mögliche Wesen vorstellen, die die irreduzible Fähigkeit haben, Gründe zu erkennen und auf sie zu reagieren, obwohl diese Fähigkeit nicht durch ontologisch fundamentalere Entitäten konstituiert wird. So denken wir zum Beispiel über Gott und immaterielle Engel. Darüber hinaus ist es kohärent, anzunehmen, dass es physikalische Wesen mit solchen grundlegenden Fähigkeiten gibt: So sind beispielsweise einige Emergentisten der Ansicht, dass die menschliche Fähigkeit, Gründe zu erkennen und auf sie zu reagieren, eine irreduzible Eigenschaft ist, die nicht durch andere Eigenschaften konstituiert wird.[31]

Die erste Modifizierung, die ich vorstelle, besagt, dass das Universum, obgleich es eine physikalische Entität ist, zwar handelt, aber ausschließlich handelt aufgrund seiner irreduziblen Fähigkeit, Gründe zu erkennen und auf Gründe zu reagieren. Obwohl diese Modifizierung im Vergleich zu der Art und Weise, wie wir gewöhnlich über die Dinge nachdenken, zunächst seltsam anmuten mag, steht sie in keinem Widerspruch zu dem, was wir beobachten können: Aus der allgemein akzeptierten Kausaltheorie Humes und ihrer Epistemologie folgt, dass alles, was wir in der Welt direkt beobachten können, das regelmäßige Verhalten physikalischer Entitäten ist. Wir können nicht direkt eine natürliche Notwendigkeit beobachten, die diesen Gesetzmäßigkeiten eventuell zugrunde liegt, da das, was „breathes fire into the equations", um es mit dem berühmten Satz von Stephen Hawking auszudrücken[32], den Augen verborgen bleibt. Es könnte, wie man allgemein annimmt, sein, dass die physikalischen Entitäten auf der Mikroebene ihre eigenen kausalen Kräfte haben und es diese kausalen Kräfte sind, die alles in Gang halten. Es könnte aber auch sein, dass es die Entscheidungen des Universums sind, die alles in Gang halten.[33]

Zwei Einwände können an dieser Stelle erhoben werden, die am besten im Verbund untersucht werden:

1. Wie passen die Naturgesetze in dieses Bild? Wenn das Universum durch seine irreduzible Fähigkeit, Gründe zu erkennen und darauf zu reagieren, handelt und alle Tatsachen durch Tatsachen über das Universum als Ganzes konstituiert werden, dann scheinen die Naturgesetze für die kausale Evolution des Universums schlicht irrelevant zu sein.

---

[31] Vgl. T. O'Connor, Persons and Causes: The Metaphysics of Free Will, Oxford 2002.
[32] S. Hawking, A Brief History of Time, New York 1998.
[33] Einer Hume'schen Ansicht zufolge gibt es nichts, das den fundamentalen Gesetzmäßigkeiten des Universums zugrunde liegt. Weil Tatsachen über fundamentale Gesetzmäßigkeiten ohnehin keine Erklärung für das *fine-tuning* des Universums liefern könnten, können wir annehmen, dass der Akteurskosmopsychismus eine Kausaltheorie impliziert, die explizit den Hume'schen Ansatz verneint. Diese Annahme ist aber nicht besonders kontrovers.

2. Wenn das Universum dadurch handelt, dass es Gründe erkennt und auf sie reagiert, warum passieren dann schlimme Dinge, Dinge, die zu vermeiden das Universum hinreichende Gründe haben müsste? Diese Frage wirft ein Problem des Bösen auf, analog zu dem, mit dem auch Theisten konfrontiert sind.

Ich werde beide Fragen in einem beantworten, um so die These des konstitutiven Kosmopsychismus weiter zu klären. Erstens: Im Gegensatz zum Theisten muss der Akteurskosmopsychist nicht davon ausgehen, dass das Universum allmächtig ist. Er kann vielmehr argumentieren, dass die Naturgesetze den Handlungsspielraum des Universums einschränken. Dieser Spezifizierung zufolge wird alles, was passiert, durch die rationale Wahl des Universums bestimmt, aber das Universum kann nur das physikalisch Mögliche tun, zum Beispiel nur das, was mit den Naturgesetzen und dem konkreten Zustand des Universums zu einem gegebenen Zeitpunkt konsistent ist.[34]

Dieser Vorschlag mag obskur und *ad hoc* erscheinen. Wenn das Universum die eine fundamentale Entität und der einzige Lenker ist von allem, was passiert, was könnte seine Fähigkeit einschränken, zu tun, was es will? Die Vermutung, das Universum sei durch die Naturgesetze in seinem Handeln beschränkt, mag daher als willkürliche *ad hoc*-These erscheinen, um die Tatsache zu umgehen, dass das Universum einfach kein Ort ist, der in seinem Wesen durch einen rationalen Akteur bestimmt wird.

Meine Antwort darauf ist, dass dieser Vorschlag nicht obskurer oder mehr *ad hoc* ist als andere Thesen, die es über die fundamentalen kausalen Vorgänge des Universums gibt. Wir wissen, dass sich das Universum nach gewissen Gesetzmäßigkeiten entwickelt. Warum passiert das? Viele Philosophen postulieren fundamentale kausale Fähigkeiten, die so definiert sind, dass sie zu dem von uns beobachteten Universum führen.[35] Der Akteurskosmopsychist behauptet, dass das Universum über eine *begrenzte Fähigkeit zum rationalen Handeln* verfügt, die so definiert ist, dass sie zu dem von uns beobachteten Universum führt: Das Universum hat die Fähigkeit, begründet zu handeln, ist jedoch in seiner Auswahl an Handlungsmöglichkeiten begrenzt. Vielleicht sind wir aufgrund des Einflusses westlicher Religionen dazu geneigt, zu glauben, dass fundamentale Akteure, de-

---

[34] Da das Universum durch den Energieerhaltungssatz bestimmt ist, kann es Materie weder schaffen noch zerstören und kann daher nur seinen Zustand verändern.

[35] Einige halten diese Kausalfähigkeiten für metaphysisch grundlegende Fähigkeiten (BIRD, Natur's Metaphysics [wie Anm. 3]. – ELLIS, Scientific Essentialism [wie Anm. 3]. – ELLIS, The Philosophy of Nature [wie Anm. 3]. – MOLNAR, Powers [wie Anm. 3]. – MUMFORD, Laws in Nature [wie Anm. 3]), aber die meisten Russell'schen Monisten nehmen an, dass sie durch Quidditäten konstituiert werden (D. PEREBOOM, The Prospect for Physicalism, Oxford 2011. – CHALMERS, Panpsychism and panprotopsychism [wie Anm. 10]. – GOFF, Consciousness and Fundamental Reality [wie Anm. 4]).

ren Handlungsvermögen nicht durch andere Entitäten konstituiert wird, über unbegrenzte Handlungsoptionen verfügen. Es liegt aber kein Widerspruch in dem Gedanken, dass ein fundamentaler Akteur nur einen begrenzten Handlungsspielraum hat.[36]

Selbstverständlich sollten wir diese Position nur übernehmen, wenn wir gute Gründe dafür haben. Und in der Tat, es scheint einen guten Grund zu geben, diese Position ernst zu nehmen: ihre Fähigkeit, die Feinjustierung des Universums zu erklären. Genauso wie der Theist das *fine-tuning* des Universums darauf zurückführt, dass Gott erkennt, dass es gut wäre, ein Universum zu erschaffen, das mit Leben gefüllt ist, genauso kann der Akteurskosmopsychist die Feinjustierung des Universums dadurch erklären, dass das Universum erkennt, dass es, aus normativer Sicht, gut wäre, wenn das Universum mit Leben gefüllt sein würde.[37]

Die These des Akteurskosmopsychismus muss aber noch ausführlicher erläutert werden. Denn obwohl es kohärent ist, anzunehmen, dass ein göttlicher Schöpfer, der das Universum erschafft und seine Gesetze nach Belieben gestalten kann, der Existenz des Universums logisch gesehen vorausgeht, stellt sich die Frage, *wann* das *fine-tuning* des Universums geschehen sein soll, wenn der einzige Kandidat dafür das Universum selbst ist, es also ausgeschlossen ist, dass das Universum vor seiner Existenz seine Feinjustierung bestimmt hat.

Obwohl hier *prima facie* ein Problem des Akteurskosmopsychismus angesprochen ist, kann das Problem wie folgt gelöst werden: Die Physik zwingt uns nicht, anzunehmen, dass die Feinjustierung des Universums bereits seit den ersten Augenblicken der Existenz des Universums vorzufinden war. Unsere aktuellen Modelle können sehr wenig über die erste Periode der kosmologischen Geschichte aussagen, der sogenannten ‚Planck-Epoche', die 10^{-43} Sekunden dauerte. Der Akteurskosmopsychist kann daher argumentieren, dass in dieser Periode das Universum die präzisen Werte der Naturkonstanten und der Anfangsbedingungen des Universums gewählt hat (oder genauer: die Bedingungen gewählt hat, die die Geschichte des Universums nach der Planck-Epoche bestimmen sollten). Die Idee ist, dass das Universum in diesem frühen Stadium eine beschränkte Fähigkeit hatte, zu bestimmen, wie seine Beschaffenheit und seine kausalen Kapazitäten nach der Planck-Epoche aussehen sollten:

- Das Universum war zum einen gezwungen, Begrenzungen mit einer bestimmten Form zu wählen, und zwar der Form, die wir dadurch erreichen,

---

[36] Wie ich unten erklären werde, stimme ich mit SWINBURNE, The Existence of God [wie Anm. 25] überein, dass aus Gründen der Einfachheit ein allmächtiger irreduzibler Akteur vorzuziehen ist, allerdings ist an dieser Stelle die Frage der Kohärenz die entscheidende Frage. Ich erkläre weiter unten, warum ich den Akteurskosmopsychismus gegenüber dem Theismus bevorzuge.

[37] Die Handlungserklärungen werden ausführlicher in Abschnitt 4 behandelt.

dass wir die spezifischen numerischen Werte der Konstanten der gültigen Naturgesetze außer Acht lassen. Zum anderen war es gezwungen, die Bedingungen einer bestimmten Form zu wählen, nämlich derjenigen Form, die wir erhalten, wenn wir die unmittelbar nach der Planck-Epoche vorherrschenden Anfangsbedingungen des Universums als Ausgangsbasis nehmen und die spezifischen numerischen Werte, die diese Bedingungen *de facto* realisieren, einklammern.

- Das Universum war in der Lage, die numerischen Werte, die diese Begrenzungen und Bedingungen nach der Planck-Epoche bestimmen sollten, frei zu wählen.

Obwohl dieser Vorschlag klingt wie die wilden Spekulationen einer Geheimlehre, die die Grenzen unserer gegenwärtigen Modelle, den Bruchteil der ersten Sekunde des Universums zu beschreiben, ausnutzen möchte, steht dennoch fest: Nach dem Stand der Wissenschaft ist das Universum aus der Planck-Epoche als ein feinjustiertes Universum hervorgegangen. Die einzige Frage ist nun: Was ist die beste Erklärung dafür? Wenn die Hypothese des Akteurskosmopsychismus – einschließlich der oben aufgeführten Hypothese darüber, was in der Planck-Epoche geschah – ontologisch sparsamer ist sowohl als die Multiversums-Hypothese als auch als der Theismus, dann kann dafür argumentiert werden, dass die These des Akteurskosmopsychismus die beste Erklärung für die Feinjustierung des Universums liefert.

Das Grundgerüst meiner Position sollte nun klar sein. Bevor ihre theoretischen Vorzüge gegenüber den beiden Standarderklärungen des *fine-tunings* hervorgehoben werden können, ist aber noch eine weitere, entscheidende Modifizierung notwendig.

3.2 Zweite Modifizierung: Die Fähigkeit, die Zukunft zu repräsentieren

In Abschnitt 5 lege ich dar, dass die erste Modifizierung vernachlässigbare ontologische Kosten mit sich bringt. Dies trifft leider nicht auf die zweite Modifizierung zu. Wenn sich das frühe Universum während der Planck-Epoche für eine bestimmte Feinjustierung entschieden hat, um Milliarden Jahre später Leben hervorzubringen, dann muss es sich in gewissem Sinne über die Konsequenzen seines Handelns für die Zukunft im Klaren gewesen sein. In anderen Worten, damit der Vorschlag sinnvoll ist, dass das frühe Universum die Gesetze und Anfangsbedingungen des Kosmos nach der Planck-Epoche präzise aufeinander abgestimmt hat, um Leben hervorzubringen, müssen wir die Idee plausibilisieren, dass das Universum über mentale Zustände verfügt, die die Zukunft repräsentieren.

Ich schlage vor, dass der Akteurskosmopsychist davon ausgehen sollte, dass das Universum eine irreduzible Disposition hat, durch seine Spontaneität mentale Repräsentationen der vollständigen zukünftigen Konsequenzen aller ihm möglichen Handlungsoptionen zu bilden. In gewisser Hinsicht ist diese Annahme sehr einfach, da die semantische Beschreibung der genannten Disposition sehr einfach ist. Dennoch denke ich nicht, dass bestritten werden kann, dass die mentalen Repräsentationen, die das Resultat der Manifestationen dieser Disposition sind, sehr hohe ontologische Kosten mit sich bringen. Wichtig ist jedoch, dass dieser Nachteil nicht so schwer wiegt wie der Preis, den man für das Postulat eines Multiversums zahlen müsste. Die vorgeschlagenen repräsentationalen Zustände des Universums implizieren zwar ebenso wie die Multiversums-Hypothese eine große strukturelle Komplexität, dennoch gibt es wichtige Unterschiede zwischen den beiden Ansätzen:

- Bei der Multiversums-Hypothese wird die strukturelle Komplexität durch eine astronomische Anzahl distinkter Individuen verwirklicht. Im Akteurskosmopsychismus wird die strukturelle Komplexität durch die Eigenschaften eines einzelnen Individuums realisiert.
- Die Multiversums-Hypothese postuliert eine enorme Anzahl an Individuen, die wir nicht direkt beobachten können. Der Akteurskosmopsychismus postuliert hingegen keine einzige neue Entität: Er fügt nur einem Individuum, das wir alle kennen, eine neue Eigenschaft hinzu, nämlich dem physikalischen Universum. Wenn wir uns bereits auf einen konstitutiven Kosmopsychismus eingelassen haben, dann steigert die zweite Modifizierung lediglich die Komplexität des Bewusstseins des Universums.

Ich will nicht bestreiten, dass diese zweite Modifizierung, die für meinen Vorschlag entscheidend ist, hohe ontologische Kosten mit sich bringt. Aber diese sind meiner Einschätzung nach immer noch niedriger als die Kosten der Multiversums-Hypothese. Dieser Punkt wird im Abschnitt 5 wichtig sein, in dem ich argumentiere, dass der Akteurskosmopsychismus eine bessere Erklärung für die Feinjustierung des Universums bietet als die rivalisierenden Theorien.

4. Können fundamentale Akteure das *fine-tuning* des Universums erklären?

Im nächsten Abschnitt gehen wir der Frage nach, ob der Akteurskosmopsychismus die *beste* Erklärung für die Feinjustierung des Universums bietet. In diesem

Abschnitt behandeln wir zunächst die Frage, ob er *überhaupt* eine Erklärung für das *fine-tuning* des Universums ist. Genauer gesagt werden wir auf die Frage eingehen, ob die Annahme fundamentaler Akteure – seien sie von der theistischen oder der kosmopsychistischen Art – die Feinjustierung des Universums erklären kann. Ich werde damit beginnen, die Frage näher zu beleuchten, *warum* wir überhaupt eine Erklärung für das *fine-tuning* des Kosmos wollen.

Bei dem Versuch, diese Frage zu beantworten, weisen die meisten auf die extreme Unwahrscheinlichkeit des *fine-tunings* hin. Aber obwohl das *fine-tuning* in der Tat höchst unwahrscheinlich ist, muss zugestanden werden, dass jede Kombination der relevanten Konstanten unwahrscheinlich ist, da jede Konstante über *irgendeinen* Wert verfügen muss. Warum also denken wir, dass die Tatsache, dass sie genau *die* Werte haben, die sie haben, anstelle von anderen Werten, einer besonderen Erklärung bedarf?

Es ist zunächst wichtig, dass man zwischen einer Sache, die *unwahrscheinlich* ist, und einer Sache, bei der es *unwahrscheinlich ist, dass sie durch Zufall passiert ist*, unterscheidet.[38] Stellen wir uns ein zufälliges Arrangement von Kieselsteinen an einem Strand vor. Die Tatsache, dass die Kieselsteine *genau so liegen, wie wir sie vorfinden*, obwohl jeder Kieselstein an einem bestimmen Ort liegen musste, ist extrem unwahrscheinlich. Aber wir denken nicht, dass dieses Arrangement einer Erklärung bedarf, da wir es nicht für unwahrscheinlich halten, dass es durch Zufall entstanden ist. Damit ein Ereignis nicht nur unwahrscheinlich ist, sondern es auch unwahrscheinlich ist, dass es zufällig geschah, muss es also etwas geben, dass es von anderen Möglichkeiten unterscheidet. Nehmen wir an, dass die Kieselsteine ein kompliziertes deutsches Wort formen. Obwohl dieses Arrangement in gewissem Sinne genauso unwahrscheinlich ist wie jedes andere Arrangement, würden wir es für unwahrscheinlich halten, dass es durch Zufall geformt worden ist. Wir würden nach einer Erklärung suchen, wie zum Beispiel derjenigen, dass irgendjemand die Steine arrangiert hat, damit sie das Wort formen.

Nehmen wir also an, dass die starke Kernkraft einen Wert von 0,009 gehabt hätte (anstelle des feinjustierten Wertes von 0,007). Dieser Wert wäre extrem unwahrscheinlich: Von all den Werten, die sie hätte haben können, hätte sie genau *diesen* Wert. Aber diese Tatsache würde keiner Erklärung bedürfen.[39] Denn es gibt nichts, was diesen Wert von anderen Werten unterscheidet und uns dazu

---

[38] Die Diskussion dieses Abschnitts folgt weitestgehend dem Ansatz und den Beispielen von R. WHITE, Does origins of life research rest on a mistake? In: Noûs 41/3 (2007), 453–477, auch wenn ich den Kontext leicht variiere.

[39] Natürlich hätte es in einem Universum, in dem der Wert der starken Kernkraft 0,009 beträgt, niemanden gegeben, dem man diesen Wert erklären könnte. Nichtsdestotrotz nehme ich an, dass das, *was einer Erklärung bedarf*, nicht durch die Präferenzen oder Handlungen der Menschen bestimmt wird.

führt, zu vermuten, dass es unwahrscheinlich ist, dass die starke Kernkraft zufällig über diesen Wert verfügt.

Der Grund, warum wir glauben, dass der Wert von 0,007 einer Erklärung bedarf, ist natürlich, dass dieser Wert für das Leben notwendig ist. Aber dieser Punkt verschiebt das Problem eigentlich nur, denn wir müssen jetzt fragen, was besonders daran ist, dass er Leben ermöglicht. Wenn die starke Kernkraft einen Wert von 0,009 gehabt hätte, dann hätte dies wahrscheinlich einen Unterschied gemacht. Nehmen wir an, dass in den Universen, in denen der Wert der starken Kernkraft 0,009 beträgt, genau 10^{80} Neutronen existieren. Wir könnten dann sagen, dass der Wert von 0,009 feinjustiert ist, um eine Welt mit genau 10^{80} Neutronen zu ermöglichen, genau wie in unserer Welt die starke Kernkraft feinjustiert ist, um Leben zu ermöglichen. Es würde jedoch nicht nach einer Erklärung verlangen, wenn die starke Kernkraft genau auf dieses Ergebnis hin ausgerichtet wäre, da es nichts Besonderes ist, wenn in einem Universum genau 10^{80} Neutronen existieren.

Der Unterschied zwischen einem Universum, in dem genau 10^{80} Neutronen existieren, und einem Universum, in dem Leben möglich ist, besteht darin, dass Leben, und letztlich intelligentes Leben, von großem Wert ist. Ohne Leben, insbesondere ohne intelligentes Leben, hätte das Universum unendlich weniger Wert gehabt, als es tatsächlich der Fall ist. Es ist in der Tat nicht unvernünftig anzunehmen, dass es keinen Wert gehabt hätte. Dass der Wert der starken Kernkraft 0,007 ist, ist also nicht einfach deswegen bemerkenswert, weil dieser Wert unwahrscheinlich ist (jeder andere Wert wäre gleich unwahrscheinlich gewesen), sondern weil er genau der Wert ist, der das Universum in einen Ort von großem Wert transformiert. In anderen Worten, von allen Werten, die die Gesetze bzw. Anfangsbedingungen des Universums hätten haben können, haben sie genau diejenigen Werte, die notwendig sind, um aus dem Universum einen wunderbaren Ort zu machen. Es ist genau dies, das viele nicht als Glücksfall akzeptieren können.[40]

---

[40] Ich gehe davon aus, dass auch eine Bayes'sche Version des *fine-tuning*-Argumentes auf die Objektivität der verwendeten Werte verpflichtet ist, um die Motive des kosmischen Akteurs, die im Rest dieses Abschnittes diskutiert werden, zu plausibilisieren. Wenn das Leben etwas objektiv Wertvolles ist, dann ist das *fine-tuning* des Universums vor dem Hintergrund der Annahme, dass ein Akteur die Gesetze und Anfangsbedingungen des Universums ausgewählt hat, wahrscheinlicher als in dem Fall, dass sie durch irrationale Kräfte oder durch Zufall entstanden sind. Wenn es nicht der Fall ist, dass das Leben objektiv wertvoll ist, dann könnte ein kosmischer Akteur das Leben zwar mögen, aber genauso könnte er zufälliges Chaos mögen. Daher ist die Wahrscheinlichkeit des *fine-tunings* der Gesetze und Anfangsbedingungen des Universums vor dem Hintergrund der Annahme, dass sie von einem rationalen Akteur gewählt worden sind, in diesem Fall nicht größer wie vor dem Hintergrund, dass sie durch Ursachen entstanden sind, die nicht auf einen Akteur zurückzuführen sind.

Die Verpflichtung, eine Erklärung für das *fine-tuning* des Universums zu geben, ist also bedingt dadurch, dass man dem Leben, beziehungsweise dem intelligenten Leben, einen großen Wert zuspricht. Der betreffende Wert muss dabei ziemlich robust sein. Viele Philosophen sind zwar der Ansicht, dass Tatsachen über Werte auf die ein oder andere Art von menschlichen Präferenzen und Praktiken abhängen, aber wenn der Wert des Lebens, so verstanden, vom Auge des Betrachters abhängt, dann ist schwer verständlich, warum die Feinjustierung des Universums einer Erklärung bedürfte. Meine Existenz ist für mich auf eine Weise wertvoll wie die Existenz keines anderen Wesens (nehmen wir an, ich sei ein Egoist!). Meine Existenz ist darüber hinaus auch höchst unwahrscheinlich: Wenn eines der Paare meiner vielen Urururgroßeltern keinen Nachwuchs gezeugt hätte, dann hätte ich niemals existiert. Und dennoch denken wir nicht, dass die Tatsache, dass ich allen Widrigkeiten zum Trotz existiere, einer besonderen Erklärung bedarf, und zwar genau aus dem Grund, weil meine Existenz objektiv gesehen eben nichts Besonderes gegenüber der Existenz irgendeines anderen Menschen ist. Analog dazu bedarf auch die Feinjustierung des Universums keiner Erklärung, wenn das Leben, und besonders das intelligente Leben, objektiv gesehen nicht von großem Wert ist.[41]

Die Tatsache, dass die Annahme der Erklärungsbedürftigkeit des *fine-tunings* des Universums die Existenz von objektiven Werten impliziert, ist wichtig, wenn man eine bestimmte Form von Argumenten gegen die Feinjustierung des Universums durch einen Akteur analysiert (das Ziel dieser Argumente ist für gewöhnlich Gott, aber die gleiche Art von Einwänden trifft ebenso auf natürliche Akteure zu). Der Einwand, an den ich denke, besagt, dass wir keinen Grund haben, Vermutungen darüber anzustellen, wie ein göttlicher oder kosmischer Akteur handeln würde. Elliot Sober drückt es folgendermaßen aus:

Our judgements about what counts as a sign of intelligent design must be based on empirical information about what designers often do and what they rarely do. As of now, these judgements are based on our knowledge of human intelligence. The more our hypotheses of intelligent designers depart from the human case, the more in the dark we are as to what the ground rules are for inferring intelligent design (Sober 2003: 38).

---

[41] In T. MULGAN, Purpose in the Universe: The Moral and Metaphysical Case for Ananthropocentric Purposivism, Oxford 2015, wird dafür argumentiert, dass das *fine-tuning*-Argument von der Existenz objektiver Werte abhängt. Dennoch könnte ein Subjektivist bezüglich der Existenz von Werten, der das *fine-tuning*-Argument starkmacht, wie folgt argumentieren: Was einer Erklärung bedarf, ist die Tatsache, dass die Naturgesetze *unsere subjektiven Werturteile spiegeln*: Wir wertschätzen das Leben, und die Naturgesetze sind, allen Widrigkeiten zum Trotz, genau so beschaffen – *fine-tuned* –, dass Leben im Universum möglich ist. Es ist jedoch unvermeidbar (oder zumindest höchst wahrscheinlich), dass bewusste Lebewesen das Leben wertschätzen, und da die Existenz von Leben ohne feinjustierte Gesetzmäßigkeiten unmöglich ist, brauchen wir keine Erklärung dafür, warum diese beiden Dinge – das *fine-tuning* auf der einen Seite und die Wertschätzung des Lebens auf der anderen Seite – in ein und demselben Universum zusammenkommen.

Dieser Einwand mag gut sein, wenn wir an Motivation im Sinne Humes denken, also daran, dass Akteure letzten Endes durch ihre grundlegenden Bedürfnisse motiviert sind – grundlegend in dem Sinne, dass der Akteur diese Bedürfnisse nicht aufgrund rationaler Reflexion übernommen hat. Aber so denke ich nicht über den kosmischen Akteur. Der kosmische Akteur handelt nicht aufgrund eines präexistenten Bestandes grundlegender Bedürfnisse, sondern weil er erkennt, dass es Gründe für sein Handeln gibt. Basierend auf diesem von Hume abweichenden Verständnis der Handlungsmotivation des kosmischen Akteurs können wir seine Motive vorhersagen: Er ist vermutlich motiviert, das zu fördern, das über einen Wert verfügt.

Richard Swinburne behauptet, dass ein Akteur, der normative Wahrheiten kennt und keinen irrationalen Einflüssen ausgesetzt ist, unweigerlich die bestmögliche Handlung durchführen wird, wenn es eine gibt.[42] Wenn er einen überwältigenden Grund für sein Handeln hat und es keine anderen Motive gibt, die ihn in eine andere Richtung treiben, warum sollte er dann nicht seinen Gründen gemäß handeln? Vielleicht übertreibt Swinburne, aber es ist sicherlich nicht überraschend oder unwahrscheinlich, dass ein Akteur mit der Fähigkeit, Gründe zu erkennen und auf sie zu reagieren, motiviert ist, das zu tun, wofür er einen Grund hat. Wenn wir davon ausgehen, dass das Leben von großem objektivem Wert ist, dann ist es wahrscheinlich, dass ein (nicht-humescher) kosmischer Akteur motiviert wäre, es hervorzubringen. Zumindest ist dies der Fall, wenn die Fähigkeit des kosmischen Akteurs, Gründe zu erkennen und darauf zu reagieren, nicht beeinträchtigt ist und angemessen funktioniert. Welche Gründe haben wir, dies anzunehmen? Und mit welchem Recht gehen wir von der Annahme aus, der kosmische Akteur sei keinen irrationalen Wünschen ausgesetzt? Beides wäre im Bereich des Möglichen, aber nicht beide Annahmen wären gleichermaßen einfach.

Richard Swinburne argumentiert, dass die wissenschaftliche Praxis die Null und die mathematische Unendlichkeit gegenüber dazwischenliegenden Werten der Einfachheit halber bevorzugt, wenn keine hinreichenden Gründe dagegen sprechen:

[…] the hypothesis that some particle has zero mass, or infinite velocity, is much simpler than the hypothesis that it has a mass of 0.34127 of some unit, or a velocity of 301,000 km/sec. A finite limitation cries out for an explanation of why there is just that particular limit, in a way that limitlessness does not. And scientific practice shows this preference for infinite values over finite values of a property. It preferred to postulate that light had an infinite velocity rather than a particular large finite velocity – for example, 301,000 km/sec. – until data found that were very improbable on the former hypothesis […]. And […scientists…] have always preferred hypotheses that some particle had zero mass to hypotheses that it had some very small mass, when both were equally compatible with the data. There is a neatness about zero and infinite that particular finite numbers lack (Swinburne 2004: 55 and 97).

---

[42] Vgl. SWINBURNE, The Existence of God [wie Anm. 25], hier: Kapitel 5.

In Anbetracht dieser Überlegungen argumentiert Swinburne, dass die Annahme eines allwissenden und allmächtigen göttlichen Wesens viel einfacher ist als die Annahme eines göttlichen Wesens mit einer willkürlichen Begrenzung seines Wissens und seiner Macht.[43] Analog dazu rege ich an, dass die These, dass das Universum die uneingeschränkte Fähigkeit besitzt, Gründe zu erkennen und darauf zu reagieren, viel einfacher ist als die These, dass diese Fähigkeit des Universums willkürlichen Einschränkungen unterliegt. Ebenso ist die These, dass das Universum keinen irrationalen Wünschen ausgesetzt ist, einfacher als die Annahme, dass es in seinem Handeln durch irrationale Begierden bestimmt wird.[44] Wenn es keinen Grund gibt, einer komplexeren These zuzustimmen, dann ist die einfachere These vorzuziehen.

Aus ähnlichen Gründen bin ich daher geneigt, anzunehmen, dass die Annahme eines bösen oder irrationalen kosmischen Agenten zur Erklärung der Leiden und Mängel dieser Welt der These eines kosmischen Agenten mit beschränkter Macht unterlegen ist. Mit seiner Herausforderung eines ‚bösen Gottes' verlangt Stephan Law vom Theisten eine Erklärung, warum ein böser Gott unwahrscheinlicher ist als ein guter Gott.[45] Man könnte argumentieren, dass das Gute in der Welt uns erlaubt, die Existenz eines bösen Gottes auszuschließen, aber dieses Argument scheint nur das altbekannte Problem des Bösen zu spiegeln, dessen Schlussfolgerung lautet, dass das Böse in der Welt die Existenz eines guten Gottes widerlegt. Während ich zustimme, dass das Problem des Bösen die Unhaltbarkeit des Theismus zeigt, denke ich doch, dass argumentiert werden kann, dass ein böses göttliches Wesen weniger wahrscheinlich ist als ein gutes, zumindest dann, wenn wir von einem nicht-Hume'schen Verständnis göttlicher Handlungsmotivation ausgehen. Der Hume'schen Auffassung des göttlichen Akteurs folgend könnte Gott irgendwelche Wünsche und Begierden haben, was bedeutet, dass ein böser Gott genauso wahrscheinlich ist wie ein guter Gott.[46] Ist der böse Gott jedoch ein nicht-humescher Akteur, dann muss es eine Erklärung für seine bösen Motive geben. Vielleicht ist seine Fähigkeit, Gründe zu erkennen, eingeschränkt;

---

[43] Vgl. SWINBURNE, The Existence of God [wie Anm. 25], hier: Kapitel 5.

[44] Mein Argument ist stark von SWINBURNE, The Existence of God [wie Anm. 25] beeinflusst, jedoch stimme ich in zweierlei Hinsicht nicht mit ihm überein: (i) Obwohl die Zuschreibung von Allwissenheit in gewisser Hinsicht sehr einfach ist, stimme ich mit R. DAWKINS, The God Delusion, München 2006, hier: Kapitel 4, überein, dass die komplexen repräsentationalen Zustände Gottes, die durch seine Allwissenheit impliziert werden, hohe ontologische Kosten für den Theismus mit sich bringen (analog dazu impliziert meine Annahme, dass der kosmische Akteur sich der Zukunft bewusst ist, ebenfalls signifikante Kosten). (ii) Obgleich es ein auf Einfachheit aufbauendes Argument für die Zuschreibung von Allmacht gibt, scheint es aufgrund der Existenz des Bösen insgesamt wahrscheinlicher zu sein, dass ein fundamentaler Akteur (wenn es ihn gibt) nur begrenzte Macht hat.

[45] Vgl. S. LAW, The evil God challenge, in: Religious Studies 46/3 (2010), 353–373.

[46] Um der Diskussion willen lasse ich weitere Argumente für die moralische Vollkommenheit Gottes, wie beispielsweise das ontologische Argument, unberücksichtigt.

vielleicht unterliegt er irrationalen Wünschen und Begierden; vielleicht ist es eine Mischung von beidem. Wie dem auch sei, eine Theorie, die von einem bösen Gott ausgeht, muss irgendein derartiges Narrativ formulieren, das darüber hinaus in der Lage sein muss, zu erklären, warum es zu erwarten ist, dass das Universum so ist, wie wir es vorfinden. Ein solcher Ansatz wird äußerst kompliziert sein. Die Theorie, die ich bevorzuge – dass der kosmische Akteur die uneingeschränkte Fähigkeit besitzt, Gründe zu erkennen und darauf zu reagieren, aber durch die Gesetze der Physik hinsichtlich seiner Handlungsmöglichkeiten eingeschränkt ist –, ist eine viel einfachere Theorie.

Um es zu betonen: Ich gehe nicht von einer nicht-humeschen Theorie *menschlicher*, sondern nur *kosmischer* Handlungen aus.[47] Darüber hinaus nehme ich an, dass wir auf die Existenz objektiver Werte verpflichtet sind. Aber, wie ich bereits argumentiert habe, jeder, der davon ausgeht, dass das *fine-tuning* des Universums erklärt werden muss, geht bereits von dieser Annahme aus.

Auf der nicht-humeschen Vorstellung des kosmischen Akteurs aufbauend, ist die Erklärung, die der Akteurskosmopsychist für das *fine-tuning* des Universums vorschlägt, offensichtlich: Es ist kein unzumutbarer Glücksfall, dass von allen Werten, die die Konstanten hätten haben können, sie genau die Werte haben, die notwendig sind, damit ein Universum existiert, das Leben ermöglicht. Vielmehr lässt sich diese Tatsache durch die rationale Natur eines kosmischen Akteurs mit begrenzter Macht erklären.

5. Warum der Akteurskosmopsychismus die beste Erklärung für das *fine-tuning* des Universums liefert

Wenn die Feinjustierung des Universums einer Erklärung bedarf und es eine Vielzahl von Theorien gibt, die das *fine-tuning* erklären, dann müssen wir vorurteilsfrei herausfinden, welches die beste Erklärung ist. Ich gehe dabei von folgenden Annahmen aus:

1. Alle drei Theorien, die wir betrachtet haben – der Theismus, die Multiversums-Hypothese und der Akteurskosmopsychismus – erklären das *fine-*

---

[47] In P. GOFF, Conscious thought and the cognitive fine-tuning problem, in: Philosophical Quarterly 68/270 (2018), 98–122, argumentiere ich für die Adäquatheit einer dezidiert nicht-humeschen Theorie menschlichen Handelns. Diese könnte den Akteurskosmopsychismus weiter unterstützen: Wenn wir uns bereits auf eine nicht-humesche Theorie menschlichen Handelns stützen, dann ist das Postulat einer so verstandenen kosmischen Handlungsmotivation keine völlig neuartige Position.

tuning des Universums, insofern diese Theorien annehmen, dass es kein unglaubwürdiger Zufall ist[48], woraus folgt:
2. Wir müssen entscheiden, welche Theorie die beste Erklärung ist, auf der Basis (a) eines Vergleiches ihrer theoretischen Vorzüge, wie beispielsweise ihrer ontologischen Sparsamkeit (und ihrer Einfachheit ganz allgemein), ihrer Eleganz und ihrer vereinheitlichenden Kraft sowie (b) anderer allgemeiner Vor- und Nachteile, die jede der drei Theorien mit sich bringt.[49]

Es gibt gute Gründe dafür, dass der Akteurskosmopsychismus im Vergleich zum Theismus über größere theoretische Vorzüge verfügt. Beide postulieren einen irreduziblen Geist. Allerdings ist der irreduzible Geist im Falle des Theismus übernatürlich, immateriell und metaphysisch notwendig, was sowohl zu einer uneinheitlichen Theorie (Gott auf der einen Seite, das natürliche Universum auf der anderen Seite) als auch zu erheblichen ontologischen Verpflichtungen führt, da der Theismus nicht nur die Existenz physikalischer und nicht-physikalischer Entitäten, sondern auch die Existenz notwendigerweise und kontingenterweise existierender Entitäten impliziert. Der Akteurskosmopsychismus vermeidet diese Verpflichtungen, da er annimmt, dass der irreduzible Geist selbst nichts anderes als die intrinsische Natur des kontingenten physikalischen Universums ist.

Wie verhält sich der Akteurskosmopsychismus im Vergleich zur Multiversums-Hypothese? Ich habe bereits argumentiert, dass die zweite Modifizierung, die den konstitutiven Kosmopsychismus in einen Akteurskosmopsychismus transformiert, weniger ontologische Verpflichtungen mit sich bringt als die Multiversums-Hypothese. *Prima facie* könnte man jedoch argumentieren, dass die erste Modifizierung, oder die grundsätzliche Verpflichtung auf einen Russell'schen Monismus selbst, ontologisch weniger sparsam ist als die Multiversums-Hypothese. Ich werde beide Einwände nacheinander behandeln.

Ich sehe keinen Grund, warum der konstitutive Kosmopsychismus problematischere ontologische Verpflichtungen mit sich bringen sollte als irgendeine andere Ausprägung des Russell'schen Monismus. Der Prioritätenmonismus impliziert keine größeren ontologischen Verpflichtungen als der Smallismus: Er ist ontologisch sogar sparsamer, da er davon ausgeht, dass es nur eine fundamenta-

---

[48] Ich gehe um der Diskussion willen davon aus, dass das Multiversum tatsächlich eine Erklärung für das *fine-tuning* des Universums liefert. Es gibt allerdings auch Gründe, dies anzuzweifeln, vgl. R. WHITE, Fine-tuning and multiple universes, in: Noûs 34/2 (2000), 260–267.

[49] Ich konzentriere mich hier im Besonderen auf Motive, die aus der Notwendigkeit für eine Erklärung des *fine-tunings* des Universums erwachsen, weshalb ich andere mögliche Argumente für den Theismus oder die Multiversums-Hypothese unberücksichtigt lasse. Es ist natürlich möglich, dass andere Argumente für die Plausibilität des Theismus oder der Multiversums-Hypothese sprechen, aber diese zu analysieren, würde den Rahmen dieser Abhandlung sprengen. Wenn ich darlegen kann, dass der Akteurskosmopsychismus die beste Erklärung für das *fine-tuning* des Universums liefert, dann ist das bereits eine dialektisch signifikante Schlussfolgerung.

le Entität gibt! Darüber hinaus nimmt jede Form des Russell'schen Prioritätenmonismus an, dass es eine intrinsische Natur des Universums gibt. Es gibt keinen Grund dafür, dass die Annahme, dass dessen intrinsische Natur die Existenz von Bewusstsein impliziert, in irgendeiner Hinsicht weniger ontologische Kosten verursacht als die Annahme, dass die intrinsische Natur des Universums nur Quidditäten beinhaltet, die nicht die Existenz bewusster Zustände implizieren. Wenn mein Simplizitäts-Argument für den Panpsychismus schlüssig ist, dann ist die erste Annahme sogar ontologisch sparsamer.

Wie sieht es aus, wenn wir nicht die These des Kosmopsychismus betrachten, der zufolge das Bewusstsein des Universums ein nicht-rationales Durcheinander ist – nennen wir diese Position ‚Standard-Kosmopsychismus' –, sondern uns der These des Kosmopsychismus zuwenden, die davon ausgeht, dass das Universum ein rationaler Akteur ist (wie oben in der ersten Modifizierung beschrieben)? Es fällt uns schwer, diese Frage emotionslos zu analysieren, da wir aus kulturellen Gründen dazu tendieren, die These eines handelnden Universums als aberwitzige Vorstellung zu behandeln, die einem Zeichentrickfilm entstammen könnte. Aber wir dürfen nicht vergessen, dass der Akteurskosmopsychismus mit allem konsistent ist, was wir beobachten können. Wenn es uns gelingt, seine ontologischen Verpflichtungen aus rein sachlicher Perspektive in Relation zu den ontologischen Verpflichtungen der anderen Positionen zu betrachten, dann ist es keinesfalls offensichtlich, dass der Übergang vom Standard-Kosmopsychismus zum Akteurskosmopsychismus überhaupt ontologische Kosten mit sich bringt – zumindest wenn man bereits ein Russell'scher Monist ist.

Der nicht-humesche Russell'sche Prioritätenmonismus muss letztendlich auch die Existenz von irgendetwas postulieren, das die natürliche Notwendigkeit, die das Universum vorantreibt, erklärt. Nehmen wir einmal an (und reflektieren dabei die gängige Antwort), dass der Standard-Kosmopsychist dem Universum eine Vielzahl nicht-rationaler kausaler Kräfte zuschreibt, aufgrund derer das Universum sich unter Berücksichtigung seines gegenwärtigen Zustandes in zukünftige Zustände bringt, während der Akteurskosmopsychist annimmt, dass das Universum eine begrenzte Fähigkeit hat, Gründe zu erkennen und darauf zu reagieren. Welche Theorie ist einfacher? Dem Prinzip der ontologischen Sparsamkeit folgend spricht etwas für jede Option:

- *Was für den Standard-Kosmopsychismus spricht:* Die vom Akteurskosmopsychismus postulierte kausale Fähigkeit ist vielleicht ein bisschen komplexer als der Verbund der einzelnen nicht-rationalen Dispositionen, weil sie impliziert, dass das Universum Erkenntnisse haben kann (es erkennt, dass es einen Grund für φ hat) und darauf reagieren kann (es entspricht dem Grund dadurch, dass es φ in die Tat umsetzt).

- *Was für den Akteurskosmopsychismus spricht*: Der Akteurskosmopsychist postuliert nur eine kausale Fähigkeit anstelle von vielen.

Meiner Einschätzung nach sind die Postulierungen und Implikationen des Akteurskosmopsychismus insgesamt einfacher. Vielleicht werden einige damit nicht einverstanden sein, aber zwingende Gründe für ihre Position gibt es nicht. Auch wenn der Übergang vom Standard-Kosmopsychismus zum Akteurskosmopsychismus ontologische Kosten verursacht, sind diese zu vernachlässigen. Im Vergleich zu anderen Formen des Russell'schen Monismus bringt der Akteurskosmopsychismus im Allgemeinen (z. B. der Kosmopsychismus mit der ersten Modifizierung) keine kostenintensiven ontologischen Verpflichtungen mit sich.

Wie verhält es sich mit den Kosten, einfach nur ein Russell'scher Monist zu sein, oder genauer gesagt, wie verhält es sich mit den Kosten, wenn man eine intrinsische Natur der physikalischen Realität postuliert, anstatt einfach nur die Existenz der kausal-strukturellen Eigenschaften anzunehmen, die von der Physik postuliert werden? Wenn das Regress-Argument gegen den zuvor diskutierten kausalen Strukturalismus schlüssig ist, dann haben wir keine andere Wahl, als davon auszugehen, dass Materie über eine intrinsische Natur verfügt. Selbst wenn das Argument nicht schlüssig ist, ist die Fähigkeit des Russell'schen Monismus, die Natur des Bewusstseins zu erklären, ein so großer Vorteil, dass es sich alleine deswegen lohnen könnte, zu postulieren, dass die physikalische Realität über eine intrinsische Natur verfügt. Aber nehmen wir einmal an, dass man alle unabhängigen Gründe zur Postulierung einer intrinsischen Natur der Materie ablehnt (das Regress-Argument, das Knowledge-Argument, das Conceivability-Argument) und lediglich nach einer Erklärung des *fine-tunings* des Universums sucht. Sollte man sich in diesem Fall für die Multiversums-Hypothese oder den Akteurskosmopsychismus entscheiden? Die Frage ist nicht leicht zu entscheiden, aber es scheint mir generell besser zu sein, unserem Universum einige Eigenschaften hinzuzufügen, als eine astronomische Anzahl zusätzlicher Universen zu postulieren.

6. Schlussfolgerung

Ich habe nicht nur argumentiert, dass der Akteurskosmopsychismus die Feinjustierung des Universums erklären kann, sondern auch, dass seine Erklärung derjenigen des Theismus und der Multiversums-Hypothese überlegen ist. Wenn es darauf ankommt, das *fine-tuning* des Universums zu erklären, dann sollte diese Auffassung ernst genommen werden.

Appendix I: Wahrscheinlichkeit und *fine-tuning*

Ich habe die Feinjustierung des Universums vorgestellt als etwas, das sich daraus ergibt, dass (i) die feinjustierten Werte der Konstanten und Naturgesetze höchst unwahrscheinlich sind und (ii) die feinjustierten Werte genauso sind, dass Leben möglich ist. Einige Philosophen hingegen argumentieren, dass es keinen kohärenten Ansatz gibt, um die in (i) ausgedrückte These rational auszudeuten.[50] In diesem Anhang versuche ich, auf ihre Einwände einzugehen.

Als Erstes gilt es festzuhalten, dass die grundlegende Wahrscheinlichkeitsaussage der These der Feinjustierung des Universums nicht die folgende Aussage ist: *Es ist unwahrscheinlich, dass wir in einem Universum leben, in dem Leben physikalisch möglich ist*. Es gibt eine unendliche Anzahl an Universen, in denen Leben entstehen kann, und eine unendliche Anzahl an Universen, in denen kein Leben entstehen kann, und es ist schwierig, zu sehen, wie wir die These rechtfertigen könnten, dass Universen, die Leben ermöglichen, wahrscheinlicher sind als Universen, die kein Leben ermöglichen (und *vice versa*).

Das *fine-tuning*-Argument konzentriert sich nicht auf *alle möglichen Universen*, sondern nur auf diejenigen Universen, die über dieselbe Form ihrer Naturgesetze verfügen wie die tatsächliche Welt. Das Augenmerk liegt insbesondere auf derjenigen Klasse an Universen, die über genau dieselben Naturgesetze und Anfangsbedingungen verfügen wie unser Universum, sich aber bezüglich der präzisen Werte der Konstanten in den Gesetzen und Anfangsbedingungen unterscheiden. Nennen wir diese Welten „physikalisch mögliche Welten".[51] Die grundlegende Wahrscheinlichkeitsbehauptung des *fine-tuning*-Argumentes ist eine bedingte Behauptung, die grob ausgedrückt Folgendes besagt: *Gegeben die Tatsache, dass das tatsächliche Universum eine physikalisch mögliche Welt ist, war es höchst unwahrscheinlich, dass es ein Universum ist, welches Leben ermöglicht*. Intuitiv ist der Punkt klar: Die Konstanten müssen in einem sehr engen Bereich liegen, damit Leben entstehen kann.

Dennoch argumentieren manche Philosophen, dass diese Klärung des *fine-tuning*-Argumentes bei näherer Betrachtung zu inkohärenten Annahmen über Wahrscheinlichkeiten führt. Zwei Argumente scheinen hier eine Rolle zu spielen:

1. Hugh Mellor behauptet, dass wir in Bezug auf Naturgesetze nur mit *objektiven* Wahrscheinlichkeiten, und nicht mit *epistemischen* Wahrschein-

---

[50] Vgl. MCGREW/MCGREW/VESTRUP, Probabilities and the fine-tuning argument [wie Anm. 23]. – Vgl. COLYVAN/GARFIELD/PRIEST, Problems with the argument from fine-tuning [wie Anm. 23] – Vgl. D.H. MELLOR, Too many universes, in: N.A. MANSON (Hg.), God and design: The teleological argument and modern science, New York 2003, 221–228.
[51] Der Begriff der physikalisch möglichen Welten ist weniger restriktiv als der gewöhnlich verwendete Begriff der physikalischen Möglichkeit.

lichkeiten, sinnvoll umgehen können. Sobald wir die im tatsächlichen Universum herrschenden Naturgesetze kennen, können wir die objektive Wahrscheinlichkeit bestimmen, dass ein bestimmter radioaktiver Kern nach drei Halbwertszeiten zerfallen ist. Sobald wir jedoch die Frage stellen, wie wahrscheinlich es ist, dass das Universum genau die Gesetzmäßigkeiten hat, die es hat, haben wir keine Meta-Gesetze, anhand derer wir diese Wahrscheinlichkeit berechnen könnten. Und ohne diese Gesetze können wir nicht sinnvoll über objektive Wahrscheinlichkeit sprechen.[52]

2. Es gibt eine Reihe an Einwänden gegen das *fine-tuning*-Argument, die sich darauf konzentrieren, dass jede in Frage kommende Konstante einen von unendlich vielen möglichen Werten hätte haben können. Darauf aufbauend können wir beispielsweise folgende Frage stellen: Wie hoch ist die Wahrscheinlichkeit dafür, dass die starke Kernkraft einen Wert von 0,007 besitzt? Wir können dafür keine Wahrscheinlichkeit annehmen, die größer ist als Null, weil dann die Summe der Wahrscheinlichkeiten der unendlich vielen möglichen Werte größer als 1 wäre (vorausgesetzt, die anderen Werte haben auch eine Wahrscheinlichkeit, die größer ist als Null). Wir können aber auch nicht annehmen, dass die Wahrscheinlichkeit Null ist, weil in diesem Fall die Summe aller Wahrscheinlichkeiten aller möglichen Werte ebenfalls Null wäre (vorausgesetzt, die anderen Werte haben auch eine Wahrscheinlichkeit von Null). Es scheint in unserem Kontext daher keinen Sinn zu ergeben, über Wahrscheinlichkeiten zu sprechen.[53]

Um auf den ersten Punkt einzugehen: Mellor behauptet zwar, dass objektive Wahrscheinlichkeiten relativ zu Naturgesetzen bestimmt werden müssen, aber ich kann in seinem Artikel kein Argument dafür finden, unser Verständnis „objektiver Wahrscheinlichkeit" in diesem Sinne einzuschränken. Um den Punkt zu verdeutlichen, können wir annehmen, dass es genau eine Trillion möglicher Universen gibt und dass nur in einem davon Leben entstehen kann. In diesem Fall ist die objektive Wahrscheinlichkeit für ein Universum, das Leben ermöglicht, offensichtlich: eins zu einer Trillion. Basierend auf dieser (falschen) Annahme wäre die genannte Wahrscheinlichkeit keine epistemische Wahrscheinlichkeit, da wir alle relevanten Fakten kennen würden. Es wäre vernünftig, wenn wir in dieser Situation sagen würden: „Gegeben eine Trillion an Möglichkeiten, wie das Universum hätte beschaffen sein können, ist es nunmal so beschaffen, dass es Leben ermöglicht. Wie erstaunlich!" Tatsächlich gibt es zwar eine unendliche Anzahl an Universen (was uns zum zweiten Problem führt), aber das Gedankenexperiment

---

[52] Vgl. MELLOR, Too many universes [wie Anm. 50].
[53] Dies ist, einfach ausgedrückt, die Position, die von MCGREW/MCGREW/VESTRUP, Probabilities and the fine-tuning argument [wie Anm. 23] vertreten wird. – COLYVAN/GARFIELD/PRIEST, Problems with the argument from fine-tuning [wie Anm. 23].

zeigt, dass wir den Begriff der objektiven Wahrscheinlichkeit unabhängig vom Begriff der Naturgesetze verstehen können. Der Verfechter des ersten Einwands schuldet uns also eine Erklärung, warum Urteile über objektive Wahrscheinlichkeiten mit kontingenten Naturgesetzen wesentlich verknüpft sein sollten.

Vielleicht ist der Gedankengang der, dass es angesichts der Tatsache, dass die Konstanten die Werte haben, die sie *de facto* haben, schlicht keine offene Frage ist, welche Werte sie haben, und daher die Form der Wahrscheinlichkeit, über die wir nachdenken, eine rein epistemische sein müsste.[54] Allerdings ist dies für diejenigen, die Realisten in Bezug auf die Zukunft sind, bei Wahrscheinlichkeiten, welche sich auf Naturgesetze stützen, auch der Fall, wie zum Beispiel bei einem bestimmten radioaktiven Kern, der nach drei Halbwertszeiten zerfallen sein wird. Wenn die Zukunft existiert, dann ist es sinnvoll, in Bezug auf zukünftige Tatsachen über den Zerfall radioaktiver Kerne davon auszugehen, dass die Antwort auf die Frage, mit welcher Wahrscheinlichkeit ein bestimmter radioaktiver Kern zerfallen sein wird, in der Zukunft von uns mit 1 oder 0 beantwortet sein wird. Aber normalerweise abstrahieren wir von Tatsachen über die Zukunft, da wir sie in keiner Weise kennen, und berechnen die relevanten Wahrscheinlichkeiten nur unter Bezug auf die Naturgesetze und vergangene sowie gegenwärtige Tatsachen. Wenn uns in diesem Fall das Abstrahieren von bestimmten Tatsachen (wie von denjenigen über zukünftig bestehende Sachverhalte) aber ermöglicht, eine objektive Wahrscheinlichkeit anzugeben, warum sollte es dann nicht möglich sein, von den tatsächlichen Werten der relevanten Konstanten zu abstrahieren, um zu überlegen, welche Werte sie *hätten haben können*?

Kommen wir zum zweiten Punkt: Dieses Problem entsteht aufgrund der üblichen Schwierigkeiten, die sich aus dem Umgang mit unendlichen Zahlen in der Wahrscheinlichkeitstheorie ergeben. Niemand weiß, um ehrlich zu sein, wie diese Schwierigkeiten gelöst werden können.[55] Was der Vertreter des *fine-tuning*-Argumentes aber tun kann, ist, die entsprechende Wahrscheinlichkeitsaussage auf eine begrenzte Anzahl an möglichen Werten der Konstanten und Anfangsbedingungen zu beschränken. Für jede gegebene Konstante C können wir dann eine große, aber dennoch endliche Anzahl R an möglichen Werten in Betracht ziehen, um anschließend die Anzahl der Fälle zu bestimmen, die Leben ermöglichen. Nehmen wir beispielsweise an, eine gegebene Konstante C könnte eine Trillion verschiedene Werte annehmen, von denen nur ein Wert zu einem Universum führt, in dem Leben möglich ist. Unsere Wahrscheinlichkeitsaussage würde dann wie folgt lauten: Gegeben, dass das Universum eine physikalisch mögliche Welt ist, in

---

[54] Dies scheint ein Teil der Argumentation von MELLOR, Too many universes [wie Anm. 50] zu sein.
[55] COLYVAN/GARFIELD/PRIEST, Problems with the argument from fine-tuning [wie Anm. 23] erkennen dies in ihrem Artikel an.

der sich der Wert von C in R (= 1 Trillion) befindet, ist die Wahrscheinlichkeit, dass C einen Wert hat, der Leben ermöglicht, eins zu einer Trillion.

McGrew, McGrew und Vestrup antizipieren diese mögliche Antwort der Vertreter des *fine-tuning*-Argumentes und formulieren folgendes Gegenargument:

[...] there is a serious difficulty in determining how wide a range we ought to survey [...]. On what basis should we restrict our focus to the area that is amenable to current theoretical discussion? There is, of course, a good pragmatic argument for discussing only those possible universes whereof we are, in some sense, qualified to speak. But there is a serious gap between this sensible pragmatic advice and the epistemic force that the FTA is supposed to have. What we need is an epistemic rationale for working with the local region [...][56]

Ich schlage vor, dass wir den Wertebereich nehmen, mit dem die Physik operiert, also jenen Wertebereich, in den die verschiedenen physikalischen Entitäten, deren Existenz wir gegenwärtig annehmen, fallen – vom kleinsten bis zum größten Wert. Der Grund, warum wir uns auf genau diese Werte konzentrieren sollten, ist, dass es sich bei ihnen um jene Werte handelt, die laut unseren besten physikalischen Theorien als für die physikalische Realität relevante Werte angesehen werden müssen. Die erstaunliche Tatsache ist dann, dass es hinsichtlich dieses Wertebereichs der Anziehungskräfte im Universum – nennen wir sie „A" – äußerst unwahrscheinlich ist, dass die starke nukleare Kernkraft einen Wert hat, der Leben ermöglicht.

Nehmen wir an, dies wäre nicht der Fall und dass 90 % der Werte in A, welche die starke Kernkraft hätten haben können, Leben im Universum ermöglichten. In diesem Fall könnten wir zwar eine Unwahrscheinlichkeit postulieren, indem wir einen Wertebereich annehmen, der eine Trillionen Mal größer ist als der lebensermöglichende Bereich, und behaupten, dass die Wahrscheinlichkeit dafür, dass die starke Kernkraft einen lebensermöglichenden Wert hat, nur eins zu einer Trillion beträgt, aber eine solche Tatsache wäre dann uninteressant, da der Wertebereich der konditionalen Wahrscheinlichkeitsaussage Werte umfassen würde, die für das existierende Universum nicht relevant wären.

Appendix II: Handelt es sich hier um Pantheismus?

Der Pantheismus vertritt die Auffassung, Gott sei mit dem Universum identisch. Einige mögen dazu neigen, den Akteurskosmopsychismus als eine Form des Pantheismus anzusehen. Zwar hat das Universum dem Akteurskosmopsychismus folgend gewisse gottähnliche Eigenschaften: Es ist ein bewusster und rationaler

---

[56] MCGREW/MCGREW/VESTRUP, Probabilities and the fine-tuning argument [wie Anm. 23], 1034.

Handlungsakteur – in diesem Sinne ist das Universum eine Person – und es ist wohlwollend (in Anbetracht der Diskussion in Abschnitt 4 könnten sogar Gründe formuliert werden, es als vollkommen wohlwollend zu betrachten). Dennoch fehlen dem kosmischen Akteur viele der traditionellerweise Gott zugeschriebenen Eigenschaften: Er ist nicht ewig oder metaphysisch notwendig, er hat begrenzte Macht, er ist nicht das größte vorstellbare Wesen, und wir haben keinen Anlass zu glauben, dass er anbetungswürdig sei. Da diese Überlegungen gleich gewichtet zu sein scheinen, ist es eine terminologische Frage, ob wir das Universum „Gott" nennen oder nicht.

Die Diskussion des letzten Abschnitts setzt voraus, dass die Denotation des Wortes „Gott" durch eine Beschreibung festgelegt wird: Gott ist das, was bestimmte Prädikate erfüllt. Ich habe nicht genug Raum, um diese Ansicht hier in vollem Umfang zu verteidigen, aber ich stelle mir ‚Gott' eher als einen indexikalischen Ausdruck vor, der auf das Objekt religiöser Erfahrung referiert. Mystiker berichten von einer wundersamen Realität, die sich ihnen in bestimmten veränderten Bewusstseinszuständen gezeigt hat.[57] Obwohl mystische Erfahrungen relativ selten auftauchen, sind göttliche Anzeichen für viele, vielleicht sogar für die meisten religiösen Menschen, ein bekanntes Motiv. Bezeichnen wir sowohl mystische Erfahrungen als auch göttliche Anzeichen kollektiv als ‚religiöse Erfahrungen', dann können wir meinem Vorschlag folgend „Gott" als *dasjenige definieren, mit dem wir in und durch authentische religiöse Erfahrungen bekannt sind*, wenn es überhaupt welche gibt.[58] Der Vorteil dieser Sichtweise ist, dass es die Bedeutung von „Gott" an grundlegende Motive realer religiöser Praktiken in dieser Welt bindet. Propheten, Mystiker und normale Gläubige glauben nicht aufgrund abstrakter philosophischer Argumente, sondern wegen ihrer Wahrnehmung des Göttlichen.[59]

Wenn wir den Begriff „Gott" in dieser Hinsicht verstehen, dann hängt die Antwort auf die Frage, ob der Akteurskosmopsychismus eine Form des Pantheismus ist oder nicht, davon ab, ob das Universum das Objekt authentischer mystischer Erfahrungen ist. Aus der Sicht eines Gläubigen, der religiöse Erfahrungen macht,

---

[57] Siehe das Kapitel ‚Mystizismus' in W. JAMES, The Varieties of Religious Experience: A Study in Human Nature, Harlow 1902, für eine klassische Analyse des Wesens mystischer Erfahrungen.

[58] Wenn es eine Vielzahl authentischer mystischer Erfahrungen gibt, die auf verschiedene Objekte referieren, dann könnten wir schlussfolgern, dass es verschiedene Götter gibt. Mystiker berichten jedoch, dass es in gewisser Hinsicht nur einen Gott gibt. Wir könnten daher auch schlussfolgern, dass in diesem Fall das Wort „Gott" auf kein Objekt Bezug nimmt.

[59] M. JOHNSTON, Saving God: Religion after Idolatry, Princeton 2009, Kapitel 1 diskutiert die Frage, ob das Wort ‚Gott' eine Beschreibung zum Ausdruck bringt oder ein indexikalischer Ausdruck ist, kommt aber zu der Schlussfolgerung, dass die Referenz des Wortes „Gott" durch eine Beschreibung fixiert wird.

zeigt sich das Objekt der Erfahrung selbst nicht als das physikalische Universum. Aber meiner Auffassung nach ist der Begriff „Gott" ein natürlicher Artausdruck, und daher kann es sein, dass die Natur des Bezeichneten demjenigen, der diesen Begriff verwendet, nicht vollständig transparent ist. Wir nehmen Bezug auf Wasser als *dieser Stoff* (den wir mit unseren Sinnen wahrnehmen), ohne dass uns klar ist, dass *dieser Stoff* H_2O ist. Genauso nehmen wir Bezug auf Gott als *dieses Ding* (bekannt durch religiöse Erfahrungen) und es könnte sein, dass *dieses Ding* sich als der kosmische Akteur herausstellt.

Für einen Akteurskosmopsychisten, der dazu neigt, mystische Erfahrungen oder Anzeichen des Göttlichen für authentisch zu halten, mag es attraktiv sein, eine nur *a posteriori* zugängliche Identität zwischen dem Objekt der religiösen Erfahrung und dem kosmischen Akteur herzustellen. Aber die Motive, die ich in dieser Abhandlung für den Akteurskosmopsychismus ins Feld geführt habe, haben nichts mit den Motiven zu tun, religiöse Erfahrungen als authentisch zu akzeptieren, und daher ist es ebenso wahrscheinlich, dass der Akteurspanpsychist religiöse Erfahrungen als Täuschung ansieht oder keine Meinung zu dieser Angelegenheit hat. Insoweit wir nicht davon ausgehen, dass das Objekt religiöser Erfahrung auf den kosmischen Akteur Bezug nehmen könnte, ziehe ich es vor, diesen nicht als „Gott" zu bezeichnen.

Einige mögen betonen, dass das Gleiche auf den Theismus zutrifft, indem sie die Möglichkeit einräumen, dass es einen allmächtigen, allwissenden, vollkommen guten Schöpfer des Universums gibt, der nicht „Gott" ist, da er nicht das Objekt mystischer Erfahrung sei. Als Antwort hierzu: Manche Terminologie ist so tief verwurzelt, dass sie nicht verändert werden kann. Aber solange wir in unserer Terminologie unterscheiden können zwischen metaphysischen Verpflichtungen, die zur Erklärung von Daten postuliert werden, und der vermeintlichen Realität, die religiöse Menschen inspiriert, ist das, denke ich, eine gute Sache.

Aus dem Englischen übersetzt von Benedikt Paul Göcke und Doris Reusch

Verwendete Literatur

ALBAHARI, Miri: Beyond cosmopsychism and the Great I Am: How the world might be grounded in universal ‚Advaitic' consciousness, in: W. SEAGER (Hg.), The Routledge Handbook of Panpsychism, London [im Druck].

ARMSTRONG, David Malet: A World of States of Affairs, Cambridge 1997.

BENNETT, Karen: Why the causal exclusion problem seem intractable, and how, just maybe, to tract it, in: Noûs 37/3 (2003), 471–497.

BIRD, Alexander: Nature's Metaphysics: Laws and Properties, Oxford 2007.

BLACKBURN, Simon: Filling in space, in: Analysis 50/2 (1990), 62–65.
BRADLEY, Darren: Multiple universes and observation selection effects, in: American Philosophical Quarterly 46/1 (2009), 61–72.
CAMPBELL, Keith: Metaphysics: An Introduction, CA 1976.
CHALMERS, David John: The two-dimensional argument against materialism, in: B. MCLAUGHLIN (Hg.), The Oxford Handbook of the Philosophy of Mind, Oxford 2009.
CHALMERS, David John: Panpsychism and panprotopsychism, in: T. ALTER/Y. NAGASAWA (Hg.), Consciousness in the Physical World: Essays on Russellian Monism, Oxford 2015.
CHALMERS, David John: The combination problem for panpsychism, in: G. BRÜNTRUP/L. JASKOLLA (Hg.), Panpsychism: Contemporary Perspectives, New York 2016.
COLEMAN, Sam: Being realistic: Why physicalism may entail panexperientialism, in: Journal of Consciousness Studies 13/10–11 (2006), 40–52.
COLEMAN, Sam: The real combination problem: Panpsychism, microsubjects and emergence, in: Journal of Consciousness Studies 79/1 (2014), 19–44.
COLEMAN, Sam: Panpsychism and neutral monism: How to make up one's mind, in: G. BRÜNTRUP/L. JASKOLLA (Hg.), Panpsychism: Contemporary Perspectives, New York 2016.
COLYVAN, Mark/GARFIELD, Jay L./PRIEST, Graham: Problems with the argument from fine-tuning, in: Synthese 145/39 (2005), 325–338.
DANCY, Jonathan: Practical Reality, Oxford 2000.
DAWKINS, Richard: The God Delusion, München 2006.
ELLIS, Brian David: Scientific Essentialism, Cambridge 2001.
ELLIS, Brian David: The Philosophy of Nature: A Guide to the new Essentialism, Montreal 2002.
GOFF, Philip: Consciousness and Fundamental Reality, Oxford 2017.
GOFF, Philip: Conscious thought and the cognitive fine-tuning problem, in: Philosophical Quarterly 68/270 (2018), 98–122.
GREENE, Brian: The Hidden Reality: Parallel Universes and the Deep Laws of the Cosmos, New York 2011.
HAWKING, Stephen: A Brief History of Time, New York 1998.
HAWTHORNE, John/ISAACS, Yoaav: Fine-tuning Fine-tuning, in: M.A. BENTON/J. HAWTHORNE/D. RABINOWITZ (Hg.), Knowledge, Belief, and God: New Insights in Religious Epistemology, Oxford 2018, 136–168.
HEIL, John: From an Ontological Point of View, Oxford 2003.
HOWELL, Robert: The Russellian Monist's problems with mental causation, in: Philosophical Quarterly 65/258 (2015), 22–39.
JACKSON, Frank: Epiphenomenal qualia, in: Philosophical Quarterly 32/127 (1982), 127–136.

James, William: The Varieties of Religious Experience: A Study in Human Nature, Harlow 1902.
Johnston, Mark: Saving God: Religion after Idolatry, Princeton 2009.
Law, Stephen: The evil God challenge, in: Religious Studies 46/3 (2010), 353–373.
Lewis, Geraint F./Barnes, Luke A.: A Fortunate Universe, Cambridge 2016.
Lowe, Edward Jonathan: Personal Agency: The Metaphysics of Mind and Action, Oxford 2006.
McGinn, Colin: Can we solve the mind-body problem?, in: Mind 98/391 (1989), 349–366.
McGrew, Timothy/McGrew, Lydia/Vestrup, Eric: Probabilities and the fine-tuning argument: A sceptical view, in: Mind 110/440 (2001), 1027–1038.
Mellor, David Hugh: Too many universes, in: N.A. Manson (Hg.), God and design: The teleological argument and modern science, New York 2003, 221–228.
Molnar, George: Powers: A study in metaphysics, Oxford 2003.
Mulgan, Tim: Purpose in the Universe: The Moral and Metaphysical Case for Ananthropocentric Purposivism, Oxford 2015.
Mumford, Stephen: Laws in Nature, New York 2004.
Nagasawa, Yujin/Wager, Khai: Panpsychism and priority monism, in: G. Brüntrup/L. Jaskolla (Hg.), Panpsychism: Contemporary Perspectives, Oxford 2016.
Nagel, Thomas: Mind and Cosmos, Oxford 2012.
O'Connor, Timothy: Persons and Causes: The Metaphysics of Free Will, Oxford 2002.
Papineau, David: The rise of physicalism, in: C. Gillett/B.M. Loewer (Hg.), Physicalism and its Discontents, Cambridge 2001, 3–36.
Parfit, Derek: Why anything? Why this? In: London Review of Books 20/2 (1998), 24–27.
Pereboom, Derk: The Prospects for Physicalism, Oxford 2011.
Plantinga, Alvin: Why Darwinism is wrong, in: New Republic, 16. November 2012, Available from: https://newrepublic.com/article/110189/why-darwinist-materialism-wrong.
Ratzsch, Del/Koperski, Jeffrey: Teleological arguments for God's existence, in: E.N. Zalta (Hg.), Stanford Encyclopedia of Philosophy, 2015.
Rees, Martin: Just Six Numbers: The Deep Forces that Shape the Universe, New York 2008.
Robinson, Howard: Matter and Sense, Cambridge 1982.
Russell, Bertrand: The Analysis of Matter, London 1927.
Scanlon, Thomas: What We Owe to Each Other, Harvard 1998.
Schaffer, Jonathan: Spacetime: The one substance, in: Philosophical Quarterly 145/1 (2009), 131–148.
Schaffer, Jonathan: Monism: The priority of the whole, in: Philosophical Review 119/1 (2010), 31–76, nachgedruckt in: P. Goff: Spinoza on Monism, Basingstoke 2012.

SCHAFFER, Jonathan: Spacetime: The one substance, in: Philosophical Quarterly 68/270 (2018), 98–122.

SHANI, Itay: Cosmopsychism: A holistic approach to the metaphysics of experience, in: Philosophical Papers 44/3 (2015), 389–437.

SMART, John Jamieson Carswell: Our Place in the Universe: A Metaphysical Discussion, Oxford 1989.

SMOLIN, Lee: The life of the cosmos, Oxford 1999.

SOBER, Elliott: The design argument, in: N.A. MANSON (Hg.), God and design: The teleological argument and modern science, New York 2003, 27–54.

STOLJAR, Daniel: Two conceptions of the physical, in: Philosophy and Phenomenological Research 62/2 (2001), 253–281.

STRAWSON, Galen: Realistic materialism: Why physicalism entails panpsychism, in: Journal of Consciousness Studies 13/10–11 (2006), 3–31.

SUSSKIND, Leonard: The Cosmic Landscape: String Theory and the Illusion of Intelligent Design, New York 2005.

SWINBURNE, Richard: The Existence of God, Oxford ²2004.

TEGMARK, Max: Our Mathematical Universe: My Quest for the Ultimate Nature of Reality, München 2014.

WHITE, Roger: Fine-tuning and multiple universes, in: Noûs 34/2 (2000), 260–267.

WHITE, Roger: Does origins of life research rest on a mistake? In: Noûs 41/3 (2007), 453–477.

Godehard Brüntrup SJ

Antwort auf Philip Goff „Hat sich das Universum selbst entworfen?"

1. Das Problem

Die Diskussion um die Feinabstimmung der kosmologischen Konstanten hat von Anfang an nicht nur innerhalb der Naturphilosophie, sondern auch in der philosophischen Theologie und der Religionsphilosophie stattgefunden. Es geht schließlich um die Existenz unseres Kosmos als Ganzem und damit um eine Frage, die über die Grenzen der Naturwissenschaft hinausweist. In aller Kürze liegt das zu erklärende Phänomen darin, dass sich wichtige Konstanten, die in die fundamentalen Naturgesetze eingehen, genau auf denjenigen Werten befinden, die notwendig sind, um ein Universum entstehen zu lassen, in welchem Leben, so wie wir es kennen, überhaupt möglich ist. Wäre zum Beispiel die starke Kernkraft (starke Wechselwirkung) nur geringfügig größer, so veränderte sich das Universum derart, dass vermutlich alles in ihm vorhandene Helium in den ersten Minuten nach dem Urknall aufgebraucht worden wäre. Ein anderes Beispiel: Wäre das Verhältnis der Stärke des Elektromagnetismus und der Stärke der Gravitation nur ein wenig kleiner, so könnte lediglich ein sehr kurzlebiges Universum existieren; zu kurz, um Leben in der uns bekannten Weise hervorzubringen. Es kann hier nicht darum gehen, all diese einzelnen physikalischen Tatsachen und ihre Interdependenzen darzustellen. Jede von ihnen ist für sich genommen innerhalb der Physik durchaus nicht unumstritten. Wir bewegen uns hier in einem Bereich spekulativer Kosmologie, nicht in einem Bereich etablierten Wissens. In ihrer Summe legen Tatsachen der eben dargelegten Art jedoch nahe, dass es in der Tat etwas zu erklären gibt. Aus den unendlich vielen Universen, die rein logisch hätten existieren können, gibt es nur ganz verschwindend wenige, in denen hochentwickeltes Leben der Art, wie wir es kennen, möglich ist. Gibt es eine Erklärung dafür, dass ausgerechnet unser Universum eines dieser ganz wenigen ist, in denen höher entwickeltes Leben möglich ist?

Man kann nun einwenden, dass die Existenz des Universums von der Wissenschaft als unhintergehbares Ausgangsfaktum mit „natürlicher Frömmigkeit" demütig hinzunehmen sei. Das naturwissenschaftliche Denken würde in haltlose Metaphysik abgleiten, wenn es sich über die Basis des sinnlich gegebenen Materials hinaus in die Bereiche des bloß logisch Möglichen aufschwänge. Im sinnlich gegebenen Ausgangsmaterial finden wir eben jene Gesetze vor, die wir nicht weiter erklären können. Es gibt keinen ontologischen Beweis für die Existenz unseres

Universums, sodass wir aus dem Begriff unseres Universums auf seine Existenz schließen könnten. Die Existenz unseres Universums ist aus keiner weiteren Tatsache ableitbar. Eine solche Selbstbescheidung auf das empirisch Gegebene vermag aber das Gefühl des Wunderns nicht zu unterdrücken, welches bekanntlich der Anfang aller Philosophie ist. Philosophisch betrachtet ist das Universum, in dem wir uns vorfinden, kontingent. Alternative Welten mit anderen, ja radikal anderen, Naturgesetzen sind denkbar. Es drängen sich zwei philosophische Fragen auf: Die erste fragt danach, warum aus all diesen logisch möglichen Welten *eine* realisiert wurde und nicht vielmehr *keine*. Warum existiert überhaupt eine Welt und nicht vielmehr nichts? Die andere philosophische Frage hängt eng damit zusammen. Warum wurde nur *eine* der vielen möglichen Welten realisiert und nicht vielmehr *alle*? Warum ist nur eine mögliche Welt aktualisiert und nicht vielmehr alle? Beide philosophischen Fragen wurden zur Lösung des Problems der Feinabstimmung auf verschiedene Weise beantwortet.

2. Klassische Lösungsversuche

Der klassische Theismus beantwortet die Frage, warum überhaupt eine kontingente Welt existiere und nicht vielmehr nichts, durch die schöpferische Tätigkeit Gottes. Gott schuf eine Welt aus dem Nichts, weil er in ihr Kreaturen erschaffen wollte, die ihm in relevanten Aspekten ähnlich sind (Gottesebenbildlichkeit). Für Gott ist ein Wert realisiert, wenn derartige ihm in relevanten Aspekten ähnliche Wesen existieren. Unter dieser Voraussetzung ist es offensichtlich, dass Gott die Naturgesetze und die in ihnen enthaltenen Konstanten so wählen musste, dass sich solche Kreaturen in dieser Welt überhaupt über einen signifikanten Zeitraum hinweg am Leben erhalten konnten. Selbst wenn man annimmt, dass Gott bei der Entstehung des menschlichen Lebens in den naturgesetzlichen Zusammenhang eingreifen musste, so müssen die naturgesetzlichen Rahmenbedingungen doch so beschaffen sein, dass ein solcher Eingriff auch stabile Effekte zeitigen könnte. Also selbst wenn Gott nach einer klassischen Auffassung die menschliche Seele direkt einem menschlichen Organismus einhaucht, so muss doch der passende Organismus im Rahmen der naturgesetzlichen Ordnung dieser Welt existieren können. Noch deutlicher wird die Notwendigkeit der Feinabstimmung, wenn man keinen direkt intervenierenden Gott annimmt. Dann müssen von Anfang an die Naturgesetze und die Naturkonstanten so abgestimmt sein, dass ohne weiteres Einwirken Gottes die Entstehung von bewusstem Leben höchstwahrscheinlich ist. Der Theismus löst also das Problem der Feinabstimmung durch einen intentionalen Schöpfungsakt Gottes.

Einige Naturphilosophen versuchen das Problem der Feinabstimmung dadurch zu lösen, indem sie auf die Frage „Warum ist nur eine mögliche Welt aktualisiert und nicht vielmehr alle?" antworten: Woher weißt du, dass nur *eine* mögliche Welt aktualisiert worden ist? Könnte es nicht vielmehr sein, dass eine Vielzahl möglicher Welten aktualisiert wurde? Man spricht von „Multiversen". Wenn man die Zahl möglicher Welten, die aktualisiert wurden, sehr groß ansetzt, dann wird die Wahrscheinlichkeit, dass sich unter ihnen eine solche befindet, die intelligentes Leben erlaubt, größer. Erreicht die Zahl eine kritische Größe, dann wird die Wahrscheinlichkeit der Existenz einer solchen Welt hoch genug, um das Problem der Feinabstimmung geringer werden zu lassen. Es verschwindet dann, wenn die Wahrscheinlichkeit, dass eine unter all den existierenden Welten lebensfreundlich ist, nahezu 1 oder 1 ist. Dafür müsste die Zahl der existierenden Universen aber unvorstellbar groß oder gar unendlich groß sein.

3. Warum die klassischen Versuche scheitern

In seinem Vortrag argumentiert Goff, dass beide Lösungen des Problems der Feinabstimmung nicht attraktiv sind. Gegen die theistische Lösung spricht, dass unsere Welt nicht so aussieht, als wäre sie von einem gütigen, allwissenden und allmächtigen Gott erschaffen worden. Die ungeheure Menge an Leiderfahrungen und an moralisch bösen Handlungen lassen es unwahrscheinlich erscheinen, dass diese Welt das Werk des Gottes der klassischen philosophischen Theologie ist. Gott könnte eine Welt ohne den grausamen Prozess der Evolution schaffen, die so geordnet wäre, dass Leid und moralisches Übel in ihr viel seltener vorkämen als in unserer Welt.

Die Annahme einer Vielzahl von parallel existierenden Universen wirft ebenfalls Probleme auf. Nicht nur wird dadurch die Ontologie in kaum mehr zu überbietender Weise aufgebläht, sondern unsere Ausgangsfrage scheint nicht beantwortet zu werden. Nehmen wir an, dass die Zahl aktuell existierender Universen groß, aber doch begrenzt ist. Dann taucht das Problem der Feinabstimmung in veränderter Form wieder auf. Die Wahrscheinlichkeit, dass sich ein Beobachter in einem solchen Universum befindet, ist infinitesimal klein. Unser Universum wäre keineswegs ein durchschnittliches oder typisches Universum in der Vielzahl aller Welten, sondern wäre trotz der hohen Zahl von Universen ein extrem unwahrscheinlicher Ausnahmefall. Der einzige Ausweg ist hier, die Zahl der Universen ins nahezu Unermessliche zu steigern, um die Wahrscheinlichkeit der Existenz eines lebensfreundlichen Universums zu heben. In gewissem Sinne ist unsere Ausgangsfrage aber selbst dann nicht beantwortet: Warum ist in genau *diesem* Universum, welches wir bewohnen, Leben überhaupt möglich? Die Annahme von Multiversen erklärt nur, warum *irgendein* Universum lebensfreundlich ist. Sie erklärt nicht, warum gerade *unseres* so beschaffen ist. Für jedes einzelne zu aktualisierende Universum gilt wieder, dass es höchst unwahrscheinlich ein Träger von Leben ist.

Auf beide Einwände lässt sich natürlich antworten. Der Theist kann versuchen, das Theodizee-Problem zu entschärfen, indem er auf die Unverfügbarkeit kreatürlicher Freiheit hinweist oder aufzeigt, dass es in jeder kontingenten Welt auch physisches Übel gibt. Er wird das Theodizee-Problem nicht auflösen, aber doch abschwächen können. Ein Vertreter der Multiversen-Hypothese wird darauf hinweisen, dass es genügt, die Wahrscheinlichkeit von *irgendeiner* aktualisierten lebensfreundlichen Welt im Gesamtensemble aller Paralleluniversen signifikant zu erhöhen, um das Problem zu entschärfen. Weder muss die Wahrscheinlichkeit 1 sein, noch muss man zeigen, warum gerade unsere Welt lebensfreundlich ist. Man kann also mit einem gewissen Moment des Zufälligen gut leben, wenn es nicht zu groß ist. Das tun wir im Umgang mit natürlichen Ereignissen nicht selten, ohne sie dadurch für unerklärbar zu halten.

4. Ein Alternativvorschlag: Der Kosmos als geistbegabter Akteur

Goff bietet nun eine zunächst überraschende dritte Antwort auf das Problem der Feinabstimmung an. Dazu greift er auf eine altehrwürdige metaphysische Theorie zurück, die in den letzten beiden Jahrzehnten eine Renaissance erlebt hat. Es handelt sich um die These des Panpsychismus, also der Vorstellung, dass das, was wir als Geist oder das Mentale verstehen, eine fundamentale, alles durchziehende Grundeigenschaft unseres Universums ist. Der Geist ist also nicht ein spätes Produkt der Evolution, sondern ist von allem Anfang an im Innersten der kosmischen Realität beheimatet. In einer atomistischen Spielart des Panpsychismus haben bereits die Elementarteilchen jeweils einfachste mentale Eigenschaften, welche die Grundlage für höhere mentale Eigenschaften bilden, die dann entstehen, wenn aus den grundlegenden Elementarteilchen größere Systeme konfiguriert werden. Der klassische Fall dafür wären empfindungsfähige Lebewesen. Es gibt eine andere Spielart des Panpsychismus, die umgekehrt vom großen Ganzen zum Einzelnen schreitet. In dieser holistischen Variante geht man davon aus, dass der gesamte Kosmos so etwas wie eine innere mentale Natur, eine Weltseele, besitzt. Individuelle empfindungsfähige Einheiten wie Lebewesen können nur als abgeleitet aus dieser größeren mentalen Einheit verstanden werden. Goff favorisiert diese holistische Variante des Panpsychismus, die heute unter dem Titel „Priority Cosmopsychism" wieder Anhänger findet und sich von der atomistischen Variante, heute „Micro-Panpsychism" genannt, durch eine Umkehr des Begründungsverhältnisses vom Ganzen zum Teil auszeichnet, die in der analytischen Metaphysik im Rahmen der Debatte um den Begriff des „Grounding" gerade intensiv diskutiert wird. Im Hintergrund stehen besonders Arbeiten von J. Schaffer, so zum Beispiel „Monism: The Priority of the Whole".[1] Goff präzisiert seine Auffassung noch weiter und bestimmt sie als „Akteurskosmopsychismus." Das mit Weltseele ausgestattete Universum wird als Akteur verstanden, der seine Handlungen auf die Realisierung des größtmöglichen Wertes ausrichtet. Intelligentes Leben ist ein hoher Wert, deshalb konfiguriert die Weltseele das Universum auf diesen Wert hin.

Dies alles klingt auf den ersten Blick wie aus einer östlichen Weisheitslehre entnommen, kann sich aber durchaus auf Vorläufer in der abendländischen Tradition berufen. Schon Plato behandelt die Idee einer Weltseele im Dialog „Timaios" (29e–37c). Giordano Brunos *„intelletto universale"* im 2. Dialog von „De la Causa, Principio et Uno"[2] kann als eine Weltseele ebenso begriffen werden wie Schellings konfigurierendes Weltprinzip, das er in seinem Werk „Von der Weltseele"[3] annimmt. Ein solcher Weltgeist könnte nun, wenn er vom Anfang des Universums an vorhanden ist, durchaus jenes konfigurierende Prinzip sein, das den Kosmos auf die Entstehung von Leben hin abstimmt.

Dieser Gedanke erscheint uns heute vielleicht nur deshalb abwegig, weil er so ungewohnt ist. Aber schwierige Probleme verlangen unkonventionelle Lösungsvorschläge. Und: Ist die Annahme eines allmächtigen, allgütigen und allwissenden Schöpfergottes oder die Annahme von unvorstellbar vielen Paralleluniversen nicht jeweils auf ihre Weise ebenfalls ontologisch „extravagant" und kostspielig? Weisen wir also Goffs Gedanken nicht gleich zurück, bloß weil er ungewohnt klingt!

Was würde es bedeuten, wenn wir annehmen, dass eine Art Weltseele die Geschicke des Universums von Anfang an in eine Richtung leitete, die das Auftreten partikulärer Intelligenzen im Kosmos erklären würde? Diese kosmische Intelligenz soll also nicht ein Produkt der Entwicklung des Kosmos sein, sondern ihm in seiner Gänze von Anfang an innewohnen, so dass es sich von diesem geistigen Aspekt her (der Weltseele) selbst organisieren könnte. Würde dies das Problem der Feinabstimmung lösen? Zunächst einmal würde durch die These nicht erklärt, warum überhaupt eine solche holistisch-panpsychistische Welt existiert. Hier stehen bei Goff weitere metaphysische Annahmen im Hintergrund, aus denen folgt, dass rein physikalische Welten nicht existieren können, sondern jede materielle Welt eine mentale intrinsische Natur braucht: der sogenannte „Russellian Mo-

---

[1] Vgl. J. Schaffer, Monism: The Priority of the Whole, in: Philosophical Review (2010), 31–76.
[2] Vgl. G. Bruno, De la Causa, Principio et Uno, 1584.
[3] Vgl. F.W. J. Schelling, Von der Weltseele. Eine Hypothese der höheren Physik zur Erklärung des allgemeinen Organismus, Hamburg 1798.

nism," den er in seinem Buch „Consciousness and Fundamental Reality"[4] entfaltet. Auf all diese Hintergrundannahmen kann in einer kurzen Replik nicht eingegangen werden. Man kann Goff aber zustimmen, dass unter der Annahme, dass unsere Welt so beschaffen ist, dass also eine Art Weltseele existiert, das Problem der Feinabstimmung an Schärfe verlieren könnte, wenn diese Weltseele den Kosmos auf das Leben als Wert hin zielgerichtet konfiguriert. Auf dem Hintergrund der modernen Kosmologie ist das aber nicht leicht verständlich zu machen. Wenn die Welt wirklich nahezu instantan aus dem Urknall heraus entstanden ist und von Anfang an in eminenter Weise feinabgestimmt war, dann müsste diese Weltseele ihre eigentliche Arbeit bereits zum größten Teil in den ersten Augenblicken der Existenz des Kosmos getan haben. Das gesteht Goff zu. Das klingt nun aber „verdächtig" nach der Idee eines Schöpfergottes, wenn auch nicht im klassischen Sinne.

5. Ist Goffs Vorschlag nicht doch wieder eine Spielart des Theismus?

Und damit kommen wir zum stärksten Einwand gegen Goffs These, einen dritten Weg zwischen Theismus und Multiversum gefunden zu haben. Die Goff'sche Weltseele ist einem Schöpfergott in relevanten Aspekten ähnlich. Es ist nicht der klassische Schöpfergott, der eine Welt „*ex nihilo*" erschafft, sondern ähnelt eher dem Gott Whiteheads und der Prozesstheologie, der immer neue Weltepochen aus dem ungeordneten Chaos hervorgehen lässt, in dem er es finalursächlich zur Realisation von abstrakten Ideen buchstäblich *animiert*: Ideen mathematischer Strukturen, Ideen ästhetischer Schönheit, Ideen normativer Gutheit.

Der Gott der Whitehead'schen Prozesstheologie ist natürlich nicht die holistisch verstandene intrinsische mentale Natur des Kosmos im Sinne von Goff. Er steht der Welt als „actual entity" gegenüber, ist mit ihr aber durch interne Relationen verbunden. Wenn Goffs Weltseele als Gott identifiziert werden kann, dann ist das Verhältnis von Gott und Welt nach einem Modell des Leib-Seele-Verhältnisses zu denken, das nicht substanzdualistisch ist. Gott ist – metaphorisch gesprochen – die geistige Innenseite der Welt. Die physische Welt ist in diesem Sinne der Leib Gottes. Goffs Position steht damit dem Pantheismus näher als die von Whitehead. Goff hat die Mühe, diesen Vorwurf des Pantheismus zurückzuweisen. Beide Positionen sind aber vom klassischen Theismus dadurch unterschieden, dass sie Gott als nicht substanzontologisch unabhängig von der Welt denken. Gott ist in der klassischen Prozesstheologie notwendig auf die Welt bezogen, die er beständig konfiguriert und zu kreativer Entwicklung lockt. Das „en" in „Panentheismus"

---

[4] Vgl. P. GOFF, Consciousness and Fundamental Reality, New York 2017.

bedeutet hier „interne Relationen haben". Gott hat interne Relationen zur Welt, er wird also in seinem Wesen durch die Aktivität der Welt berührt. Gott ist nicht der unbewegte Beweger, sondern der am meisten bewegte Beweger.

In Goffs Konzeption bedeutet das „en" des Panentheismus, dass jede Einzelseele, also die intrinsische Natur jedes Einzeldings, *in* der einen umfassenden Weltseele existiert, aus ihr hervorgeht. Da die Weltseele die intrinsische Natur der physischen Welt ist, ist jede physische Entität immer in ihrem Innersten in der Weltseele gegründet. Das ist deutlich unterschieden von der Prozesstheologie, es ist aber dennoch eine Spielart des Panentheismus. Was Goff in letzter Analyse vorlegt, scheint also nur dann ein Drittes zwischen Theismus und Multiversum zu sein, wenn man unter Theismus nur eine Sicht versteht, die Gott als von der Welt ontologisch losgelöst und unabhängig betrachtet. Mit bestimmten panentheistischen Gottesvorstellungen ist Goffs Konzeption aber durchaus verträglich. Diese entsprechen nicht dem klassischen Theismus, sind aber dennoch theistische Konzeptionen. Dass Goff den Namen „Gott" nur auf das referieren lässt, das man durch mystische Erfahrung erkennen kann, scheint hingegen willkürlich. Und: Warum sollte man die intrinsische mentale Natur des Kosmos, die ich hier „Weltseele" genannt habe, nicht auch mystisch erfahren können?

Er könnte dann auch mit einem Streich gleich seinen Haupteinwand gegen den Theismus schwächen. In den panentheistischen Entwürfen wird nämlich das Problem der Theodizee dadurch abschwächbar, dass man Gott nur einen begrenzteren Bereich des Eingreifens in das Weltgeschehen zugestehen kann. Der Gott der klassischen Prozessphilosophie kann das ungeordnete Chaos reiner Möglichkeiten nur dazu verlocken, Ideen und Werte zu verwirklichen. Er vermag es nicht, ohne jede Grenze eine Welt nach seinem Gutdünken zu realisieren, und trägt von daher auch weniger Verantwortung für den beklagenswerten Zustand der aktuellen Welt. Ähnliches ließe sich vermutlich für Goffs akteurskausale Weltseele annehmen. Sie kann nicht wirkursächlich in das Weltgeschehen eingreifen, sondern gibt ihm nur finalursächlich eine Richtung vor. Sie schafft Ordnung, setzt Grenzen, ermöglicht Gesetzmäßigkeit. Sie ist aber gerade nicht etwas, das von außen punktuell in die nomischen Abläufe eingreifen kann. Das engere Gott-Welt-Verhältnis im Panentheismus begrenzt also die Souveränität Gottes über die Welt. So könnte Goff in der Tat eine Nicht-Standard-Form des Theismus vertreten, indem die innere mentale Natur des Kosmos die Stelle Gottes einnimmt. Das wäre, wie schon gesagt, nicht der Gott der Prozessphilosophie, sondern vielmehr eine eigenständige Form des Theismus, die vermutlich mehr an die platonische Idee der „Weltseele" anknüpft. Eine Form des Theismus wäre es aber trotzdem, jedenfalls in einem weiten Sinne.

Verwendete Literatur

BRUNO, Giordano: De la Causa, Principio et Uno, 1584.
GOFF, Philip: Consciousness and Fundamental Reality, New York 2017.
SCHAFFER, Jonathan: Monism: The Priority of the Whole, in: Philosophical Review (2010).
SCHELLING, Friedrich Wilhelm Joseph: Von der Weltseele. Eine Hypothese der höheren Physik zur Erklärung des allgemeinen Organismus, Hamburg 1798.

Paolo Gamberini SJ

Der christliche Glaube in nachtheistischer Perspektive

1. Einführung

In seinem Werk *Struktur wissenschaftlicher Revolutionen* erklärt der Philosoph Thomas S. Kuhn den Begriff „Paradigmenwechsel." Damit wird jeder Weltanschauungsübergang bestimmt, beispielsweise der Übergang vom vorwissenschaftlichen Modell der Interpretation des Kosmos, dem ptolemäischen geozentrischen System, zum kopernikanischen heliozentrischen Modell. Einen anderen Übergang gibt es bei der klassischen Mechanik: vom Modell der Materie als grundlegendem Bestandteil der Wirklichkeit zur Quantenphysik. In einem solchen Paradigma spielt der/die Betrachter*in eine aktive Rolle und das Bewusstsein wird zum Grund der Wirklichkeit.

Solche Paradigmenwechsel finden nicht nur auf einem spezifischen Gebiet der Wissenschaft (z. B. der Physik) statt. Es kann in ähnlicher Weise auf das Verständnis des Seins (Metaphysik) und den Gottesbegriff (Theologie) angewendet werden.

Im *klassischen* Paradigma der Philosophie wird die Vernunft als *tabula rasa* betrachtet, sozusagen passiv gegenüber der ontologischen Struktur. Die „Idee" (*intellectus*) gleicht der Außenwelt (*res*). Deshalb definiert Thomas von Aquin die Wahrheit als „*adaequatio rei et intellectus*"[1].

In der *Moderne* wurde dieses Paradigma von einem anderen ontologischen und erkenntnistheoretischen Modell abgelöst. Es ist nicht mehr die Vernunft oder der Geist, der auf das Sein als objektive Realität ausgerichtet ist. Wie bei der kopernikanischen Revolution widerfährt der abendländischen Philosophie ein Paradigmenwechsel, in dem das *cogito* in die Mitte gestellt wird und sich die ganze Wirklichkeit um die Vernunft dreht. Das Subjekt mit seinen Wahrnehmungsformen, Kategorien und Ideen konstruiert die Wirklichkeit und schafft das, was als Anwesenheit dem Subjekt gegenübergesetzt wird. Die Wirklichkeit wird zum Rohstoff und sogar passiv gegenüber dem Wirken des transzendentalen Subjektes. Die Wirklichkeit wird zu einem „x", zu einer *gedachten* Wirklichkeit (*noumenon*), die draußen da ist, um die Objektivität unserer phänomenalen Wahrnehmung zu bestätigen. Noch wird diese äußere Realität als ein „Ding an sich" *an*erkannt, aber gleichfalls *un*erkennbar. Was das Subjekt kennt, ist nur das „Phänomen."

---

[1] Th. v. Aquin, Summa Theologiae, I, q. 16, art. 1.

Seit dem deutschen Idealismus wurde die Unterscheidung zwischen „Noumenon" und „Phänomen" kritisiert und als aporetisch angesehen. Die schlichte Annahme eines „Dings an sich" impliziert die Voraussetzung eines Denkens. Das heißt, dass die Realität restlos in den Geist aufgehoben wird. „Was vernünftig ist, das ist wirklich; und was wirklich ist, das ist vernünftig."[2] Alles ist „Bewusstsein". Damit entspricht die Philosophie den Ergebnissen der heutigen Quantentheorie.

Wenn wir das auf die Theologie anwenden, finden wir etwas Analoges. Wie bei der vormodernen Kosmologie und der klassischen Philosophie wurde auch bei der Theologie die menschliche (subjektive) Dimension der Wahrnehmung Gottes nicht deutlich berücksichtigt. In der „mythischen" Weltanschauung ist Gott *anthropomorphistisch* gedacht: als ein mit außergewöhnlichem Handeln in die Weltgeschichte eingreifendes Wesen; als ein mit persönlichen Eigenschaften ausgestattetes höchstes Wesen. Wie bei unserer alltäglichen Sonnenbeobachtung, haben die Menschen so in der mythischen und anthropomorphistischen Wahrnehmung Gott statt dem Menschen eine Bewegung zugeschrieben.

Augustinus[3] und Thomas von Aquin[4] sind zwei Beispiele, die ein solches Gottesverständnis korrigiert haben und klar sagten, jede Veränderung sei jeweils nicht Gott, sondern dem Geschaffenen zuzuschreiben. Das metaphysische Denken ermächtigt die Theologie, ihr mythisches Paradigma zu verlassen. Sie begann zu beachten, wie unerlässlich die Subjektivität des Menschen im Empfangen der Offenbarung Gottes ist. „[In] the shift of cosmology from ancient to modern, fundamental theological concepts have so changed their meaning as almost to have lost all reference. The phrases ‚God acts' and ‚God speaks,' whatever they may ultimately mean to us, do not signify the wonders and voices of ancient times."[5]

Gott offenbart sich mit menschlichen Worten und durch menschliche Worte: Das heißt, dass jeder moralische Fortschritt, den wir in der Bibel vorfinden, nicht auf den Willen Gottes, sondern auf die biblischen Schriftsteller zurückzuführen ist. Die Hermeneutik hat wesentlich dazu beigetragen, eine Verschiebung vom literarischen Gebrauch der biblischen Sprache zur metaphorischen Interpretation der Heiligen Schrift zu leisten.[6] Deshalb stellen viele Theologen jeden Diskurs über besondere göttliche Handlungen in Frage und kritisieren das Bittgebet, und vor allem die Rede von einer einmaligen Menschwerdung Gottes (siehe: John Hick).

Solche Richtung in der biblischen Hermeneutik findet nach wie vor Widerstand unter vielen Gläubigen. Zur gleichen Zeit gibt es Theologen, die mit dieser

---

[2] G. W. F. Hegel, Grundlinien der Philosophie des Rechts, Berlin 1821, XIX.
[3] Augustinus, De Trinitate, lib. 5, caput 16.
[4] Th. v. Aquin, Summa Theologiae, III, q. 2, art. 7.
[5] L. B. Gilkey, Cosmology, Ontology, and the Travail of Biblical Language, in: The Journal of Religion, 41 (1961), 194–205, 204.
[6] Gilkey, Biblical Language [wie Anm. 5], 196.

Entwicklung nicht ganz zufrieden sind und einen weiteren Paradigmenwechsel wünschen, in dem der klassische Theismus endlich in Frage gestellt werden könnte. „What we desperately need is a theological ontology that will put intelligible and credible meanings into our analogical categories of divine deeds and of divine self-manifestation through events."[7]

Was die Theologie dringend braucht, ist – unseres Erachtens – eine kritische und *nach*-theistische Sicht auf den christlichen Glauben. Obwohl der klassische Theismus nicht *tout-court* mit dem sogenannten *Persönlichen Theismus* identifiziert werden kann, fehlt dennoch beim klassischen Theismus eine grundsätzliche Kritik der Aseität Gottes und seiner Beziehungslosigkeit zur Welt.[8] Gott und Schöpfung müssen in einer höheren Form der ontologischen Einheit betrachtet werden, deren innere und ursprüngliche Grundlage vom freien schöpferischen Gottessein bestimmt wird.

Wie beim wissenschaftlichen und philosophischen Paradigmenwechsel wird auch hier der *Nach*-Theismus die christliche Theologie so ausarbeiten, dass sie ihre mystische Dimension neu entdeckt, um zu begreifen, dass Gottes Geist „τὰ πάντα ἐν πᾶσιν" (1Kor 15:28) durchdringt. Mein Vortrag will einen solchen *nach*-theistischen Blick auf den christlichen Glauben erschließen.

2. Gott als reiner Akt der schöpferischen Liebe

Die thomanische Scholastik definiert die absolute Vollkommenheit Gottes als „actus purus" (wörtlich „reiner Akt"). Gottes Wesen hat keine Möglichkeit zu werden, insofern Gottes Sein absolute realisierte Möglichkeit ist. Gott besitzt alle Wirklichkeit, ohne noch etwas mehr oder weniger zu werden. Gott ist gleichzeitig alles, was unendlich wirklich ist und vollkommen handeln kann. Gottes Eigenschaften und Wirken sind mit seinem Wesen völlig identisch. Gottes Wesen ist

---

[7] GILKEY, Biblical Language [wie Anm. 5], 203.
[8] In seinem Aufsatz „Rethinking the Concept of a Personal God" unterscheidet Thomas SCHÄRTL Classical Theism von Personal Theism (in: Th. SCHÄRTL/Ch. TAPP/V. WEGENER [Hg.], Rethinking the Concept of a personal God: Classical Theism, Personal Theism, and Alternative Concepts of God, Münster 2016, 3–27). Viele *nicht*-theistische Autoren verwechseln diese beiden Theismen. Das „theistische" Verständnis denkt an Gott als ein perfektes persönliches Wesen, das in die Welt mit spezifischen göttlichen Interventionen eingreift. Solches „theistisches" Verständnis wurde als Reaktion auf die deistische Vorstellung von Gott, als jemandem abgehoben und fern von der Welt, entwickelt; als jemandem, der kein Interesse am menschlichen Schicksal hat und kein Gebet braucht. Dagegen betonen die Theisten des 17. Jahrhunderts, Gott sei eine Person mit eigenen und besonderen Handlungen bzw. Wundern, die prophetische Inspirationen, Inkarnation, Vorsehung und endgültiges Urteil bewirkt.

mit seiner Existenz gleichgesetzt. Daher wird Gott als „reiner Akt des Seins" definiert.

Die Definition von Gott als *actus purus* bei Thomas und als *bonum diffusivum sui* bei Bonaventura vermittelt ein Bild von Gott, das kaum mit einem Wesen identifiziert wird, das fern und statisch, ontologisch abgehoben wäre, das nur ab und zu in die Welt einbrechen würde. „Thomas redescribes the God of Christian revelation in terms of *actus purus*: meaning both actuality and activity. Being *is* act."[9] Gott ist reiner Akt des Seins, während der besondere ontologische Zustand von dem, was „anders-als" und „nicht" Gott ist, als „*Geschaffen*-Sein" bestimmt wird. Geschöpflichkeit beschreibt also die restlose *Bezogenheit* auf Gott und die restlose *Verschiedenheit* von ihm. Die Relation ist nicht etwas zum Sein des Geschaffenen Hinzukommendes, sondern das, was das Geschaffene schlechthin und restlos ausmacht. Das *Welt*-Sein besteht in der Relation auf Gott, in der das Sein der Welt besteht.[10]

Wenn Gott als *das* Sein bestimmt wird, dann kann alles, was nicht Gott und anders-als-Gott ist, als „nichts" bestimmt werden. In seiner vierten deutschen Predigt behauptet Meister Eckhart, dass

> [...] all creatures are a pure nothing. [...] They are a pure nothing. Whatever has no being, *is* not. Creatures have no being because their being depends on God's presence. If God were to turn away from creatures for an instant, they would turn to nothing. [...] if someone were to have the whole world and God, he would not have more than if he had God alone. All creatures have nothing more without God than a gnat has without God – [they are] just the same, neither less nor more.[11]

Gottes Sein *ist*, Geschaffensein ist *nichts*: Das heißt, dass das Geschaffene in sich und von sich selbst gar nichts ist, sondern es *ist* nur als *Bezogensein auf Gott*. Im Rahmen dieses paradoxen ontologischen Zustands des Geschaffenseins erklärt Thomas von Aquin die Beziehung zwischen Gott und Welt als „relatio non ex aequo".[12] Die Welt ist auf Gott wirklich bezogen (*relatio realis*), während Gottes Bezug zur Welt nicht wirklich ist, sondern nur vernunftmäßig (*rationis tantum*).[13] Thomas schließt, Gottes Bezug zur Welt bestehe „wirklich" nicht, sonst würde Gott von der Schöpfung verändert und abhängig gemacht. Die Gründe, einen wirklichen Gottesbezug zur Welt abzulehnen, bestehen darin, Gottes absolute Unabhängigkeit und Unveränderlichkeit zu bewahren. Eine wirkliche Beziehung zur Welt würde Gott verändern, weil sie dem Wesen Gottes etwas Neues hinzufügen würde.

---

[9] F. Kerr, After Aquinas, Versions of Thomism, Oxford 2002, 200.
[10] Vgl. W. Kern, „Gott-Welt-Verhältnis", in: Sacramentum mundi, Bd. 2, Freiburg i. Brsg. 1992, 522–529.
[11] B. McGinn, Meister Eckhart. Teacher and Preacher, Mahwah 1986, 250.
[12] Th. v. Aquin, Summa Theologiae, I, q. 13, art. 7.
[13] Th. v. Aquin, Summa Theologiae, I, q. 13, art. 2.

Der zweite Grund, warum der Gottesbezug zur Welt „vernunftmäßig" ist, besteht darin, dass die Gottesbeziehung nur „von uns" ausgedacht sei. Wie wir bei dem Sonnenaufgang und -untergang sagen, dass die Sonne abends untergeht und morgens aufgeht, obwohl diese Bewegung „wirklich" nur für den Beobachter geschieht und nicht der Sonnenbewegung entspricht, so argumentiert Thomas von Aquin, dass nicht Gott, sondern das Geschöpf sich ändert.

Omnis relatio quae consideratur inter Deum et creaturam, realiter quidem est in creatura, per cuius mutationem talis relatio innascitur, non autem est realiter in Deo, sed secundum rationem tantum, quia non nascitur secundum mutationem Dei.[14]

Wenn die Bibel von Gottes Werden spricht, von Bewegung, von Abwesen- und Anwesenheit, von einem nicht-menschgewordenen (asarkós) und einem menschgewordenen (ensarkós) Wort Gottes, verwendet sie eine mythische Sprache. Dies sind metaphorische Ausdrucksformen, die nicht wörtlich genommen werden sollen. Alle Namen oder Begriffe, die Gott ein Werden zuschreiben (Gott *wurde* unser Herr und unsere Zuflucht, oder Gott *wurde* Mensch), sind nur dem Geschaffenen „wirklich" zuzuschreiben, aber nicht dem Gottessein. Jede Art von Zeitlichkeit und Veränderung bestimmt unseren Bezug auf Gott, unsere Geschöpflichkeit, aber nicht Gottes Bezug zu uns.

Thomas von Aquin bietet ein sehr klares Beispiel, wenn er von der Sünde des Menschen spricht. Eigentlich – sagt Thomas – ist es nicht wirklich gemeint, dass Gott vom Menschen beleidigt wird, sondern dass wir gegen unser Wohl etwas tun. Eigentlich beleidigen wir nicht Gott, sondern uns. „Non enim Deus a nobis offenditur nisi ex eo quod contra nostrum bonum agimus."[15] Auf die Frage, ob es angemessen ist zu beten, antwortet Thomas noch einmal mit seinem Verständnis von Gottes Beziehung zur Welt. Das Gebet ändert nicht Gott, sondern den Betenden. „Oratio nostra non ordinatur ad immutationem divinae dispositionis, sed ut obtineatur nostris precibus quod Deus disposuit."[16] Schließlich können wir sagen, die *particula veri* des thomanischen Verständnisses von „relatio non ex aequo" bestehe darin, die Unveränderlichkeit Gottes und besonders seine Transzendenz zu bewahren.

Allerdings soll mit dem Begriff der „Transzendenz" nicht nur das gemeint sein, was jenseits von allem Geschaffenen ist. In diesem Fall wäre Gott „transzendent", da er weit über allen anderen Seienden ist, die nicht Gott sind. Mit dem „Transzendenz"-Begriff meinen wir auch den Akt, durch den eine Beziehung hergestellt wird, ohne eines von den beiden Gliedern der Relation aufzuheben. „Transzen-

---

[14] TH. V. AQUIN, Summa Theologiae, III, q. 2, art. 7.
[15] TH. V. AQUIN, Summa Contra Gentiles, lib. III, c. 122.
[16] TH. V. AQUIN, Summa Theologiae, II-II, q. 83, art. 2.

denz" ist der Akt, durch den Gott sowohl die Beziehung zur Welt als auch seinen Unterschied von der Welt ermöglicht.[17]

Gottes Wesen ist nicht nur reiner Seinsakt, sondern reiner *schöpferischer* Seinsakt. Gott wird nicht zum schaffenden Gott. Gottes schöpferischer Wille ist restlos identisch mit seinem Sein. Wenn Schaffen heißt, ein Anderes als Gott zu setzen, ändert Gott sich selbst nicht in seinem die Welt hervorbringenden Seinsakt. Sein Wesen ist von Ewigkeit her zum Schaffen bestimmt, und zwar jemanden anderen als Gott bei sich zu haben, ohne vom Geschöpf abhängig zu werden. Gott ist *schöpferische* Wirklichkeit.

The divine life is creative, actualizing itself in inexhaustible abundance. The divine life and the divine creativity are not different. God is creative because he is God. Therefore, it is meaningless to ask whether creation is a necessary or a contingent act of God. Nothing is necessary for God in the sense that he is dependent on a necessity above him. His aseity implies that everything which he is through himself. He eternally ‚creates himself,' a paradoxical phrase, which states God's freedom. Nor is creation contingent. It does not 'happen' to God, for it is identical with his life.[18]

So ist es nicht mehr unmöglich, eine *reale* Relation zwischen Gott und der Welt zu behaupten, aber nur, wenn es zwischen Gottes Wesen und seiner Beziehung zur Schöpfung eine *reale* Identität gibt. Daher können wir Gott eine *transzendentale* Beziehung zur Welt zuschreiben. Um besser zu erklären, was wir mit Gottes transzendentaler Beziehung zur Welt meinen, verwenden wir zur Versinnbildlichung eine Gleichung.

„X" steht für das Sein Gottes und „Y" für das Geschaffensein. Die beiden sind in der Gleichung zusammengefasst: x = x + y. Gottes Sein (x) entspricht (=) Gottes Bezug zum Geschaffenen (x + y). Die Relation auf die Welt ist kein konstitutiver „terminus-ad-quem" des göttlichen Bezogenseins auf sie, denn diese Relation wird von Gott selbst durch einen freien schöpferischen Seinsakt konstituiert und bestimmt. Die Welt wird nicht dem schöpferischen göttlichen Akt *voraus*gesetzt, sondern sie wird von Gottes schöpferischem Seinsakt restlos und schlechthin gesetzt. In sich selbst, „vor" Gott (*coram deo*), ist die Welt gar „nichts".

Die Beziehung zwischen Gott und Schöpfung ist nicht *extern* oder *zufällig*, sondern sie ist mit Gottes Wesen gleichgesetzt, und zwar ist diese Relation intern und wesentlich für Gott, denn „Gott ist Gott" nur in dieser Beziehung zur Welt. Zwischen Gott und der Welt (x + y) besteht eine zweiseitige Beziehung, aber keine Symmetrie. Gott und Schöpfung sind aufeinander bezogen (x + y), aber zugleich hängt das Geschaffene völlig vom Wesen Gottes (x) ab.

Wenn wir die Gleichung auflösen, dann folgt daraus, (x = x) und (y = 0). Bei seinem Bezug zur Welt (x + y) ändert Gott sich selbst nicht und würdigt seine Identität als Gott (x = x). Das ist die *particula veri* der Lehre der Unveränder-

---

[17] Vgl. N. ABBAGNANO, Dizionario di Filosofia, Torino 1971, 887.
[18] P. TILLICH, Systematic Theology, Vol. 1, Chicago 1967, 253.

lichkeit Gottes und seiner Aseität. Es folgt aber daraus, dass das ontologische *Proprium* des Geschaffenen, abgesehen von seiner Beziehung zu Gott, das *Nichts* ist (y = 0). Dem *Geschaffenen* ist kein Sein eigen; dem Geschaffenen ist „nichts" eigen.[19] „Die Welt hat Sein und Nichtsein zugleich und in Einem: das eine aus Gott und durch Gott, das andere aus und durch sich selber."[20]

Wenn wir Gott als schöpferischen Seinsakt behaupten, wollen wir dem Willen Gottes keine Notwendigkeit zuschreiben. Gott ist nicht zum Schaffen gezwungen, weil Gott ursprünglich und ewig schöpferische Selbstbestimmung ist.[21] Der Grund, warum Gott ist, *was* und *wie* er ist, besteht darin, dass Gott sich entschieden hat, was und wie er als Gott sein will. Wir können sagen, dass Gott nichts anderes als freie Selbstbestimmung sein kann, und solche Freiheit wird durch nichts anderes als von Gott selbst verursacht (*causa sui*). Göttliche Selbstbestimmung ist daher „aus dem Nichts". Es gibt kein anderes außer Gott, das bestimmt, was Gott ist. „Aus dem Nichts" bestimmt Gott sich selbst. Ein solcher Akt „aus dem Nichts" ist ein „schöpferischer" Akt der Selbstbestimmung, der das Sein Gottes als reinen Schöpfungsakt identifiziert. Als ein Akt „aus dem Nichts" ist Gott seinem Wesen nach *zufällig* bestimmt, *causa sui* zu sein. Deshalb ist Gott *ohne Grund*, denn Gott kann nicht anders als ein sich selbst bestimmendes Wesen sein. „Es geht zunächst um die Grundlosigkeit dieses Seins, die dieses dennoch nicht als beliebig auszugeben erlaubt. Es geht sodann um die Ereignishaftigkeit dieses Seins, die dieses in seiner die Notwendigkeit überbietenden Zufälligkeit zu verstehen erlaubt. Und es geht schließlich um die Freiheit dieses Seins [...]"[22]. Die göttliche Grundlosigkeit macht die Kontingenz des göttlichen Seins aus. Sie bestimmt Gottes Wesen als

---

[19] „Being is therefore always relational [...] This applies to the being of God as well as to created being, however with the important difference, that God's relational being is constitutive both for the being and for the relationality of created being. Apart from its relation to God created being has no being, nor can it be fully relational." (CH. SCHWÖBEL, Christology and Trinitarian Thought, in: DERS. (Hg.), Trinitarian Theology Today. Essays on Divine Being and Act, Edinburgh 1995, 113–146, 132).

[20] O. BAUHOFER, Creatio ex nihilo, in: Catholica 55 (1954), 108–116, 109.

[21] PLOTIN ist der erste Philosoph in klassischer Ontologie, der die schwierigsten aller Fragen gestellt hat: Warum ist das Prinzip (= Gott) so, wie es ist. Plotin antwortet im sechsten Buch der Enneaden (Kapitel 8, Nr. 13), dass „[das Prinzip] selbst sein will und das ist was er will – sein Wille und er selbst sind eins und dadurch ist er nicht weniger eins. Weil er selbst nichts Anderes ist, etwa ein zufälliges, und sein etwaiges Wollen kein anderes. Denn was sollte er anderes wollen als das, was er ist? Denn wenn wir auch voraussetzten, dass er sich wähle was er werden will und dass es ihm gestattet sei, seine eigene Natur in etwas Anderes zu verwandeln, so dürfen wir doch weder annehmen, dass er etwas Anderes werden wolle noch, dass er sich selbst etwas vorwerfe, als sei er aus Notwendigkeit was er ist, weil er nämlich das selbst ist was er eben selbst immer wollte und will."

[22] E. JÜNGEL, Gott als Geheimnis der Welt. Zur Begründung der Theologie der Gekreuzigten im Streit zwischen Theismus und Atheismus, Tübingen 1992, 35.

das grundlose Ereignis seiner schöpferischen Selbstbestimmung. Durch diesen Selbstbestimmungsakt schafft Gott ein Anderes als sein Gegenüber.

Gott bestimmt sein Wesen in reinem und schöpferischem Akt der Selbstmitteilung im Anderen und bestimmt sich damit selbst als Gott. Sowohl Jüngel als auch Rahner haben Gottes ontologische Identität als Gottes Selbst(*ent*)äußerung definiert. Dieses „*ent*" weist auf das Nichts hin, das Gott in seinem Leben in der Form des „Andersseins" einräumt. „In *dieser* Weise ist Gott auf das Nichts bezogen. Um sich selbst nicht für sich selber allein zu haben, *schafft* Gott sich im Akt ursprünglicher Selbstmitteilung aus dem Nichts ein seiendes Gegenüber, dem er sich als Liebe mitteilen kann und im Akt des Erschaffens bereits in einer unwiderruflichen Weise mitgeteilt hat."[23] „Wenn Gott Nicht-Gott sein will, entsteht der Mensch."[24] Was hier Rahner ausdrücklich der Menschheit zuschreibt, sollte man auf die ganze Schöpfung übertragen. Wenn sich Gott entschließt, nicht Gott zu sein, dann entsteht die Schöpfung. „Weil [Gott] wahrhaft das andere als sein Eigenes haben will, konstituiert er es in seiner echten Wirklichkeit. Gott geht aus sich, er selber, er als die sich wegschenkende Fülle. Weil er das kann, weil das seine freie Urmöglichkeit ist, deretwegen er in der Schrift als die Liebe definiert wird […]."[25] Diese göttliche Selbstbestimmung ist eine schöpferische Zulassung des Andersseins und als solche ist sie „Akt der Liebe".

Von Ewigkeit her bestimmt sich Gott, nicht als ein ferner Gott für sich selbst zu sein, sondern als unser Gott. „Deshalb gehört schon zu Gottes Göttlichkeit seine Menschlichkeit. Das ist es, was die Theologie endlich zu lernen hat."[26] Ohne uns und ohne unsere Beziehung zu Gott will Gott nicht Gott sein. „The very name of God is not a name *quoad se*, but only *quoad nos*, God is not God for himself, but only for his creatures."[27] In dieser Selbstbestimmung gibt es keine Notwendigkeit, da das Wesen Gottes über Sein und Nichtsein verfügt, ohne von einem anderen Wesen erzwungen zu sein. „Gott ist grundlos."[28] Obwohl Gott von niemandem anderen bestimmt werden kann, lässt sich Gott vom Geschöpf bestimmen, denn das Geschaffene ist nicht nur ein Anderes *von Gott* (*aliud*), sondern ein Anderes (*alius*) Gottes. „Gott ist Schöpfer aus Liebe und insofern Schöpfer aus dem Nichts. Dieser schöpferische *Akt* Gottes ist aber nichts anderes als Gottes *Sein*, das schöpferisches Sein ist."[29]

---

[23] JÜNGEL, Gott als Geheimnis [wie Anm. 22], 302–303.
[24] K. RAHNER, Grundkurs des Glaubens: Einführung in den Begriff des Christentums, Freiburg i. Brsg., 1976, 223.
[25] RAHNER, Grundkurs des Glaubens [wie Anm. 24], 220.
[26] JÜNGEL, Gott als Geheimnis [wie Anm. 22], 47.
[27] R. PANIKKAR, Common Patterns of Eastern and Western Scholasticism, in: Diogenes 83 (1973), 103–113, 105, Fußnote 13.
[28] JÜNGEL, Gott als Geheimnis [wie Anm. 22], 41.
[29] JÜNGEL, Gott als Geheimnis [wie Anm. 22], 303. „Gottes Selbstbezogenheit (εἶναι πρὸς ἑαυτόν) wäre dann die Kraft seines Seins πρὸς ἕτερον. Gottes ewige Liebe, in der Vater,

Der eine und ewige schöpferische Liebesakt, in dem sich Gott als „Anderen" setzt, definiert die Selbstmitteilung Gottes, und der christliche Glaube nennt diese ewige Selbstmitteilung Gottes „Zeugung des Wortes". Die Schöpfung ist das „Andere" von Gott, aber zugleich Gottes Selbst-(*ent-*)äußerung, Gottes Bild. Insofern das „Andere" (*aliud*) Gottes Sein bestimmt, ist das Geschaffene zugleich Gottes „Anderes" (*alius*), denn nichts außer Gott kann das Gottsein bestimmen. „[Der Sohn] ist Bild des unsichtbaren Gottes, der Erstgeborene der ganzen Schöpfung." (Kol 1,15); „[Der Sohn] ist der Abglanz seiner Herrlichkeit und das Abbild seines Wesens" (Hebr 1,3). Gottes Selbstmitteilung ist nichts anderes als das göttliche Wort, das von Ewigkeit erzeugt wird und zu jeder Zeit und an jedem Ort präsent ist.

Gottes geschaffenes Anderssein ist nicht nur *Ebenbild* des unsichtbaren Gottes, sondern auch Gottes *Gegenwart*. Die Bibel verwendet verschiedene Namen, um sie auszudrücken: die Lade des Bundes, der Tempel, die Propheten und die Menschheit Jesu von Nazareth. Sie verwendet auch Ausdrucksformen von Personifikationen Gottes (Wort, Weisheit und Geist) und Momenten, in denen solche Vermittlung stattgefunden hat: „Vielfältig und auf vielerlei Weise hat Gott einst zu den Vätern gesprochen durch die Propheten; am Ende dieser Tage hat er zu uns gesprochen durch den Sohn" (Hebr 1,1–2a).[30] Oft betont die Bibel, dass Gott nicht nur derjenige ist, der in der Höhe und im himmlischen Heiligtum wohnt, sondern auch derjenige, der gegenwärtig ist, zu den „im Geist Niedrigen" (Jesaja 57,15).

3. Gottes geschaffene Gegenwart

Als reiner Akt der schöpferischen Liebe schließt die Gottheit Gottes die Geschöpflichkeit ein. „For [Eckhart], God had not at a certain point of time created the world and then left it alone, he rather created it every day anew. Creating, made God God; without creation and creatures there would be no God; without man, God would not be God."[31] Gottes Sein schließt von Anfang an bei sich das „Andere" ein. Gott teilt seine Identität als schöpferisches Wesen im Anderen von Gott mit und setzt sich (*unendlich*) als das geschaffene „Andere" (*endlich*). „Man

---

Sohn und Heiliger Geist sich ewig eins werden, wäre dann der Grund seiner (im Blick auf alles, was nicht Gott ist) grundlosen Barmherzigkeit." (E. JÜNGEL, Gottes Sein ist im Werden. Verantwortliche Rede vom Sein Gottes bei Karl Barth, Tübingen 1986, 114–115).

[30] Vgl. R. BAUCKHAM, God Crucified: Monotheism and Christology in the New Testament, Grand Rapids [MI] 1998, 21.

[31] F. LÖSER, Resisting Censorship: Cases of the early Fourteenth Century, in: J. HARTMANN/H. ZAPF (Hg.), Censorship and Exile, Augsburg 2015, 97–112, 105.

darf dieses Sich-selbst-am-Anderen-Ändern weder als Widerspruch zur Unveränderlichkeit Gottes in sich betrachten, noch dieses Sich-am-Anderen-Ändern in die Aussage einer Veränderung des anderen zurückfallen lassen. Hier hat sich die Ontologie an der Botschaft des Glaubens zu orientieren und diese Botschaft nicht zu schulmeistern."[32]

Im „Anderen" wird Gott gegenwärtig. „It is impossible for God *to be* and *not be present* [...] for *God to be* is *to be* present."[33] Wir definieren Gottes Bezug zur Welt als seine „Gegenwart". „For to call something present is to say that *somebody* or *something* is present (presence *of something/somebody*), and that it is *present to somebody or something* (presence *to somebody/something*)."[34] Mit „*Gottes* Gegenwart" (Genitivus *subiectivus*) bezeichnen wir Gottes unmittelbare und intime Liebe, seine Selbstmitteilung zu jedem Anderen: überall und zu jederzeit. In seinem Werk „De Visione Dei" schildert Nikolaus von Kues diese ewige und allgemeine Gegenwart Gottes mit dem Bild des Sehens Gottes, das von jedem wahrgenommen wird.[35]

Auf der einen Seite ist Gott überall und zu jedem gegenwärtig. Gottes Liebe ist ein ewiger undifferenzierter Schöpfungsakt. *Auf der anderen Seite* offenbart sich Gottes tätige Liebe durch die dem Geschaffensein eigene Zeitlichkeit und Vielfältigkeit. „God actualizes his divine love not all at once or always in one and the same way but in the unsurpassable plurality of acts and ways of acting in which God continuously realizes the unimaginable richness of love that he is."[36] Nach einigen Theologen, z. B. Keith Ward und Ingolf U. Dalferth, sollen wir Gott verschiedene und vielfältige Modi seines Wirkens zuschreiben. Gott offenbart sich nicht in gleicher Weise allen Menschen und in allen Zeiten. Sie sagen, Gott würde seine Gegenwart in drei verschiedenen Modi – Schöpfung, Erlösung und Vollendung – mitteilen und Gottes Liebe würde sich den verschiedenen Situationen seiner Geschöpfe anpassen.[37]

Unseres Erachtens trägt solche theologische Sichtweise noch mythische Züge. Was Dalferth als *Gottes* Werden und *Gottes* Vielfältigkeit bezeichnet, müssen wir eigentlich dem Geschaffenen zuschreiben. Da in Gott *esse est operari*, gibt es in ihm kein Wirken außer seinem reinen schöpferischen Liebesakt. Was auf der Seite Gottes (*sub specie Dei*) *Eines* und *allgemein, ewig* und *präsent* ist, entfaltet sich durch Zeitlichkeit, Vielfältigkeit und stufenweise auf der Seite der Schöpfung

---

[32] RAHNER, Grundkurs des Glaubens [wie Anm. 24], 219.
[33] I. U. DALFERTH, Becoming Present. An Inquiry into the Christian Sense of the Presence of *God*, Leuven 2006, 39; 42.
[34] I. U. DALFERTH, God. Time, and Orientation. ‚Presence' and ‚Absence' in Religious and Everyday Discourse, in: DERS. (Hg.): The presence and Absence of God: Claremont Studies in Philosophy and Theology, Tübingen 2009, 3.
[35] N. v. CUSA, De visio dei, Caput VI.
[36] DALFERTH, Becoming Present [wie Anm. 33], 149.
[37] DALFERTH, Becoming Present [wie Anm. 33], 152.

(*sub specie creaturae*). Jede Differenzierung als Schöpfung, Erlösung und Vollendung muss der Geschöpflichkeit zugeschrieben werden. „I do not think that we can properly speak of God being more creative in one place than in another; the transcendent creator-creature relationship does not permit of being graded in terms of less and more. Nevertheless, I think we may speak of certain aspects of the created order as particularly potent vehicles for human awareness of divine creativity."[38] Nur aus der menschlichen Perspektive wird Gott an einem Ort oder zu einer Zeit mehr oder weniger erfahren.

Gott braucht nicht *gegenwärtig zu werden*, um in der Welt zu sein. Die ganze Schöpfung ist überall und zu jeder Zeit immer von Gottes Gegenwart durchdrungen. Seine Gegenwart bewirkt die in der Welt und der Geschichte der Menschen kreatürliche Selbsttranszendenz. Insofern das Geschaffene endlich, begrenzt und vielfältig ist, offenbart sich Gott in seinem Wirken „in/durch/unter" dem Geschaffenen vielfältig, allmählich und begrenzt. Jede Differenzierung in der Schöpfung hängt nicht von göttlicher „Diskriminierung" oder „Vorliebe" Gottes ab, sondern von der ontologischen Gestalt des Geschaffenen.

Wir können Gottes reinen Akt des Seins mit einem Licht vergleichen, das durch die Vielfalt der Farben eines Buntglasfensters scheint. Wie das bemalte Glasfenster das Licht farbig erscheinen lässt, so lässt die Geschöpflichkeit, und vor allem das menschliche Bewusstsein mit all seinen Zügen, Gott durch verschiedene Weisen, Orte und Zeiten gegenwärtig erscheinen. Wie die Farben zum Glasfenster gehören und nicht zum Licht, so sind Veränderung, Endlichkeit und Vielfältigkeit der Geschöpflichkeit eigen und nicht Gott.

Gott als schöpferische Selbstbestimmung teilt sich im Geschaffenen mit. Die Menschheit und die ganze Schöpfung bestimmen Gottes Wesen, ohne Gott zu verändern, denn Gott hat sich im Bezug zur Schöpfung frei entschieden, als Gott zu sein ($x = x + y$). Daraus folgt, dass das vorherige Bild des Glasfensters durch ein zweites Bild, nämlich dasjenige eines Prismas, vollendet werden muss. Einem Prisma gleicht das Geschaffene, dessen weißes Licht aus unterschiedlichen Farben besteht. Wird weißes Licht auf ein Prisma gelenkt, so entsteht ein prächtiges Farbband mit einer Reihe charakteristischer Farben: Rot, Orange, Gelb, Grün, Blau und Violett. Im Beispiel des Prismas entstehen die Farben aus dem Licht heraus und nicht, wie es in dem Glasfenster der Fall ist, von außen. Wie das Prisma bewirkt, dass das weiße Licht in vielen unterschiedlichen Farben erscheint, so lässt die Geschöpflichkeit, und vor allem die Menschheit, Gottes Sein und Wirken in verschiedenen Zeiten und Formen *repräsentierend* aufleuchten.

Die Geschöpflichkeit Gottes kann in zwei unterschiedlichen Hinsichten betrachtet werden: Einerseits ist sie „Anderes-von-Gott" (*aliud*), mit ihrem Selbstsein als „Bezogensein auf Gott" (geschaffene Gegenwart), und andererseits ist sie

---

[38] M. F. WILES, Religious Authority and Divine Action, in: Religious Studies 7 (1971), 1–12, 6.

"Gottes Anderes" (*alius*), auf das Gottes Sein bezogen ist (göttliche Gegenwart).[39] Unter diesen beiden Hinsichten sollten wir über den Begriff der Gegenwart Gottes nachdenken, nämlich als die Gegenwart *Gottes* zur Schöpfung (Genitivus *subiectivus*) und als die Gegenwart von Gott (Genitivus *obiectivus*), die sich in der Selbsttranszendenz betätigt.

Klassischer Theismus hat stark den Unterschied zwischen göttlicher und geschaffener Gegenwart betont. Zunächst wird die geschaffene Gegenwart Gottes als Nachwirkung seiner ersten Ursächlichkeit (*causa prima*) bestimmt. Gott ist gegenwärtig für die Geschöpfe als Ursache ihrer Wesen, Vermögen und Existenz, denn die ganze Schöpfung besteht restlos und völlig im Bezogensein auf Gott. „Deus est in omnibus rebus, non quidem sicut pars essentiae, vel sicut accidens, sed sicut agens adest ei in quod agit."[40] Augustinus sagt dazu, Gott sei „innerlicher als unser Innerlichstes und höher als unser Höchstes", „interior intimo meo et superior summo meo."[41] Mittels der Ursächlichkeit bleibt Gott von der Schöpfung unterschieden und das Gottsein wird *extra totum ordinem creaturae* bestimmt. Aber es folgt daraus, dass der klassische Theismus dazu neigt, der göttlichen Gegenwart besondere Handlungen und „außerordentliches" Wirken zuzuschreiben, und schließlich wird die göttliche Ursächlichkeit als eine Zweitursache betrachtet.[42]

In einem Aufsatz über die Theologie des Gottesdienstes stellt Rahner zwei Modelle des göttlichen Handelns vor.[43] Das erste Modell versteht das gnadenhafte Handeln Gottes als ein in die verdorbene Welt *punktförmiges* und *diskontinuierliches* Eingreifen Gottes. Nach diesem Modell sind Gottes gnadenhafte Wirkungen (unter ihnen die Sakramente) Gottes Interventionen von außen und von oben, unserem Geschaffensein etwas Hinzukommendes.

Nach Rahner gibt es aber auch ein anderes Modell, um Gottes Gnade zu betrachten. In diesem zweiten Modell wird die profane Welt von Anfang an schon in die göttliche Selbstmitteilung eingeschlossen und von der Gnade Gottes durchdrungen. Gottes liebendes Wirken ist immer und überall in der Welt tätig. Gott greift nicht in die Welt von außen ein, in „übernatürlicher" oder „außergewöhnlicher" Art, durch spezielle Handlungen. Zunächst, weil die Gegenwart Gottes die ganze Schöpfung umfasst. Zweitens, weil die Bezogenheit auf Gott die Geschöpflichkeit bestimmt. Gott und Welt, Schöpfer und Geschöpf sind nicht indirekt proportional zueinander, sondern direkt. Je mehr Gott auf die Welt bezogen ist,

---

[39] Vgl. Rahner, Grundkurs des Glaubens [wie Anm. 24], 222.
[40] Th. v. Aquin, Summa Theologiae, I, q. 8, art.1.
[41] Augustinus, Confessiones, III, 6, 11.
[42] Vgl. B. Weissmahr, Gottes Wirken in der Welt. Ein Diskussionsbeitrag zur Frage der Evolution und des Wunders, Frankfurt a. M. 1973.
[43] K. Rahner, Zur Theologie des Gottesdienstes, in: ders., Schriften zur Theologie, Bd. XIV, Einsiedeln 1981, 227–237.

desto mehr verwirklicht die Welt ihre Bezogenheit auf Gott. Je mehr die Welt auf Gott gerichtet ist, desto mehr verwirklicht die Welt ihre Autonomie. *Erste Ursächlichkeit* und *Zweitursachen* handeln nicht einander entgegen, sondern zusammen. Gottes Gegenwart ist die transzendentale Bedingung für das geschaffene kategoriale Wirken: Je mehr Gott die Welt wirkt, desto mehr verwirklicht das Geschöpf sein Wirken in der Welt. „Gott [wirkt *die* Welt] und [wirkt] nicht eigentlich *in der Welt*."[44] Gott tritt niemals an die Stelle der Geschöpfe. Würde Gott *als Gott* in der Welt erscheinen und an der Stelle der Zweitursachen handeln, dann würde Gott nicht mehr seine göttliche Transzendenz bewahren und die Welt würde vernichtet sein.

Gott kann nicht *als Gott* in weltlicher Weise anwesend sein, weil Gottes Sein transzendent und „nicht von dieser Welt" ist. Gottes Transzendenz (x) ist mit seiner Gegenwart zur Welt (x + y) gleichgesetzt (x = x + y), ohne seine Göttlichkeit auszuschöpfen. „God is present *to* the world but absent *in* the world."[45] Gott als transzendent kann in der Welt anwesend sein, weil das Geschaffene Gott *repräsentiert*.

Der formale Unterschied zwischen „Gottes Gegenwart" (Genitivus *subiectivus*) und „Gegenwart von Gott" (Genitivus *obiectivus*) wird deutlich sichtbar, wenn wir auf die subjektive Seite der Offenbarung Gottes achten. Gottes Selbstmitteilung verwirklicht sich, wenn sie der Mensch aufnimmt – „Es gibt keine Offenbarung, wenn es niemanden gibt, der sie als etwas empfängt [...]."[46] *Von Gottes Seite* wird die Offenbarung immer dargeboten und sie ist immer wirksam und gegenwärtig; *von der Seite des Menschen* aber wird Gottes ewige Selbstmitteilung nur wirksam und für den Menschen gegenwärtig, wenn der Mensch sie aufnimmt.

Gottes Gegenwart verwirklicht sich in jedem menschlichen Akt der Selbsttranszendenz auf Gott hin. Wenn die Gegenwart Gottes (Genitivus *subiectivus*) die *unmittelbare* Liebe Gottes ist, dann verwirklicht sie sich in jedem menschlichen Akt der Liebe. „Geliebte, wir wollen einander lieben; denn die Liebe ist aus Gott und jeder, der liebt, stammt von Gott und erkennt Gott." (1 Joh 4,7)

Gott ist nur „präsent," wenn ihn der Glaubende empfängt, in seinem Akt der Selbsttranszendenz, in der Betätigung seiner Bezogenheit auf Gott. In dieser menschlichen Hingabe auf Gott „inkarniert" sich, *repräsentiert* sich das transzen-

---

[44] RAHNER, Grundkurs des Glaubens [wie Anm. 24], 93.
[45] DALFERTH, God, Time and Orientation [wie Anm. 34], 14.
[46] „Es gibt keine Offenbarung, wenn es niemanden gibt, der sie als etwas empfängt, das ihn unbedingt angeht. [...] Wenn niemand das subjektiv empfängt, was objektiv geschieht, so verfehlt das Ereignis, etwas zu offenbaren. Das objektive Ereignis und die subjektive Aufnahme gehören beide zum Ganzen des Offenbarungsgeschehens. Es gibt keine Offenbarung ohne die empfangende Seite, und es gibt keine Offenbarung ohne die gebende Seite." P. TILLICH, Systematische Theologie. Bd. 1, Stuttgart [4]1973, 134–135.

dentale Wort Gottes. Wo und wenn auch immer der Mensch *sich selbst* annimmt und erkennt, in der Freiheit seiner Existenz, als „restlos abhängig von" und „radikal bezogen auf", dann wird Gott gegenwärtig und Gott *wird* Mensch.

In einem Aufsatz über das Beten fragt sich Rahner nach dem Sinn des Dialogs mit Gott. „[Im] Gebet erfahren wir uns selber als die von Gott Gesagten."[47] Die Gegenwart Gottes kann nicht mit einem „besonderen" Wort unter vielen anderen verwechselt werden, nicht mit einem besonderen Gefühl oder Gedanken, einem besonderen Inhalt der Wahrnehmung, einer Erleuchtung oder Inspiration. Gottes Gegenwart identifiziert sich nicht mit einem (wenn auch besonderen) Gegenstand unserer Erfahrung oder mit einem außergewöhnlichen Erlebnis. Gottes Gegenwart teilt sich mit in der Form unserer Geschöpflichkeit. Gottes Selbstmitteilung erfahren wir als Geschaffene. Da Gott als Gott im Kontext der Welt *abwesend* ist, wird seine göttliche Gegenwart nur in unserem Bezogensein auf ihn re-*präsentiert*. „[Der Mensch] hört nicht ‚etwas' zusätzlich zu sich als einem in seiner toten Faktizität schon Vorausgesetzten, sondern sich selbst als das sich zugesagte Wort, in dem Gott einen Hörenden konstituiert und dem er sich selbst als Antwort zusagt."[48] Je radikaler die Hingabe an Gott ist, desto durchsichtiger wird die Gegenwart Gottes. Eine solche transzendentale Offenheit auf Gott, die wahrgenommen wird, wenn wir uns als *gesprochenes* Wesen annehmen, wird in vielen kategorialen Formen ausgedrückt: in unterschiedlichen Zeiten und mit Steigerung.[49] In seiner liebevollen Hingabe an Gott (*Gehorsam*) verkörperte Jesus – während seines ganzen Lebens bis zu seinem Tod – die Gegenwart Gottes. Sein kategorialer Akt der Selbsttranszendenz (Hingabe an Gott) verwirklichte die transzendentale Offenheit zu Gott in höchster Form.[50] Da diese Selbsttrans-

---

[47] K. RAHNER, Gebet – Zwiegespräch mit Gott?, in: Schriften zur Theologie, Bd. XIII, Einsiedeln 1978, 148–158, 154.

[48] RAHNER, Gebet [wie Anm. 48], 155.

[49] „If I were to offer a definition of ‚incarnation', I would say that it is the progressive presencing and self-manifestation of the Logos in the physical and historical world. For the Christian, this process reaches its climax in Jesus Christ, but the Christ-event is not isolated from the whole series of events. […] Incarnation is not supposed to be an isolated event in Jesus Christ alone, but is seen to have a continuous process of incarnation that began with creation, reached its climax in Christ and continues even today." (J. MACQUARRIE, Jesus Christ in Modern Thought, London 1990, 392, 421).

[50] „Die Auferstehung Jesu ist kein neuer göttlicher schöpferischer Akt. Die Auferstehung ist keine endgültige Steigerung im Gottes Wirken. Wenn es so wäre, würde die ontologische Differenz zwischen der transzendenten Dimension des Seins Gottes und der kategorialen Dimension der Geschöpflichkeit aufgehoben. Die Abhängigkeit des Geschaffenen von Gott ist restlos und kann nicht größer gedacht werden. Wenn wir die Auferstehung als eine Steigerung im Gottes Wirken denken, bedeutet das, dass wir nicht das Geschaffensein kritisch durchdacht haben. Da Gott reiner schöpferischer Akt der Selbstbestimmung ist, handelt er ohne Crescendo und Differenzierung in der Welt. Jedes Crescendo und jede Differenzierung muss der Kreatürlichkeit der Welt zugeschrieben werden. Die Auferstehung ist nichts anderes als der höchste Moment der menschlichen Hingabe an die Liebe Gottes und kein

Der christliche Glaube in nachtheistischer Perspektive

zendenz nicht nur in einigen herausragenden Ereignissen und besonderen Taten, nicht nur in einzelnen Worten oder prophetischen Weissagungen, sondern in der Gesamtheit seines menschlichen Lebens verwirklicht wurde, können wir sagen, dass Jesus die endgültige Repräsentation und Vergegenwärtigung Gottes ist. Der transzendente Gott wurde in diesem Menschen *Person*.[51]

Am Ende unserer Ausführungen über die „Gegenwart Gottes" können wir noch einmal auf die Gleichung zurückkommen, die uns symbolisch geholfen hat, den Übergang vom Theismus zum Nach-Theismus nachzudenken. Die Ergebnisse unserer Untersuchung über Gottes Gegenwart haben uns gezeigt, dass Gott nicht der Welt *als Gott* gegenwärtig ist. Auch in seiner Selbstmitteilung bleibt Gott *unbegreiflich* und *unsagbar*. Gott wird „in sich selbst" nur *als Mensch* erkannt und erfahren. Deshalb bleibt Gott in unserer Gleichung ein „x", das nicht im Bezogensein auf uns sein Geheimnis aufhebt ($x = x + y$).

Die Gleichung impliziert nicht nur einen ontologischen Sinn, sondern einen epistemologischen: ($y = y + x$). Wenn wir die Gleichung auflösen, haben wir folgendes Ergebnis: ($y = y$) und ($x = 0$). Selbsterfahrung ($y = y$) wird in der Gotteserfahrung bekannt gemacht ($y + x$). Rahner spricht von einer Einheit von Selbsterfahrung und Gotteserfahrung. Ohne Gotteserfahrung (Bezogensein auf Gott) kann der Mensch nicht zu sich selbst kommen, weil „die ursprüngliche *Gottes*erfahrung Bedingung der Möglichkeit und Moment der Selbsterfahrung ist."[52] Mit dem Wort „ursprüngliche *Gottes*erfahrung" ist das gemeint, was wir Gegenwart Gottes (Genitivus *obiectivus*) genannt haben. In der Wahrnehmung unseres Bezogenseins auf Gott werden wir die „Gegenwart *Gottes*" (Genitivus *obiectivus*) erfahren, weder als etwas zu unserem Wesen Hinzukommendes noch als etwas Wunderbares, sondern als die Wahrnehmung der unsagbaren und umgebenden Gegenwart *Gottes* (Genitivus *subiectivus*), die als ($x = 0$) in der epistemologischen Gleichung dargestellt wird. Gott bleibt *verborgen* in seiner Gegenwart (*deus absconditus*), aber teilt sich mit in/unter/als Geschöpflichkeit (*deus revelatus*). Die Offenbarung Gottes hebt nicht Gottes Verborgenheit auf, sondern bestätigt sie. „Der ‚deus absconditus' ist als solcher die ursprüngliche Wahrheit des Menschen."[53] Weil der Mensch als *An*-wesenheit, nämlich „Wesen des Geheimnisses"

---

neuer, zugelegter göttlicher Akt. Die Auferstehung Jesu ist das Ergebnis der Entscheidung Jesu, sich selbst bis in den Tod auf Gott hinzugeben." (B. WEISSMAHR, Kann Gott die Auferstehung Jesu durch innerweltliche Kräfte bewirkt haben?, in: ZKTh 100 [1978], 441–469, 456).

[51] U. MAUSER, Bild Gott und Menschwerdung, in: Interpretation 24 (1970), 336–356, 355–356.

[52] K. RAHNER, Selbsterfahrung und Gotteserfahrung, in: DERS., Schriften zur Theologie, Bd. X, Einsiedeln 1972, 133–144, 136.

[53] K. RAHNER: „Über die Verborgenheit Gottes", in: DERS., Schriften zur Theologie, Bd. XII, Einsiedeln, 1976, 285–305, 298. „God remains the insoluble mystery; then man is for all eternity the expression of the mystery of God which participates for all eternity in the

ist, deswegen ist, was wir eigentlich von Gottes Geheimnis erfahren, einfach unsere Menschlichkeit.[54] „Der Mensch ist das Ereignis der absoluten Selbstmitteilung Gottes."[55] Deshalb ist die Selbsterfahrung die Bedingung der Möglichkeit der Gotteserfahrung.[56]

Dabei hilft die epistemologische Gleichung, auch einen anderen Aspekt des Geheimnisses Gottes zu erklären: nämlich seine Personalität. Wenn Christen Gott als Person bekennen, verstehen sie unter dem trinitarischen Begriff ein göttliches Wesen, das „persönlich" ist. Wenn der Gottesbegriff durch die trinitarische Perspektive interpretiert wird, dann wird der Begriff der Personalität Gottes erweitert und das göttliche Wesen als „das Ereignis einer inmitten noch so großer Selbstbezogenheit immer noch größeren Selbstlosigkeit" verstanden[57]. Diesem Ereignis entspricht der reine Akt der schöpferischen Selbstbestimmung Gottes, in der Gott seine Identität (*Selbstbezogenheit*) in Bezug auf das Geschaffene (*Selbstlosigkeit*) bestimmt hat.

Schon Rahner und Barth hielten die Einholung des Personenbegriffes in die Trinitätslehre für problematisch, weil die moderne Vorstellung von „Person" mit dem Begriff des „Individuums", als unabhängigen, freien, selbstständigen Aktzentrums des Wissens und Willens, untrennbar verbunden ist; aber das trinitarische Wesen Gottes besteht nicht in drei Individuen.

Deshalb haben Rahner und Barth den Begriff „Person" mit „Modus des Seins" (Barth) oder „Modus des Subsistierens" (Rahner) ersetzt. Beide waren sich bewusst, dass der Begriff „Person" nicht auf die gleiche Weise verwendet werden kann, wenn wir von Gott oder vom Menschen reden. Statt von „Person" zu reden, bevorzugte Tillich, Gott als den Grund jedes persönlichen Seins, die ontologische Macht der Persönlichkeit, zu bezeichnen.[58]

Wenn Gottes Sein der Person-Begriff zugeschrieben wird, müssen wir ihm jede Individualität und Begrenzung absprechen.[59] Im Dialog mit den östlichen Traditionen sagt Paul Knitter, es wäre besser, dass wir von Gott als *persönlichem*

---

mystery of its ground." (F. J. VAN BEECK, Divine Revelation: Intervention or Self-communication?, in: Theological Studies 52 [1991], 199–226, 225).

[54] K. RAHNER, Über den Begriff des Geheimnisses in der katholischen Theologie, in: DERS., Schriften zur Theologie, Bd. IV, Einsiedeln 1962, 51–102, 68.
[55] RAHNER, Grundkurs des Glaubens [wie Anm. 24], 125.
[56] RAHNER, Selbsterfahrung und Gotteserfahrung [wie Anm. 53], 136.
[57] JÜNGEL, Gott als Geheimnis [wie Anm. 22], 411.
[58] TILLICH, Systematic Theology [wie Anm. 18], 245.
[59] „[Gott] ist kein Individuum und so hat er auch keine Grenze. Seine Andersheit uns gegenüber ist keine eigentliche Grenze. Die Grenze zwischen ihm und uns ist unsere Grenze, nicht die seinige. [...] Gott ist nicht schlechthin unser Gegenüber, obwohl er auch unser Gegenüber ist. Die Namen, die wir Gott geben, sind dem Verhältnis zwischen Menschen, die sich ja schlechthinnig gegenüberstehen, entnommen: er ist unser Herr, König, Vater usw. Insoweit sind sie metaphorisch, wobei der von Jesus bevorzugte Name ‚Abba' keine Ausnahme ist." (P. SCHOONENBERG, Gott als Person und Gott als das unpersönlich Gött-

Wesen statt als „Person" oder „drei Personen" sprechen sollen.[60] Wir können von Gott *als Person* sprechen, aber dann sollen wir beachten: Gott ist „Person" in seiner Gegenwart zum Geschaffenen (x + y), als unser Gegenüber, obwohl er nicht schlechthin unser Gegenüber ist (x). Wenn wir Gott *als Gott* wahrnehmen wollen, ohne alle Einschränkungen und Eigenschaften, die ihn als Person bestimmen, dann bleibt nur das, was Gott als Gott ausmacht: das Bei-sich-Sein des Geistes, das Selbstbewusstsein.[61] Weil der Geist unbegrenzt ist und in seiner Betätigung „quodammodo omnia" ist, wird, wenn diesem Begriff vom Geist Göttlichkeit zugeschrieben wird, der schöpferische Akt der Liebe bestimmen, was wir unter dem Geist Gottes verstehen sollen. Das *göttliche* Selbstbewusstsein schließt das Geschaffene ein und durchdringt „quodammodo omnia". Das Bei-sich-Sein Gottes (*ent*)äußert und bestimmt sich im schöpferischen Liebesakt des Bei-*anderem*-Seins als Geschaffenes. „ὁ θεὸς [ἐστὶ] τὰ πάντα ἐν πᾶσιν." (1 Kor 15, 28). In unserem tiefen Selbstbewusstsein ist die transzendentale Gegenwart des göttlichen Geistes „innerlicher als unser Innerlichstes und höher als unser Höchstes".[62] Die kontemplative Haltung verwirklicht in unserem menschlichen Bezogensein einen solchen *apophatischen* Ansatz hinsichtlich des Geheimnisses Gottes.[63] Wann immer der Mensch sich selbst restlos empfängt, wird er sich selbst offenbart und in dieser Weise teilt sich ihm die Gegenwart Gottes mit.

Wie beim wissenschaftlichen und philosophischen Paradigmenwechsel versucht die *nachtheistische* Wende in der Theologie, die Dimension des Selbstbewusstseins wahrzunehmen, nicht nur bei den Menschen, sondern in der ganzen

---

liche, in: G. OBERHAMMER [Hg.], Transzendenzerfahrung, Vollzugshorizont des Heils. Das Problem in indischer und christlicher Tradition, Wien 1978, 207–234, 230–231).

[60] P. KNITTER, Without Buddha I Could not be a Christian, Oxford 2009, 41. Advaita Vedānta unterscheidet zwei Weisen von Brahman: Nirguna und Saguna. Es ist die Art und Weise, dass Brahman oder die absolute Wirklichkeit wahr- und angenommen wird. *Nirguna* Brahman ist der transzendente, unbestimmte Zustand des mystischen Bewusstseins, über den nichts bejaht werden kann (die *via negativa* oder die *apophatische* Tradition der Mystik). *Saguna* Brahman dagegen wird als Gott mit Namen und persönlichen Eigenschaften verstanden (die *via adfirmativa* und *eminentiae* oder die *kataphatische* Tradition der Offenbarung). Wenn der transzendente Gott in menschlicher Weise in der Geschichte wahrgenommen wird, ist er „Saguna Brahman". *Saguna* Brahman wird von den Gottgefälligen aus ihrer zwangsläufig begrenzten, partiellen oder relativen Perspektive verstanden, in der alle Erkenntnisse und Verständnisse durch Unwissenheit qualifiziert sind. Von diesem Aussichtspunkt (*Saguna*) ist Brahman Herr, Īśvara, Purushottama, der eigentliche Gegenstand unserer Hingabe und Anbetung. Der transzendente (*Nirguna*) Gott als solcher ist ohne Eigenschaften, Namen und Formen. Als „Nirguna Brahman" ist der absolute Gott mehr als die höchste Person, sondern ist er *Über*-person und *trans*-persönlich. In diesem Sinn ist der Absolute *keine* Person.

[61] TH. V. AQUIN, Summa Theologiae, I, q. 14, art. 1; q. 16, art.

[62] AUGUSTINUS, Confessiones, III, 6, 11.

[63] Vgl. F. JALICS, Kontemplative Exerzitien. Eine Einführung in die kontemplative Lebenshaltung und in das Jesusgebet, Würzburg 1994.

Schöpfung. Gott ist nicht beziehungsunfähig und von der Welt abgehoben. Göttliche Identität ist kreativ. Die höhere Form der ontologischen Einheit, in der Gott und Schöpfung betrachtet werden sollen, ist die des schöpferischen Geistes Gottes (*spiritus creator*), die über dem All schwebt und alles in allem ist (1 Kor 15,28).

Verwendete Literatur

ABBAGNANO, Nicola: Dizionario di Filosofia, Torino 1971.
AUGUSTINUS: De Trinitate.
AUGUSTINUS: Confessiones.
BAUCKHAM, Richard: God Crucified. Monotheism and Christology in the New Testament, Grand Rapids (MI) 1998.
BEECK, Franz Jozef van: Divine Revelation: Intervention or Self-communication?, in: Theological Studies 52 (1991).
BAUHOFER, Oskar: Creatio ex nihilo, in Catholica 55 (1954).
DALFERTH, Ingolf U.: Becoming Present. An Inquiry into the Christian Sense of the Presence of God, Leuven 2006.
DALFERTH, Ingolf U.: God. Time, and Orientation. ‚Presence‘ and ‚Absence‘ in Religious and Everyday Discourse, in: DERS. (Hg.), The presence and Absence of God: Claremont Studies in Philosophy and Theology, Tübingen 2009.
GILKEY, Langdon B.: Cosmology, Ontology, and the Travail of Biblical Language, in: The Journal of Religion 41 (1961).
HEGEL, G. W. F.: Grundlinien der Philosophie des Rechts, Berlin 1821.
JALICS, Franz: Kontemplative Exerzitien. Eine Einführung in die kontemplative Lebenshaltung und in das Jesusgebet, Würzburg 1994.
JÜNGEL, Eberhard: Gottes Sein ist im Werden. Verantwortliche Rede vom Sein Gottes bei Karl Barth, Tübingen 1986.
JÜNGEL, Eberhard: Gott als Geheimnis der Welt. Zur Begründung der Theologie der Gekreuzigten im Streit zwischen Theismus und Atheismus, Tübingen 1992.
KNITTER, Paul F.: Without Buddha I Could not be a Christian, Oxford 2009.
KERN, Walter: Gott-Welt-Verhältnis, in: Sacramentum mundi, Bd. 2, Freiburg i. Brsg. 1992.
KERR, Fergus: After Aquinas: Versions of Thomism, Oxford 2002.
LÖSER, Freimut: Resisting Censorship: Cases of the early Fourteenth Century, in: J. HARTMANN/H. ZAPF (Hg.), Censorship and Exile, Augsburg 2015.
MAUSER, Ulrich: Bild Gott und Menschwerdung, in: Interpretation 24 (1970).
MACQUARRIE, John: Jesus Christ in Modern Thought, London 1990.
MCGINN, Bernard: Meister Eckhart. Teacher and Preacher, Mahwah 1986.
NIKOLAUS VON CUSA: De visio dei.

PANIKKAR, Raimon: Common Patterns of Eastern and Western Scholasticism, in: Diogenes 83 (1973).
PLOTIN/MÜLLER, Hermann Friedrich: Die Enneaden. Bd. 2, Berlin 1880.
RAHNER, Karl: Grundkurs des Glaubens. Einführung in den Begriff des Christentums, Freiburg i. Brsg. 1976.
RAHNER, Karl: Zur Theologie des Gottesdienstes, in: DERS., Schriften zur Theologie, Bd. XIV, Einsiedeln 1981.
RAHNER, Karl: Gebet – Zwiegespräch mit Gott?, in: DERS., Schriften zur Theologie, Bd. XIII, Einsiedeln 1980.
RAHNER, Karl: Selbsterfahrung und Gotteserfahrung, in: DERS., Schriften zur Theologie, Bd. X, Einsiedeln 1972.
RAHNER, Karl: Über die Verborgenheit Gottes, in: DERS., Schriften zur Theologie, Bd. XII, Einsiedeln, 1976.
RAHNER, Karl: Über den Begriff des Geheimnisses in der katholischen Theologie, in: DERS., Schriften zur Theologie, Bd. IV, Einsiedeln 1962.
SCHOONENBERG, Piet: Gott als Person und Gott als das unpersönlich Göttliche, in: G. OBERHAMMER (Hg.), Transzendenzerfahrung, Vollzugshorizont des Heils. Das Problem in indischer und christlicher Tradition, Wien 1978.
SCHWÖBEL, Christoph: Christology and Trinitarian Thought, in: DERS. (Hg.), Trinitarian Theology Today. Essays on Divine Being and Act, Edinburgh 1995.
SCHÄRTL, Thomas: Rithinking the Concept of a Personal God, in: DERS./CH. TAPP/V. WEGENER (Hg.), Rethinking the Concept of a personal God: Classical Theism, Personal Theism, and Alternative Concepts of God, Münster 2016.
TILLICH, Paul: Systematic Theology. Bd. 1, Chicago 1967.
TILLICH, Paul: Systematische Theologie. Bd. 1, Stuttgart ⁴1973.
TH. V. AQUIN: Summa Contra Gentiles.
TH. V. AQUIN: Summa Theologiae.
WEISSMAHR, Bela: Kann Gott die Auferstehung Jesu durch innerweltliche Kräfte bewirkt haben?, in: ZKTH 100 (1978).
WEISSMAHR, Bela: Gottes Wirken in der Welt. Ein Diskussionsbeitrag zur Frage der Evolution und des Wunders, Frankfurt a. M. 1973.
WILES, Maurice F.: Religious Authority and Divine Action, in: Religious Studies 7 (1971).

Thomas Schärtl

Post-Theismus und Klassischer Theismus.
Eine Response auf Paolo Gamberini SJ

1. Metatheismus

Paolo Gamberini hat in seinem Beitrag ein *post-theistisches* Zeitalter ausgerufen. Immer dann, wenn in der Philosophie oder Theologie eine Epochenzäsur proklamiert oder ein neuer Schwellenüberschritt deklariert wird, gilt es doch auch, ein wenig skeptisch zu werden. Schon der viel gerühmte *panentheistic turn* war vielleicht kein echter Turn, weil sich, neben glühenden Befürworter*innen solchen Umdenkens, immer auch Verfechter*innen der Gegenposition fanden. Trotz aller Unkenrufe erfreut sich zum Beispiel der personale Theismus (etwa in Gestalt des *Open View Theism*) allergrößter Vitalität und wird im deutschen Sprachraum – bei Magnus Striet, Saskia Wendel oder neuerdings Oliver Wintzek – ganz unabhängig von Epochenmarkierungen weiter fortgeschrieben.

Worauf bezieht sich das „Post" im Paradigmenwechsel hin zu einem Posttheismus, der Gamberini vorschwebt? Zum einen scheint es sich um eine gewisse *Abkehr vom klassischen Theismus* zu handeln. Zum anderen ist ihm wohl im gleichen Maße an einer Abwendung von einer Form von Theismus gelegen, die sich Gott als allzu personalen Akteur vorstellt. Dennoch finden sich bei Gamberini immer noch (mehr als nur verbale) Zugeständnisse an *beide* Paradigmen, sodass unklar bleibt, wo die eigentliche Abweichung nun genau zu lokalisieren wäre. Denn immerhin wird – in personalistischem Vokabular – Gott nach wie vor als ein Gott der Selbstmitteilung und der Liebe gedacht. Auf der anderen Seite hält Gamberini an der Unveränderlichkeit Gottes fest – mit weiteren Zugeständnissen, die eine gewisse Scheu dokumentieren, den klassischen Theismus wirklich gänzlich zu kippen.

Diese im Zickzacklauf vollzogenen Überlegungen Gamberinis zeigen, dass es in der gegenwärtigen Debatte Überkreuzungen gibt, die Taxonomien und eindeutige Standpunktzuordnungen erschweren: Mit dem klassischen Theismus teilt sich der personale Theismus im Übrigen ohnehin die Grundüberzeugung, dass die Vollkommenheit Gottes Dreh- und Angelpunkt einer Eigenschaftslehre sein muss, die beispielsweise mit der Aseität Gottes anzuheben hat.[1] Gleichwohl versucht der klassische Theismus, Gott als Inbegriff metaphysischer Prinzipien zu

---

[1] Eine bemerkenswerte Verteidigung der Aseität Gottes im Gewand des personalen Theismus findet sich in der Debatte zum Verhältnis zwischen Gott und abstrakten Gegenstän-

denken, die in Gottes eigener Natur gegeben und in ihrer Aufgipfelung als mit Gott identisch gedacht werden, sodass sich hierin wiederum ein Crossover hin zu Formen des Non-Standard-Theismus entdecken ließe. *Ist es wirklich nötig, im Namen einer post-theistischen Wende eine Abkehr vom klassischen Theismus zu fordern? Oder sollten wir nicht viel eher eine Wiederaneignung des klassischen Theismus versuchen?*

Diese Anfragen sind flankiert von drei Thesen:

1. Der klassische Theismus *ist immer noch kraftvoll genug,* um die post-theistischen Anforderungen Gamberinis aufzunehmen und die Anfragen, die sich aus heutiger Perspektive an den Theismus ergeben mögen, *produktiv* zu beantworten.
2. Der klassische Theismus kennt Verzweigungen – ich werde im nächsten Abschnitt besonders auf Johannes von Kuhn und seine idealistischen Anleihen eingehen –, welche es erlauben, *Denkformen zu integrieren*, die uns helfen, über einen mit Recht bestreitbaren, stumpfen Gott-Welt-Dualismus hinauszuwachsen.
3. Daran zeigt sich nun aber auch: Idealistische, insbesondere geistmetaphysische Fortbestimmungen des Gottesbegriffes sind nicht notwendig als Abkehr vom klassischen Theismus zu lesen, sondern *kongeniale Fortsetzungen* der schon im klassischen Theismus gegebenen Einsicht, dass Gott eine Natur hat, welcher er im Modus einer selbst-vermittelten Identität, einer in *sich aufgehellten Selbsttransparenz* gegenübersteht.

Es mag viele Gründe geben, überkommene Formen des Theismus zu modifizieren oder eben, wie Gamberini angedeutet hat, einen Paradigmenwechsel einzuläuten. Und über die Triftigkeit dieser Gründe wäre im Einzelnen zu diskutieren, was ich in diesem Rahmen nicht in gebotener Ausführlichkeit tun kann.

Aber wie sehen diese Gründe nun aus? Und wer diktiert die Preise? Wenn ich Gamberinis Diagnostik Revue passieren lasse, so kann man sagen, dass zum Setting solcher Gründe zum einen stets schwerer wiegende Gegengründe gegen das unter Beschuss geratene Alternativparadigma gehören: In der Tat wird gegenwärtig immer wieder diskutiert, ob ein *personaler Theismus* von dem Gewicht des Theodizeeproblems nicht erdrückt wird oder er nicht förmlich verdampft im Angesicht kosmologischer Einsichten, denen gegenüber uns jede Form von theologischer Anthropozentrik wie ein possierliches mythologisches Relikt vorkommen muss. Zum anderen sollten die für einen Paradigmenwechsel angeführten Gründe ihrerseits wiederum über den Verdacht erhaben sein, dass wir uns den Gottesbegriff zimmern, den wir brauchen, etwa weil ein unbefragter naturalistischer

den bei W. L. CRAIG, God and Abstract Objects. The Coherence of Theism: Aseity, Cham (Swiss) 2017.

Grundkonsens, ein kaum verhüllter Deismus, eine Transzendenz nivellierende Naturmystifizierung oder vielleicht auch nur der Katalog von aus Relevanzsehnsüchten geborenen theologisch-dogmatischen Wünschen uns in eine bestimmte Richtung zu drängen versuchten.

Dem würde ich daher die Eigenzuständigkeit der Philosophie in der Gottesfrage entgegenstellen, die sich mit strengen Kriterien gegen begriffliche Modifikationen im Namen von Brauchbarkeitserwägungen zu stemmen hätte. Jede Modifikation des Gottesgedankens hat philosophisch, wie mir scheint, mindestens drei Bedingungen zu erfüllen:

1. Der Gottesgedanke muss in Form und Inhalt als *Letztgedanke* der spekulativen Vernunft ausgewiesen werden, um schließlich auf einer grundsätzlichen Ebene den Zusammenhang dieses Letztgedankens mit anderen spekulativen Letztgedanken (in Form einer Metaphysik[2] etwa) darlegen zu können.[3]
2. Nach Kant muss der Gottesgedanke in das Projekt des Sich-selbst-Verstehens der Vernunft integriert werden, sodass er sich gerade durch seine *hermeneutische Leistung für das Selbstverstehen einer Vernunft*, die an sich und der Welt irre wird oder schon geworden ist, bewährt.[4]
3. Diese Bewährungskriterien sind angesichts einer nicht vereinfachbaren Mehrzahl von in sich konsistenten Weltmodellen weiter auszubuchstabieren – was im Sinne eines Rückkopplungseffektes bedeuten kann, dass ein Gottesbegriff an Stärke und Plausibilität gewinnt, wenn er in der Lage ist, die Grundelemente alternativer Weltmodelle in sich aufzunehmen, um damit eben die Kontingenz dieser Weltmodelle noch einmal in einen Rahmen zu stellen.[5]

---

[2] Vgl. D. Henrich, Warum Metaphysik?, in: Ders.: Bewußtes Leben. Stuttgart 1999, 74–84.

[3] Ich danke an dieser Stelle ausdrücklich Herrn Kollegen Kobusch für den Hinweis darauf, dass der Begriff eines „spekulativen Letztgedankens" bei Kant keinen Anhaltspunkt haben könnte, weil „Spekulation" eine pejorative Verwendung hat. Ich denke aber, dass diese sachlich wie terminologisch an Henrich angelehnte Formulierung in Kant selbst eine Rückendeckung findet – und zwar insofern, als dass Letztgedanken nichts anderes sind als die Ideen, deren Status im Geflecht und Geschäft der Vernunft vor allem die Synthesis der begrifflichen Synthesisleistung ist. Vor diesem Hintergrund ist die Vernunft gewissermaßen gar nicht in der Lage, sich diesen Letztgedanken zu entziehen. Der entscheidende kantische Hinweis besteht nun aber darin, dass es kein sicheres Wissen um derartige Letztgedanken gibt, dass ihre Sicherheit sich nur aus dem Praktischen ergeben kann. Diese Forderung lässt sich einholen mit Henrichs Hinweis auf die lebensspendende Kraft, dank derer sich solche Letztgedanken zu bewähren haben, aber auch bewähren können.

[4] Vgl. hierzu D. Henrich, Grund und Gang spekulativen Denkens, in: Ders.: Bewußtes Leben. Stuttgart 1999, 85–138, 105–106 und 118–119.

[5] Vgl. Henrich, Spekulatives Denkens [wie Anm. 4], 110–112.

2. Die Gleichung »x + y = x«

Gamberini hat uns eine Gleichung präsentiert, die einen philosophischen und theologischen Begriff des Absoluten umreißt: Die Verbindung aus Gott und Welt kann, wenn Gott *wirklich absolut* gedacht wird, nicht noch einmal größer sein als Gott selbst. In der in ihr enthaltenen Intuition trifft diese Forderung mit einem Programm idealistischer Theologie zusammen, das wir etwa bei Johannes von Kuhn am Werk sehen: mit dem Versuch, einen im Theismus lauernden Dualismus endlich aufzulösen.[6] Kuhn warnt nämlich gleichermaßen vor einem Gott-Welt-Dualismus wie vor einem (wie er es sieht) monistischen Anthropomorphismus:

> Der wahre Weg der Erkenntniß des Absoluten, den wir in der Bestimmung der göttlichen Eigenschaften gehen müssen, führt an zwei Klippen vorbei: einerseits an der des Anthropomorphismus (in seiner sinnlichen, wie in der speculativen des Pantheismus), andererseits an der des Dualismus. Wenn der erstere das Unendliche von dem Endlichen schlechthin trennt [...] und vermöge dieser Trennung einen rein negativen Begriff von dem Absoluten [...] aufstellt, so vermischt der letztere beide mit einander und erklärt sie für dasselbe Sein und nur in der Seinsweise verschieden.[7]

Die klarste Form eines solchen Dualismus wäre die bloße Entgegensetzung von Gott und Welt, die auf diese Weise Gott noch einmal beschränkt. Aber auch der Pantheismus ist aus der Perspektive Kuhns auf eigentümliche Weise nur die dunkle Kehrseite dieses Dualismus, weil er im Gegenzug Gott und Welt flach identifiziert, um eben dadurch die angedeutete Dualität nur zu einer Seite hin aufzulösen.[8] Die spekulative Lösung muss also zwischen Dualismus und Monismus liegen.

Gamberinis Formel »x + y = x« hat in der Mitte ein Gleichheitszeichen; die Interpretation führt, wie er selbst betont hat, in ein ontologisches Dilemma: Die Welt ist – verglichen mit Gott – entweder nichts, oder aber sie erhält eine ontologische Dichte nur und insofern, als sie mit Gott identifiziert wird. Johannes von Kuhn dagegen würde versuchen, die in der Gleichung angezeigte Entgegenstellung von Gott und Welt schon *ab ovo* so zu unterlaufen. Und er würde, wie noch darzulegen ist, auf eine revidierte Interpretation der genannten Gleichung drängen. Kuhn geht noch einige Schritte weiter; er sieht die Trennung von Wesen und Erscheinung Gottes ebenfalls als Ausweis ein- und desselben fragwürdigen Dualismus.[9] Die von Gamberini gebrauchte, für die Gotteserkenntnis veranschlagte Konversgleichung »y + x = y« müsste aus Kuhns Sicht somit ebenfalls revidiert

---

[6] Vgl. J. v. Kuhn, Katholische Dogmatik I/2: Die allgemeine Gotteslehre. Die dogmatische Lehre von der Erkenntnis, den Eigenschaften und der Einheit Gottes. Tübingen 1862, 588–605.
[7] Kuhn, Gotteslehre [wie Anm. 6], 557–558.
[8] Vgl. Kuhn, Gotteslehre [wie Anm. 6], 592–593.
[9] Vgl. Kuhn, Gotteslehre [wie Anm. 6], 594–595.

werden, damit es uns besser gelingt – wie Kuhn vorschlägt –, zwischen Dualismus und Monismus zu manövrieren. Das heißt: Das Verhältnis von Gott und Welt, von natürlicher Gotteserkenntnis und Offenbarung ist ebenfalls als dialektische Einheit, als Differenzidentität zu denken. Die für die Nicht-Identität in der Identität entscheidende Demarkationslinie zieht Kuhn mit der Unterscheidung zwischen Endlichkeit und Unendlichkeit:

Der theistische Gottesbegriff nimmt die Unterscheidung des Endlichen und Unendlichen als eine reelle oder substantielle zu seiner Voraussetzung kraft der ihm als Princip geltenden Gottesidee. Dadurch, daß er sich vom Endlichen aus, das ihm ein bestimmtes Sein ist, aufbaut, ist er ein positiver, realer, eine wirkliche Erkenntniß des Absoluten. Denn so ist ihm das Absolute nicht das beständig in sein Anderssein Uebergehende oder Umschlagende, noch das bestimmungs- und eigenschaftslos rein negative Sein des Dualismus, sondern ein festes, wirkliches, positives Fürsichsein, und die realen Bestimmungen des Endlichen, als unendliche gedacht, sind sein Wesen. [...] Die unserem Denken vorleuchtende und dasselbe als Princip leitende Gottesidee läßt aber das Denken nicht dabei stehen bleiben, sondern treibt es über jene vorstellungsgemäßige Erkenntniß Gottes hinaus, ohne sie jedoch als unwahr oder nichtig zu verwerfen. Denn nach der Idee des Geistes von ihm ist Gott das über alles unendlich erhabene Wesen, der absolute Geist, somit bestimmungs- und eigenschaftslos, aber nicht im rein negativen Sinne; vielmehr begreifen wir ihn [...] als das *absolut* oder *unendlich* bestimmte und geeigenschaftete Wesen. [...] Der Geist ist das vollkommene Wesen, sowohl hinsichtlich des Reichtums seiner Eigenschaften als seiner innern Organisation. Daher ist es der Idee des Unendlichen ganz gemäß, wenn wir Gott als Geist, und als den absoluten Geist nach den beiden eben bezeichneten Richtungen denken.[10]

Die oben genannte Gleichung ergibt daher nur Sinn, wenn wir sie im von Kuhn genannten Zueinander von dem Endlichen und dem Unendlichen ausfüllen. Die für alle weiteren Konstitutionselemente des genannten Verhältnisses relevanten Wesensbestimmungen, sowohl Gottes als auch der Welt, erschließen sich aus einer Kerneigenschaft, die (vielleicht als einzige) in sinnvoller, wenn auch nicht anschaulicher Weise in die Dialektik von Unendlichem und Endlichem eingespannt werden kann: aus der *Eigenart des Geistes*. Kuhns idealistisch durchdeklinierte Gotteslehre fügt sich aber immer noch in die Rahmenkoordinaten des klassischen Theismus ein: Gottes Aseität, Einfachheit[11] und Ewigkeit bleiben unangetastet, werden aber durch das Analogon des Geistseins dynamisiert und plausibilisiert.

---

[10] Vgl. KUHN: Gotteslehre [wie Anm. 6], 600–601.
[11] Vgl. KUHN: Gotteslehre [wie Anm. 6], 803–804.

3. Gottes schöpferische Macht

Wie lässt sich die von Gamberini post-theistisch geforderte notwendige Schöpfermacht Gottes artikulieren, ohne mit dem klassischen Theismus zu brechen? Kuhn selbst benutzt nicht nur die Handschrift Hegels, sondern mehr noch diejenige Schellings, um in Gott eine Dynamik denken zu können, die gleichwohl nicht eine Form des Werdens meint, welche für das immer zeitlich zu denkende Werden im Bereich des Endlichen typisch ist. Was Gamberini mit Blick auf den traditionellen Gottesbegriff als Eindruck von einem toten Sein eines unveränderlichen Gottes schildert, wird bei Kuhn ähnlich diagnostiziert, aber auf die Auswirkungen der oben schon angedeuteten dualistischen Denkform zurückgeführt: Ein Gott, dessen unveränderliches Sein in Abgrenzung von allem endlichen Werden nur und ausschließlich negativ bestimmt werden kann, erweist sich noch einmal als Ausgeburt eines falschen Gott-Welt-Dualismus. Mit Hilfe idealistischer Grundbegriffe versucht Johannes von Kuhn eine Dynamik in Gott zu denken, die keine axiologisch verschlechternde Wandelbarkeit bedeutet.

In Anlehnung an eine Denkfigur Schellings[12] postuliert Kuhn einen Übergang vom Grund des Seins in die Existenz auch in Gott.[13] Dieser *dunkle Grund* der Natur Gottes ist nun aber bei Schelling der Initialpunkt, sowohl einer ewigen Gottwerdung als auch eines die Welt umgreifenden schöpferischen Potenzials. Die von Gamberini eingeklagte Grundbestimmung Gottes *als eines wesentlich lebendigen und schöpferischen* wird bei Schelling durch die Dynamisierung des Verhältnisses zwischen Gott und seinem Wesen eingeholt. Und das hat einen gewissen Preis:

> Da aber doch nichts außer Gott sein kann, so ist dieser Widerspruch nur dadurch aufzulösen, daß die Dinge ihren Grund in dem haben, was in Gott selbst nicht Er selbst ist, d. h. in dem, was Grund seiner Existenz ist. Wollen wir uns dieses Wesen menschlich näher bringen, so können wir sagen: es sei die Sehnsucht, die das ewige Eine empfindet, sich selbst zu gebären. Sie ist nicht das Eine selbst, aber doch mit ihm gleich ewig. Sie will Gott,

---

[12] Vgl. F. W. J. Schelling, Philosophische Untersuchungen über das Wesen der menschlichen Freiheit und die damit zusammenhängenden Gegenstände, hrsg. von Th. Buchheim, Hamburg ²2011, 30: „Da nichts vor oder außer Gott ist, so muß er den Grund seiner Existenz in sich selbst haben. Das sagen alle Philosophien; aber sie reden von diesem Grund als einem bloßen Begriff, ohne ihn zu etwas Reellem und Wirklichem zu machen. Dieser Grund seiner Existenz, den Gott in sich hat, ist nicht Gott absolut betrachtet, d. h. sofern er existiert; denn er ist ja nur der Grund seiner Existenz, Er ist die Natur – in Gott; ein von ihm zwar unabtrennliches, aber doch unterschiedenes Wesen. Analogisch kann dieses Verhältnis durch das der Schwerkraft und des Lichtes in der Natur erläutert werden. Die Schwerkraft geht vor dem Licht her als dessen ewig dunkler Grund, der selbst nicht actu ist, und entflieht in die Nacht, indem das Licht (das Existierende) aufgeht. Selbst das Licht löst das Siegel nicht völlig, unter dem sie beschlossen liegt."

[13] Vgl. Kuhn: Gotteslehre [wie Anm. 6], 792–793.

d. h. die unergründliche Einheit, gebären, aber insofern ist in ihr selbst noch nicht die Einheit. Sie ist daher für sich betrachtet auch Wille; aber Wille, in dem kein Verstand ist [...].[14]

Dieser *rohe*, fast ur-gewaltige, ungerichtete und undomestizierte Wille, der deshalb unbändig frei ist, weil er auch von einer Einsicht des Intellekts nicht dirigiert wird, ist für Schelling, wie sich gezeigt hat, der Initialpunkt einer göttlichen Ur-Schöpferkraft, die sich sowohl auf die eigene Wesensverfassung Gottes, die ja erst aus einer Bestimmung hervorzugehen hat, als auch auf die Schöpfung der endlichen Welt selbst bezieht. Bemerkenswert ist nun, dass Johannes von Kuhn eben diesen Weg, der Gottes Initiative in eine Situation der ‚raw choice' hineinführt, *nicht* zur Gänze mitvollzieht. Stattdessen malt Kuhn die innere Dynamik in Gott innerhalb klar akzentuierter geistphilosophischer Koordinaten aus, die erkennbar die Handschrift Hegels tragen – wenn auch mit einer kritischen Distanzierung:

Der *absolute* Geist hingegen ist subjectiver Geist aus und durch sich selbst allein, ohne die Voraussetzung eines anderen Seins. Wenn er nun auch, wie der endliche, dieß nur durch eine gewisse innere Bewegung ist, ohne welche er als persönlicher Geist gar nicht gedacht werden kann; so ist diese Bewegung aus der Substantialität in die Subjecitvität im Absoluten doch eine ganz andere, eine schlechthin immanente oder voraussetzungslose nicht nur, sondern auch eine successionslose oder ewige. Sie ist kein zeitlicher Entwicklungsprozeß, in dessen Verlauf er subjektiver Geist allmählig *wird*, sondern er *ist* dieß mit einem Male ganz und vollkommen ohne alle Veränderung seines Seins und seines Zustands.[15]

Gottes Urschöpferkraft impliziert für Kuhn nun auch nicht die Parallelisierung von Gottwerdung und Weltentstehung, sondern zeigt sich primär im Übergang von *Substanzialität zu Subjektivität*; sie richtet sich auf Gott selbst. Indem sich Gott seine eigene Natur erkennend und affirmierend *aneignet*, indem ihm eben diese Natur vollkommen transparent wird, vollzieht sich Gott in einem sukzessionslosen, ewigen, dauer-entgrenzten Ereignis *als Geist*. Darin besteht die göttliche Ur-Dynamik.

Ganz ähnlich fasst David B. Hart die grundlegende Geistigkeit Gottes in den Rahmenkoordinaten des klassischen Theismus und dokumentiert damit die innere Verbindbarkeit von klassischem Theismus und idealistischer Begriffsbestimmung:

God is not, in any of the great theistic traditions, merely some rational agent, external to the order of the physical universe, who imposes some kind of design upon an otherwise inert and mindless material order. He is not some discrete being somewhere out there, floating in the great beyond, who fashions nature in accordance with rational laws upon which he is dependent. Rather, he is himself the logical order of all reality, the ground both of the subjective rationality of mind and the objective rationality of being, the transcendent and indwelling Reason or Wisdom by which mind and matter are both informed and in which both participate. If indeed to exist is to be manifest – to be intelligible and perceptible – and if to exist fully is to be consciously known, then God, as infinite being, is

---

[14] SCHELLING, Freiheit [wie Anm. 12], 31–32.
[15] KUHN, Gotteslehre [wie Anm. 6], 794.

also an act of infinite knowledge. He is in himself the absolute unity of consciousness and being, and so in the realm of contingent things is the source of the fittedness of consciousness and being each to the other, the one ontological reality of reason as it exists both in thought and in the structure of the universe.[16]

Der Prozess der dauer-entgrenzten Selbstaneignung Gottes ist also weniger eine in einer unauslotbaren Dunkelheit verwurzelte Selbstbestimmung oder Selbstwahl als vielmehr eine Weise der Selbstvermittlung und Selbstaneignung. Für Kuhn ist dieser Gott personifizierende Selbstvermittlungsprozess die entscheidende Wesensdisposition, aus der zwar auch seine Schöpfertätigkeit im Blick auf die Welt resultiert; aber Letztere ist mit Ersterer nicht identisch. Wir sind hier – in der Sprache gegenwärtiger Debattenkontexte – also weder mit einer rohen Wahl, die in Schellings Augen die einzige Weise ist, um die absolute Freiheit Gottes zu retten, noch mit einer Notwendigkeit der Schöpfung, die im Theoriegebilde Hegels eine Konsequenz aus dem In-Erscheinung-Treten des sich selbst entäußernden Wesens Gottes ist, konfrontiert[17], sondern mit der in Gott selbst liegenden *notwendigen Möglichkeit* seines Schöpferseins. In einem Bild ausgedrückt: Gottes auf ihn selbst als Selbstvermittlung und Selbstaneignung gerichtete Urdynamik wirft unausweichlich einen modalen Schatten, den wir in einer zeitgenössischen Sprache (und anders als bei Leibniz) den *Raum der möglichen Welten* nennen könnten, der sich schon da auftun muss, wo ein Unterschied zwischen Notwendigkeit und Nicht-Notwendigkeit konstituiert und in der vollkommen gelichteten Transparenz eines ewigen, göttlichen Selbst-Bewusstseins festgemacht wird. Welche der möglichen Welten allerdings aktualisiert wird, ist aber mit eben dieser konstitutiven Konstellation nicht präjudiziert.

Interessant ist an dem von mir gestreiften idealistischen Entwurf, dass Kuhn – wie wir schon mehrmals gesehen haben – versucht, dem klassischen Theismus treu zu bleiben, ja dass er idealistische Denkfiguren bemüht, um den klassischen Theismus sogar besser konturieren zu können: Gottes *Aseität*, seine *Ewigkeit* als sukzessionslose Dauer wird nicht in Frage gestellt. Und doch gibt es in Gott (eine für uns unanschauliche) Dynamik, die wir wohl am ehesten verstehen, wenn wir uns an die Dynamik des Geistes halten: So wie wir uns *qua Geist formal* auf Anderes beziehen, indem wir uns im reflexiven Selbstbezug auf uns richten, so taucht vor Gottes Augen der modale Raum *in der Kontemplation und Selbstaneignung seines eigenen Wesens* auf. Gottes Aseität – und dies ist ein Kernelement des klassischen Theismus – gebietet es aber, dass sich der genannte Selbstaneignungsprozess primär auf Gott selbst bezieht, also sein Selbstverhältnis als Ausgangs- und Zielpunkt hat.[18] Das ist nur durch die Geist-Analogie verstehbar; und nur mit

---

[16] D. B. Hart, The Experience of God, New Haven/London 2013, 234–235.
[17] Vgl. Kuhn, Gotteslehre [wie Anm. 6], 798–799; an dieser Stelle setzt sich Kuhn gleichermaßen von Hegel und Schelling ab.
[18] Vgl. Kuhn, Gotteslehre [wie Anm. 6], 796–797.

diesem Begriffsinstrumentarium lässt sich in idealistischer Denkweise die Vorstellung einholen, dass Gott sich in der Bezugnahme auf sein eigenes Wesen in indirekter Weise auch auf die Welt, auf uns bezieht. Wir sind der Schatten, den seine Aseität und notwendige Aktualität werfen – ein Schatten, der aber in die Selbsttransparenz des göttlichen Geistes immer schon eingeborgen ist. Der schon einmal erwähnte amerikanische Theologe David B. Hart bringt diese Einsicht in einer Verschmelzung idealistischer und klassischer Konzepte auf die folgende Formel:

> God, however, is not a limited physical substance, standing outside other such substances, and his particular spiritual intentions (acts of will and knowledge, that is) toward finite things involve no physical processes and no modifications of his substance from without. And if those intentions somehow ‚determine' anything about who God is, it certainly could not be a passive determination in any sense, but an eternal act of self-determination or self-expression. More important, they would certainly add nothing new in the order of real being to God, since the ‚subtracted' reality of finite things is always already embraced within the infinitely fuller reality of divine being.[19]

Die oben angedeutete Ausfahrt, die nicht Schelling, sondern Hegel die Ehre gibt, leugnet ein Konzept der Selbstbestimmung Gottes nicht zur Gänze, der Unterschied ist aber nicht nur eine Marginalie. Zunächst lässt sich, wie Christian Georg Martin in einer stupenden Rekonstruktion von Hegels *Wissenschaft der Logik* gezeigt hat, die Begriffe und Kategorien erzeugende Denkbewegung durchaus unter die Operation der Selbstbestimmung fassen, deren erster Schritt sich auf ein noch nicht als Gegensatz zum Bestimmtsein aufgefasstes Unbestimmtsein bezieht und sich als selbstbezügliche Negation vollzieht.[20] Gleichzeitig gilt aber, dass es bereits eine Einbettung dieser Selbstbestimmung gibt, ohne die dieser Vollzug, der ja einen normativen-begrifflichen Anspruch hervorbringt, gar nicht verstanden oder geltungstheoretisch eingeholt werden kann: die Einbettung in die Eigenart des Geistes.[21] Was Martin hier zunächst (und methodisch ausschließlich) von freien menschlichen Subjekten sagt, ließe sich auch von einem aus sich selbst seienden Gott sagen, dessen Aseität zwar in einer aus Freiheit vollzogenen Selbstbestimmung besteht, die aber bereits ob ihres normativen, den Unterschied von Notwendigkeit und Möglichkeit immer schon setzenden Aspekts eben selbst diese Einbettung in die Eigenart des Geistes aufweist (und zwar in einem höchsten denkbaren Ausmaß). Weil es im Falle Gottes und aus seiner Aseitätsperspektive kein ihm gleichartiges anderes freies Subjekt geben kann, demgegenüber dieses Eingebettetsein aufgewiesen und durch dessen Anerkennung diese Selbstbestim-

---

[19] HART, Experience [wie Anm. 16], 141.
[20] Vgl. C.G. MARTIN, Ontologie der Selbstbestimmung. Eine operationale Rekonstruktion von Hegels „Wissenschaft der Logik", Tübingen 2012 (= Collegium Metaphysicum Bd. 5), 14–18 sowie 34–67.
[21] Vgl. MARTIN, Ontologie der Selbstbestimmung [wie Anm. 20], bes. 15.

mung vollzogen werden kann, rückt Gottes geistige Natur stärker in das Blickfeld des Verständnisses gerade dieses Selbstbestimmungsvollzugs. Sie ist mit diesem Vollzug als so identisch zu denken, dass wir – um der begrifflichen Nuancen willen – unvermeidlicherweise von einem Selbstaneignungsvorgang in Gott zu sprechen haben.

4. Gottes Veränderlichkeit

Kann sich Gott verändern, ja, muss er sich verändern, um ein Gott für uns zu sein? Die jüngere theologische Gotteslehre besonders protestantischer Prägung war vom Topos der Veränderlichkeit Gottes geradezu berauscht. Gamberini versucht, die Motivik hinter dieser Revisionseuphorie zu würdigen, und kann sich dem Gewicht der traditionellen Emphase der Unveränderlichkeit Gottes nun doch nicht ganz entziehen. Kann Gott ein anderer werden? Oder kann Gott nur und immerhin – wie Gamberini mit Bezug auf Karl Rahner formulierte – am Anderen etwas werden?

Es mag als Erleichterung gelten, wenn wir im Angesicht gegenwärtiger analytischer Debatten sagen dürfen, dass Unveränderlichkeit nicht Impassibilität bedeutet, wenn wir sogar unterstreichen dürfen, dass Gott ein maximal empathisches Wesen ist, dessen Empathie sich gleichwohl nicht ändert, sondern – klassisch gesprochen – in der Dimension der Ewigkeit unverrückbar präsent ist. Doch wenn die Denkfigur des Werdens am Anderen seiner selbst sinnvoll sein soll, müssen wir sie metaphysisch modellieren können, um sie zu verstehen. Die folgenden Überlegungen dienen einer ersten Skizze: Die klassische Rede von der Unwandelbarkeit Gottes schließt ja ein, dass wir sinnvollerweise einen Unterschied zwischen intrinsischem und bloß extrinsischem Wandel machen können. Da für Gott extrinsischer Wandel nicht ausgeschlossen werden muss, bleibt also durchaus eine schmale Möglichkeit bestehen, in einer sehr unspezifischen Weise von irgendeinem Wandel bei Gott zu sprechen; allerdings ist ein bloß extrinsischer Wandel ein eher uneigentlicher und indirekter. Wenn wir nun weder einen intrinsischen Wandel in Gott zugeben wollen – wozu uns die jüngere Theologiegeschichte zu verlocken scheint – noch uns nur mit einem bloß extrinsischen begnügen möchten, dann ließe sich in unsere Überlegungen alternativ auch das sogenannte *Cambridge-Change*-Konzept von Wandel und Werden implementieren.[22] Dieses Konzept ist nicht einfach eine Version eines bloß extrinsischen

---

[22] Cambridge-Change ist ein relativ weicher Begriff des Werdens und der Veränderung. Dieses Konzept wurde von Peter T. Geach den großen Cambridge-Philosophen Russell und McTaggart zugeschrieben. Vgl. P. T. GEACH, God and the Soul, London 1969, 71–72. Dieser Begriff des Werdens ist insofern weich, als das Kriterium für Veränderung sozusagen auf

Wandels; es setzt vielmehr voraus, dass wir entweder den Unterschied zwischen intrinsisch-substanziellem und extrinsisch-relationalem Wandel grundsätzlich für nicht markierbar halten oder – im Sinne einer konzilianteren Minimalthese – für auf Gott nicht übertragbar ansehen. Ein entsprechendes Argument ließe sich unter Bezugnahme auf plausible ontologische Einsichten in der folgenden Weise niederschreiben:

1. Nur für Wesen, die einer Art zugehören, lässt sich – wenn überhaupt – ein Unterschied zwischen intrinsischem und extrinsischem Wandel formulieren, weil alle Angaben über Zustände oder Teile, die x zugehören, nur unter Hinweis auf die durch die Art diktierten Identitätsbedingungen von x gemacht werden können.
2. Für Wesen, die keiner Art zugehören, lässt sich kein Unterschied im genannten Sinne formulieren.
3. Für Wesen, die keiner Art zugehören, ist einzig ein Cambridge-Change-Konzept anwendbar, sodass jede Veränderung in Hinsicht auf das Zu- oder Absprechen eines bestimmten Prädikates einen echten Wandel darstellt.
4. Gott gehört zu keiner Art.
5. Für Gott gilt einzig das Cambridge-Change-Konzept.
6. Für Gott ist jede Veränderung in Hinsicht auf das Zu- oder Absprechen eines Prädikates ein Wandel.

Andererseits können wir aber ein gegenläufiges und den traditionellen Sinn von Unwandelbarkeit bewahrendes Argument formulieren, das auf den folgenden Überlegungen aufruht:

---

einer rein semantischen Ebene benannt wird und als die Unterscheidung zwischen essentiellen und akzidentellen Veränderungen (und vergleichbare Unterscheidungen) gar nicht erst gesucht wird. Demnach würde jede Neu-Prädikation in Hinsicht auf einen Träger eine Veränderung des Trägers anzeigen – ganz gleich, ob dabei ein- oder mehrstellige Prädikate ausgesagt würden. Cambridge-Change liegt also dann vor, wenn zu einem Zeitpunkt t1 $F(x)$ wahr, zum Zeitpunkt t2 $F(x)$ dagegen falsch ist (oder umgekehrt). Zwei Beispiele können das Problem dieses liberalen Werde-Begriffes verdeutlichen: Nehmen wir an, um 15:30 Uhr stehen rechts von mir fünf Leute, um 15:45 Uhr dagegen stehen rechts von mir acht Leute. Dieser Umstand hätte eine Neuprädikation von mir als einem Individuum, von dem eben diese neue Prädikation ausgesagt würde, zur Folge. In der Sicht der Cambridge-Change-Auffassung würde das aber eine Veränderung an und von mir bedeuten (obwohl sich mir selbst – so würden wir intuitiv sagen – ‚Echt' gar nichts verändert hat). Nehmen wir ein weiteres Beispiel: Wenn eine Person a durch die Heirat ihrer Schwester zur Schwägerin einer Person b wird, wäre das dem Cambridge-Change-Konzept gemäß auch eine Veränderung an a, obwohl sich – intuitiv naheliegend – die intrinsischen Eigenschaften von a und damit jene Prädikate, die intrinsische Eigenschaften von a bezeichnen, nicht verändert haben. Vgl. R. E. CREEL, Divine Impassibility. An Essay in Philosophical Theology, Eugene 1986, bes. 32–33.

1. Wenn Gott im klassischen Sinne unwandelbar ist, dann ist damit gemeint, dass jeder intrinsische Wandel von ihm ausgeschlossen wird.
2. Nur für Wesen, die einer Art zugehören, lässt sich – wenn überhaupt – ein Unterschied zwischen intrinsischem und extrinsischem Wandel formulieren, weil alle Angaben über Zustände oder Teile, die x zugehören, nur unter Hinweis auf die Identitätsbedingungen von x gemacht werden können.
3. Gott gehört zu einer Quasi-Art.
4. Für Gott gilt der Unterschied zwischen intrinsischem und extrinsischem Wandel.
5. Für Gott ist jeder intrinsische Wandel ausgeschlossen.

Die beiden gegenläufigen Argumente sind nur dann nicht widersprüchlich, wenn wir hier ein *antirealistisches* Element konzedieren: In einer ersten Betrachtungsweise, d.h. im Rahmen eines ersten Wirklichkeitsmodells müsste Gott als eine nicht mehr in eine ontologische Kategorie einordenbare Entität begriffen werden. In einer zweiten Hinsicht müsste diesem Eindruck jedoch entgegengestellt werden, dass Gott auf der Basis der seiner Natur eigenen Bestimmungen nun doch gleichsam einer Art – also in einem art-analogen Sinne – zugehört. Die Verbindung der beiden Argumentationsstränge ist, wie der nur um eine Paradoxie zu erreichende Kaufpreis sehr deutlich zeigt, prekär. Noch dazu setzt die erste Argumentationslinie voraus, dass wir Gott keine Art zuweisen können und dürfen. Dies wird aber genau dann zum Problem, wenn wir feststellen müssten, dass Artzugehörigkeit elementar mit Identität zusammenhängt. Wenn Gott eine Natur hat, so scheint es auf der Hand zu liegen, dass er auch eine Wesensbestimmung und eine Identität besitzt, auch wenn wir nicht in der Lage sein sollten, die Eigentümlichkeiten dieses Wesens im Katalog der ontologischen Kategorien oder der natürlichen Artefakte abzubilden.

Ist damit jede Form von Argument, Gott ein Werden, eine Veränderlichkeit zuzudenken, die ihn substanziell einerseits nicht antastet, aber doch eine Veränderlichkeit darstellt, die echt genug ist, grundsätzlich außer Sichtweite geraten? Gibt es keine Möglichkeit, ein Cambridge-Change-Konzept an dieser Stelle einzuführen, um die Veränderlichkeit Gottes mit dem Gottesbegriff des klassischen Theismus zusammenzuführen? Wir könnten nun neu ansetzen (ohne dabei den Rahmen des klassischen Theismus zu sprengen), indem wir – in der von Gamberini unter Bezugnahme auf Nikolaus von Kues' *De visione dei* angedeuteten Weise – die *Omnirelationalität* Gottes als eines der göttlichen Schlüsselattribute verstehen und zum Dreh- und Angelpunkt unserer Überlegungen machen. Das heißt: Gott ist wesentlich omnirelational, auf ihn ist alles wesentlich bezogen und sein Wesen ist die Ermöglichung von umfassender Bezogenheit. Aber noch mehr: Gott steht allem, was ist, gewissermaßen gleich nah und gleich fern; seine Omnirelationalität ist auch eine Äquirelationalität. Ein Analogon, das uns diese

Eigenart erschließen kann, ist erneut Geist und Bewusstsein, sodass es naheliegt, Gottes Omni- und Äquirelationalität als Frucht seines Geistseins zu verstehen.

Auf dieser Grundlage können wir nunmehr versuchen, einen weiteren argumentativen Anweg zu beschreiten, der im Kern wie folgt lauten könnte:

1. Für Wesen, die omni- und äquirelational sind, lässt sich kein Unterschied zwischen intrinsischen und extrinsischen Veränderungen aufrechterhalten.
2. Auf Wesen, die omni- und äquirelational sind, kann daher nur das Konzept eines Cambridge-Change-Werdens angewandt werden, sodass jede Veränderung in Hinsicht auf Prädikate – auch wenn sie lediglich von einem Relatum ausgesagt werden – einen echten Wandel darstellt.
3. Gott ist omni- und äquirelational.
4. Für Gott kann daher nur das Konzept von Cambridge-Change-Verwendung finden.
5. Für Gott ist jede Veränderung in Hinsicht auf Prädikate – auch wenn sie lediglich von einem Relatum ausgesagt werden – ein echter Wandel.

Eine Denkfigur dieser Art (mit den entsprechenden ontologischen Folgefragen) ist, wie mir scheint, nötig, um den von Gamberini mit Rahner artikulierten Gedanken, dass Gott am Anderen seiner selbst ein Werden vollziehen kann, tatsächlich mit Leben zu füllen. Die Pointe des von mir skizzierten Weges ist aber – und dies war durchaus auch im Sinne Rahners –, dass diese um Gottes Omni- und Äquirelationalität drapierte Konzeption, wie bereits herausgestellt, im Rahmen des klassischen Theismus verbleiben kann. Ob die erste Prämisse des Arguments wirklich stichhaltig und wahr ist, müsste ontologisch diskutiert werden. In ihrer momentanen Form gibt sie nur eine starke Intuition wieder, die wir etwa bei Nikolaus von Kues angedeutet finden.

5. Gottes Handeln

Am Schluss möchte ich noch einen sehr kurzen Ausblick auf das von Gamberini gestreifte *Problem des Handelns Gottes* werfen. Gamberini bekennt sich in einer geradezu erfrischenden Weise zu einer Form des Non-Interventionismus – auch weil ein interventionistisches Konzept unter einem Mythologie- und Anthropomorphismusverdacht steht. So aufgeklärt-sympathisch und post-mythologisch nun ein non-interventionistisches Modell zu sein scheint, so nüchtern muss man bilanzieren, dass das Gegenmodell nicht an etwaigen Inkonsistenzen scheitert.

Wie Benedikt Paul Göcke[23] und vor ihm auch Josef Quitterer und Georg Gasser gezeigt haben[24], sind die metaphysischen Fragen an ein direktes Eingreifen Gottes dispositionen-theoretisch im Kontext einer Metaphysik der Vermögen durchaus beantwortbar.

Und selbst wenn wir aus guten Gründen daran festhalten wollten, dass Gott *eigentlich* als *causa formalis* und *causa finalis* in der Welt wirkt bzw. die Welt durchformt, inspiriert und durchdringt – was im Rahmen des klassischen Theismus durchaus sagbar wäre –, so müssten wir einen wirklich guten Grund haben, um die Rolle Gottes als *causa efficiens* so stark zu beschränken, dass wir sein Verhältnis zur Welt als non-interventionistisch zu qualifizieren hätten. Der von Gamberini aufgerufene Bezug zu Weissmahrs These, Gott würde in dem Moment, in welchem er als innerweltliche Ursache agieren würde, seine Transzendenz verlieren, hilft nicht weiter; denn Weissmahrs Behauptung hat sich inzwischen wohl eher als eine Ad-hoc-These herausgestellt.[25] Damit sei nicht geleugnet, dass Weissmahr eine wertvolle Intuition formuliert hatte; aber eine eigentliche Begründung stellt diese Befürchtung noch nicht dar.

Für eine derartige Begründung sind aus meiner Sicht (mindestens) zwei Prämissen heranzuziehen, die sich ihrerseits auf unterschiedliche Aspekte des klassisch-theistischen Gottesbegriffes berufen können:[26]

1. Jedes Ereignis e, das Gott hervorbringen möchte, ist im Prinzip von der Art, dass es durch rein innerweltliche Ursachen im Rahmen einer von Gott in seinem Schöpfungshandeln erzeugten Ursachenordnung hervorgebracht werden kann oder auch hervorgebracht wird.
2. Gott steht in einem Verhältnis der absoluten Verursachung zum Gesamt der Sachverhalte von Welt und kann daher nicht gleichzeitig in ein Verhältnis der relativen Verursachung (im Sinne eines sachverhaltskonstitutiven Elements neben anderen Sachverhalten und in einem Geflecht von Sachverhalten) seingebunden sein.

Hinter der ersten Prämisse verbirgt sich eine Ordnungsvorstellung, die das Ursachennetz in der Welt als eine *von Gott gestiftete Ordnung* versteht. Gottes direktes

---

[23] B. P. Göcke, Ein dispositionalistisches Modell göttlichen Handelns in der Welt, in: Ders./ R. Schneider (Hg.), Gottes Handeln in der Welt. Probleme und Möglichkeiten aus der Sicht der Theologie und analytischen Religionsphilosophie. Regensburg 2017, 303–334.

[24] Vgl. hierzu G. Gasser/J. Quitterer, The Power of God and Miracles, in: European Journal for Philosophy of Religion 7 (2015), 247–266.

[25] Vgl. auch K. von Stosch, Gott – Macht – Geschichte. Versuch einer theodizee-sensiblen Rede vom Handeln Gottes in der Welt, Freiburg i. Brsg. u. a. 2006, 68–69.

[26] Vgl. dazu weiterführend T. Schärtl, Der Creatio-Modus des Handelns Gottes in: Ders./R. Schneider (Hg.): Gottes Handeln in der Welt. Probleme und Möglichkeiten aus der Sicht der Theologie und analytischen Religionsphilosophie, Regensburg 2017, 383–436, bes. 404–417.

Eingreifen würde hier einen Fall der kausalen Überdeterminiertheit hervorrufen und Gottes eigenen Ordnungssinn in Misskredit bringen. Die zweite Prämisse wirkt nur auf den ersten Blick stärker; vermögenstheoretisch ließe sich nämlich trotzdem fragen, ob eine absolute Ursache nicht doch über Kräfte und Dispositionen verfügen kann, die Effekte auslösen, welche nicht immer und ausschließlich das ganze Netz der Sachverhalte betreffen, sondern bestimmte Einzel-Sachverhalte adressieren bzw. erzeugen.

Knickt die zweite Prämisse ein, dann muss – so meine Einschätzung – die non-interventionistische Last am Ende hauptsächlich von der ersten Prämisse gestemmt werden. Sie hat ihrerseits aber eine Verstärkung nötig; das heißt, wir brauchen eine Stützung des sogenannten ordinativen Modells – eine argumentative Stützung, die man *mutatis mutandis* bei Schleiermacher entdecken kann.[27] Das Argument ließe sich halbformal etwa so niederschreiben:

1. Stellen wir uns vor, dass die aktuale Welt W_α dank eines direkten göttlichen Eingriffs identisch mit der Welt W_γ ist, wohingegen sie ohne den göttlichen Eingriff mit der Welt W_β identisch gewesen wäre.
2. Auf sich allein gestellt, würde die aktuale Welt W_α im Rahmen der von Gott prästabilierten Ursachenordnung mit W_β identisch sein. Aber dadurch dass Gott den Kurs der aktualen Welt ändert, drückt er gleichzeitig seine Missbilligung gegenüber W_β aus.
3. Diesen faktischen Ausdruck der *Missbilligung* könnten wir mit einer gewissen Übertreibung als *moralische Annihilation von* bezeichnen – und zwar in Hinblick auf die Dignität der Welt W_β, die durch die Änderung des Weltverlaufs in W_α nicht realisiert wird.
4. Eine moralische Annihilation widerspricht nicht nur der Dignität einer Welt als einer von Gott durch eine entsprechende Ursachenordnung axiologisch geordneten Welt, sondern verletzt auch die Würde Gottes, der eine durch eine prästabilierte Ordnung zertifizierte Würde nicht annihilieren kann, ohne dabei seine eigene Würde als souveräner Inbegriff von Ordnung zu verletzen.

Man könnte hier von einem gewissermaßen moralischen oder axiologischen Argument sprechen, das wesentlich davon abhängt, dass Gott die aktuale Welt ‚immer schon' als eine von ihm gut geheißene, geordnete Welt billigt und würdigt. Ein direktes Eingreifen bedeutete in diesem Argumentationskontext ein Außerkraftsetzen der von Gott selbst gebilligten Ordnung, die im Rahmen einer maximalistisch gedachten Allmacht zwar nicht unmöglich (es sei denn, wir verdichten

---

[27] Vgl. F. SCHLEIERMACHER, Der christliche Glaube nach den Grundsätzen der evangelischen Kirche im Zusammenhange dargestellt (1830/31), Bd. I, hrsg. von M. REDEKER, Berlin/New York 1999, 238–239.

die Gefahr einer kausalen Überdeterminiertheit), aber auf der anderen Seite mit der Würde und Güte Gottes nicht vereinbar wäre.

Jedoch bleibt die Frage in der Rückschau, wie stark dieses Argument für ein non-interventionistisches Modell wirklich ist; vielleicht könnte es durch den Gedanken der Autonomie der Welt noch verbessert werden, hätte man freilich noch zu klären, wie diese Autonomie ausbuchstabiert werden kann, wo Gott doch nach wie vor der letzte Grund von allem ist. Gamberini scheint dieses Dilemma dadurch auflösen zu wollen, dass er Gottes Aseität buchstäblich abzurüsten beginnt. Die resultierende Form dieses revisionären Theismus ist allerdings noch nicht recht deutlich.

Verwendete Literatur

CRAIG, William L.: God and Abstract Objects. The Coherence of Theism: Aseity, Cham (Schweiz) 2017.

CREEL, R. E.: Divine Impassibility. An Essay in Philosophical Theology, Eugene 1986.

GASSER, Georg/QUITTERER, Josef: The Power of God and Miracles, in: European Journal for Philosophy of Religion 7 (2015).

GEACH, Peter Thomas: God and the Soul, London 1969.

GÖCKE, Benedikt Paul: Ein dispositionalistisches Modell göttlichen Handelns in der Welt. In: DERS./SCHNEIDER, Ruben (Hg.), Gottes Handeln in der Welt. Probleme und Möglichkeiten aus der Sicht der Theologie und analytischen Religionsphilosophie. Regensburg 2017.

HART, David Bentley: The Experience of God. Being, Consciousness, Bliss. New Haven/London 2013.

HENRICH, Dieter: Warum Metaphysik?, in: DERS.: Bewußtes Leben. Stuttgart 1999.

HENRICH, Dieter: Grund und Gang spekulativen Denkens, in: DERS.: Bewußtes Leben. Stuttgart 1999.

KUHN, Johannes von: Katholische Dogmatik I/2: Die allgemeine Gotteslehre. Die dogmatische Lehre von der Erkenntnis, den Eigenschaften und der Einheit Gottes. Tübingen 1862.

MARTIN, Christian Georg: Ontologie der Selbstbestimmung. Eine operationale Rekonstruktion von Hegels „Wissenschaft der Logik", Collegium Metaphysicum Bd. 5, Tübingen 2012.

SCHÄRTL, Thomas: Der Creatio-Modus des Handelns Gottes. In: DERS./SCHNEIDER, Ruben (Hg.), Gottes Handeln in der Welt. Probleme und Möglichkeiten aus der Sicht der Theologie und analytischen Religionsphilosophie. Regensburg 2017.

SCHELLING, Friedrich W.J.: Philosophische Untersuchungen über das Wesen der menschlichen Freiheit und die damit zusammenhängenden Gegenstände, hrsg. von Th. BUCHHEIM, Hamburg 2011.

SCHLEIERMACHER, Friedrich: Der christliche Glaube nach den Grundsätzen der evangelischen Kirche im Zusammenhange dargestellt (1830/31) Bd. I, hrsg. von Redeker, Berlin/New York 1999.

Klaus Müller

Ausblick (mit prinzipiellen Seitenblicken)

Die Jahrestagung 2018 der Arbeitsgemeinschaft deutschsprachiger Philosophiedozentinnen und -dozenten im Studium der Katholischen Theologie an wissenschaftlichen Hochschulen fand in mehrfacher Hinsicht unter den Auspizien stürmischer Zeiten statt. Wir hätten gewiss als Philosophinnen und Philosophen, denen zudem Religion, Glaube und Gott keine Fremdwörter sind, etliches zur politischen Großwetterlage und deren Auswirkungen auf unsere eigenen lebensweltlichen Kontexte zu sagen: Vieles, was vor sechs, vor vier, ja selbst vor zwei Jahren in unbefragte Selbstverständlichkeit eingebettet war, steht heute zur Disposition: die Universalität der Menschenrechte, die Idee der Europäischen Union, die Regierungsform liberaler Demokratie, das Paradigma der sogenannten Moderne insgesamt, ja selbst die Orientierungskraft der Unterscheidung von wahr und falsch – alles Errungenschaften, die sich gewiss nicht allein aus, aber auch nicht ohne die Ressourcen der großen religiösen Traditionen des Judentums, des Christentums und gerade auch der der Aufklärung verpflichteten Traditionen des Islam begreifen lassen. Aus dem Fundus der Philosophie von Platon bis Popper hätten wir dazu manches zu sagen. Dabei käme wohl ans Tageslicht, dass die Kommunikationsstrategie der *fake news* und *alternativen Fakten* ihre tiefsten Wurzeln in bestimmten Ausprägungen der philosophischen Postmoderne haben dürfte. Mag diese durchaus bereits in die Phase der Historisierung eingetreten sein, ihre Wirkungsgeschichte wird uns noch länger beschäftigen.

Stürmisch geht es seit Kurzem auch im Nahbereich unserer Profession zu, also in Kirche und Theologie: Stürmische Zeiten hat die katholische Kirche schon öfter erlebt. Aber so etwas wie die letzten paar Jahre gab es im Grunde noch nie: dass der Sturm nicht von außen oder von unten weht, sondern von oben kommt – von ganz oben: vom Papst. Das Konklave hatte am 13. März 2013 den 76-jährigen Kardinal und Jesuiten Jorge Mario Bergoglio zum Papst gewählt, weil der im Vor-Konklave eine bewegende Rede über nötige Reformen der Kirche gehalten hatte – Reformen, die überfällig sind nach dem agonalen Schlussjahrzehnt des Pontifikats Johannes Pauls II. und den sieben Stillstandsjahren unter Benedikt XVI. Und dann macht Franziskus ernst mit seinem Programm – besonders spektakulär mit der Doppel-Synode zu Ehe und Familie von 2014 und 2015. Und schon ging das Gezeter los. Mit seinem nachsynodalen Schreiben *Amoris laetitia* zog sich Franziskus seitens eines reaktionären Klüngels aus Kardinälen, Bischöfen, Theologen und Laien (gerade auch aus Deutschland) sogar den Vorwurf zu, die kirchliche Lehre zu verfälschen, also ein Häretiker zu sein. Diese Stürme dürften noch heftiger werden. Denn im Herbst 2018 wird es eine Synode zum Thema „Jugend und Kirche" geben – die Vorbereitungen laufen schon.[1] Und für 2019 ist eine Sonder-Synode angekündigt, die sich auf die Amazonas-Region in Lateinamerika beziehen wird. Und im Mittelpunkt beider Synoden wird ein ganz heißes Thema stehen – das Thema „Berufung".

Es ist ja kein Geheimnis: Was den Nachwuchs an Priestern, Ordenschristinnen und Ordenschristen und selbst Pastoralen Mitarbeiterinnen und Mitarbeitern betrifft, ist die Lage in vielen Weltgegenden desaströs. Man braucht nur einmal in deutsche Priesterseminare zu blicken und zur Kenntnis zu nehmen, dass es hierzulande Diözesen gibt, die seit drei Jahren keine Priesterweihe mehr hatten. Die Zahl junger Menschen, die sich für einen kirchlichen Beruf begeistern, ist marginal geworden, bisweilen bis an die Null-Linie. Warum ist das so? Kann man dagegen etwas tun? Und wenn ja, was? Das werden zentrale Fragen auf der Jugendsynode sein. Und die Amazonas-Synode wird der Frage nachgehen, ob es denn nicht an der Zeit wäre, verheiratete Männer, sogenannte *Viri probati*, die oft schon die Diakonenweihe empfangen haben, zu Priestern zu weihen, um den Gemeinden, die dort manchmal so groß sind wie mittlere Diözesen bei uns, überhaupt noch die Feier der Eucharistie zu ermöglichen. Damit steht natürlich das Zölibatsgesetz der lateinischen Kirche auf dem Prüfstand – und auch die Frage, ob nicht auch Frauen zumindest die Diakonenweihe erhalten könnten. Man braucht kein Prophet zu sein, um vorauszusehen, welchen Orkan aus der rechten Ecke diese Debatten entfachen, welche Aggression der Papst und die ihn stützenden Bischöfe auf sich ziehen werden. Auch dazu wäre unsere Wortmeldung gefragt, weil all die konkreten Streitfragen letztlich in der Philosophischen Anthropologie wurzeln. Dass das natürlich auch für die primär in einigen spätmodernen westlichen Gesellschaften diskutierten Themen „Ehe für alle" und „Drittes Geschlecht" gilt, erwähne ich nur am Rande.

Stattdessen ziehe ich den Kreis jetzt etwas enger und lenke den Blick auf die Theologie, also den unmittelbaren Kontext unserer philosophischen Arbeit. Und da sieht es nicht gut aus. Die letzte Tagung unserer Arbeitsgemeinschaft trug den Titel *Welche Philosophie braucht die Theologie?* Und der damalige Vorsitzende berichtete in seiner Tagungseröffnung, welche Aggressionen dieser Titel seitens einiger Kollegen aus der Theologenzunft auslöste. Wir haben das natürlich ausgehalten und uns lebhaft über Stile des Philosophierens in der Theologie ausgetauscht. Aber vielleicht sollten wir noch etwas forscher sein, den Spieß umdrehen und einfach einmal fragen: Welche Theologie wollen wir als Philosophinnen und Philosophen eigentlich, die wir uns ausdrücklich in den Dienst der Theologie stellen?

---

[1] Anmerkung der Redaktion: Die Jugendsynode fand vom 3.–28. Oktober 2018 im Vatikan statt.

Auf diese Frage möchte ich zunächst sehr persönlich antworten: Ich möchte keine Theologie, die sich davor drückt, Auskunft zu geben über ihre philosophischen Implikationen, speziell die ontologischen Verpflichtungen, die sie mit jedem ihrer Statements notwendig eingeht – anders gesagt: Die bald latente, bald explizite Metaphysikfeindlichkei nicht weniger Theologie-Repräsentant*innen verstößt gegen das Gebot der intellektuellen Redlichkeit.

Nachgerade dramatisch ist das an einem Fall zutage getreten, der im Vorfeld der hier zu dokumentierenden Tagung begann und sich seitdem hinzieht. Da hatte ein junger Kollege – vielleicht ein wenig forsch, aber durchaus mit guten Gründen – die Frage aufgeworfen, wie es denn die derzeitige systematische Theologie mit der Auskunft über ihre Geltungsansprüche hielte, und sich dabei besonders für die Philosophie analytischer Provenienz starkgemacht.[2] Und dann erntete er dafür das, was man medientechnisch einen satten Shitstorm nennt – bis hin zu einer Publikationsverweigerung. Das hatte allerdings auch sein Gutes: dass sich nämlich im weiteren Verlauf der Debatte zwei von mir (aus verschiedenen Gründen geschätzte Kollegen) gleich im Umfang kleinerer Broschüren beharkten. Beide Elaborate sind alles andere als Glanzstücke gegenwärtigen Gottdenkens: Karl-Heinz Menke schilt den guten Kant als Agnostiker und Immanentisten[3], gerade so, wie das vor gut 100 Jahren im Antimodernistenstreit geschah. Und Magnus Striet kniet vor dem Königsberger wie einst Bultmann vor Heidegger in der Meinung, der habe zum Thema Freiheit so viel gesagt, dass sich von diesem Punkt aus eine ganze Theologie im Horizont der Moderne entwickeln lasse und dass deren Spitzengedanke der Postulatenlehre keinerlei ontologische Implikate mit sich führe.[4] Dabei hat Kant das Freiheitsthema ausschließlich als Schlussstein seiner Vernunftanalyse in Anspruch genommen, also in epistemologischer Funktion. Dass es mit Freiheit noch ganz anderes auf sich hat, sagen uns nicht nur die jungen Lebenswissenschaften, die Striet einzig erwähnt, um sich für sie inkompetent zu erklären[5], sondern auf ganz andere Weise schon Goethes *Wahlverwandtschaften* und Walter Benjamins Kommentare dazu.[6] Ist es gewollte Provokation oder Naivität, einen Satz hinzuschreiben wie: „Die Wirklichkeit von Freiheit setze ich deshalb voraus"[7]? Striet meint, mit einem Retorsionargument, das Heidegger einmal als formallogische Erzwingungsstrategie bezeichnet hat, die ganze

---

[2] Vgl. B. Göcke, Keine Freiheitstheorie ohne Metaphysik. Zur Debatte um die „Theologie der Freiheit", in: Herder Korrespondenz 2 (2018), 30–33.
[3] K. Menke, Macht die Wahrheit frei oder die Freiheit wahr? Eine Streitschrift, Regensburg 2018, 16.
[4] Vgl. M. Striet, Ernstfall Freiheit. Arbeit an der Schleifung der Bastionen, Freiburg i. Brsg. 2018.
[5] Vgl. Striet, Ernstfall [wie Anm. 4], 43–45.
[6] Vgl. dazu W. Eilenberger, Zeit der Zauberer. Das große Jahrzehnt der Philosophie 1919–1929, Stuttgart 2018, 169–172.
[7] Striet, Ernstfall [wie Anm. 4], 45.

Naturalismusdebatte loszuwerden. So einfach ist es auch wieder nicht. Selbst ein Hardcore-Metaphysiker wie Dieter Henrich verweist eindringlich darauf, dass der Naturalismus für eine jede Philosophie bewussten Lebens – oder sagen wir einfach: existenziale Metaphysik – die Herausforderung par excellence repräsentiert[8], und immer wieder neu ergehende Wortmeldungen aus dieser Diskursecke geben ihm recht.[9] Von all dem anscheinend unbeeindruckt (oder aus Unwissen) setzt Magnus Striet noch eins drauf, wie man so sagt. In einem Interview mit dem Deutschlandfunk vom 18.07.2018, in dem er viel Wichtiges und Richtiges sagt, meint er an einer Stelle, „der Name Gottes (sei) ein Sehnsuchtswort, an dem sich Menschen orientieren können, aber auch nicht mehr"[10], und fügt an: „Das ist kein Relativismus, das ist Kant."[11] Das ist aber nicht Kant, sondern Feuerbach, noch dazu ein schlecht verstandener.

Die Metaphysikfeindlichkeit, die sich in solchen und ähnlichen Voten zur Geltung bringt, gibt schon länger zu denken. Nur im Blick auf ihre subkutane Präsenz, die sich gern mit Emmanuel Levinas und mittlerweile auch mit Jean-Luc Marion zu tarnen pflegt, lässt sich erahnen, warum es bis heute keine katholischen Auseinandersetzungen mit den spekulativen Metaphysiken eines Hans Wagner oder Wolfgang Cramer gibt. Die überwältigende Mehrheit systematischer Theologinnen und Theologen hält es in Sachen Metaphysik mit Karl Valentin: die ignorieren wir nicht einmal. Aber eine solche Theologie möchte ich wirklich nicht.

Muss sich die Theologie darum die metaphysische Kompetenz ab extra holen? Manchmal sieht es so aus. Jedenfalls fällt auf, wie oft sich in den letzten Jahren sogenannte säkulare Philosophen in Sachen Philosophischer Theologie zu Wort gemeldet haben: Dieter Henrich mit *Selbstbewusstsein und Gottesgedanke*[12] 2008, Jürgen Habermas mit einer ganzen Serie von Beiträgen seit seiner spektakulären Frankfurter Paulskirchen-Rede[13], Volker Gerhardt mit *Der Sinn des Sinns: Versuch über das Göttliche*[14] von 2014, Holm Tetens mit *Gott denken. Ein Versuch über rationale Theologie*[15] von 2015. Und um einmal auch jemanden zu erwähnen,

---

[8] Vgl. D. Henrich, Bewusstes Leben und Metaphysik, in: ders., Bewusstes Leben. Untersuchungen zum Verhältnis von Subjektivität und Metaphysik, Stuttgart 1999, 194–216, 195.

[9] So z. B. D. C. Dennett, Von den Bakterien zu Bach – und zurück. Die Evolution des Geistes. Aus dem Englischen von Jan-Erik Strasser, Frankfurt a. M. 2018 oder ders., Den Bann brechen. Religion als natürliches Phänomen, Frankfurt a. M. 2016.

[10] M. Striet, Interview „Die Würde der Freiheit". https://www.deutschlandfunk.de/theologe-magnus-striet-die-wuerde-der-freiheit.886.de.html?dram:article_id=423137 [Zugriff: 15.09.2019].

[11] Striet, Interview [wie Anm. 10].

[12] Vgl. D. Henrich, Selbstbewusstsein und Gottesgedanke, in: Wiener Jahrbuch für Philosophie XL (2008), 9–22.

[13] Vgl. J. Habermas, Glauben und Wissen. Friedenspreis des Deutschen Buchhandels 2001. Laudatio: Jan Philipp Reemtsma, Frankfurt a. M. 2001.

[14] Vgl. V. Gerhardt, Der Sinn des Sinns. Versuch über das Göttliche, München 2014.

[15] Vgl. H. Tetens, Gott denken. Ein Versuch über rationale Theologie, Stuttgart 2015.

Ausblick

der nicht aus dem deutschen Sprachraum kommt, aber auch weder den oft naiven angelsächsischen Fundamentalismen und ebenso wenig den französischen Neokonservatismen der sogenannten *Neuen Phänomenologie* folgt, verweise ich noch auf Massimo Cacciari aus Italien, der als erklärter Agnostiker in der gewaltigen Trilogie *Dell'Inizio, Della Cosa Ultima* und *Labirinto Filosofico*[16] eine philosophische Interpretation des Christentums präsentiert, die nicht ihresgleichen hat – allenfalls die besten Werke Hans Urs von Balthasars würden im Vergleich standhalten. Insofern kann auch nicht verwundern, dass Cacciari just zu Weihnachten 2017 eine kleine philosophische Mariologie mit dem Titel *Generare Dio*[17] vorlegte, gegen die sich selbst Joseph Ratzingers frömmstes Buch *Tochter Zion*[18] eher holprig ausnimmt.

Hin und wieder war zu hören, dass diese und andere Einlassungen zur philosophischen Theologie so gut wie ganz von Emeriti stammten, also von Leuten, die im akademischen Konkurrenzkampf nichts mehr zu verlieren hätten. Das stimmt so nicht, auch wenn zutreffen sollte, dass sowohl Habermas wie auch Henrich, der eine kurz vor, der andere kurz nach dem 90. Geburtstag, an religionsphilosophischen Monographien arbeiten. Denn zum einen gibt es durchaus jüngere Kollegen aus der Philosophie, die sich dieser Thematik widmen, zum anderen sagt das Alter gar nichts über das intellektuelle Potential, das jemand entfaltet – vielleicht gerade, weil er altersbedingt durch manches Säurebad der Kritik und Selbstkritik gegangen ist.

Für beide Hinsichten möchte ich abschließend drei Kollegen in den Zeugenstand rufen, die zugleich mit ihren religionsphilosophischen Optionen in der nötigen thematischen Breite direkt auf das Thema der hier dokumentierten Tagung hinführen.

Im Herbst 2017 hat Axel Hutter, der Nach-Nachfolger Dieter Henrichs in München, eine – so der Titel – *Narrative Ontologie*[19] vorgelegt. Hinter diesem harmlosen Titel verbirgt sich ein steiles Projekt so zeitgenössischer wie theologiesensibler Metaphysik: Hutter erläutert da am Leitfaden detaillierter Analysen und Interpretationen von Thomas Manns Opus Magnum *Joseph und seine Brüder*, wie sich menschliches Selbst- und Weltverständnis ausbildet und warum und wie das untrennbar mit dem Gottesgedanken verfugt ist.[20]

---

[16] Vgl. I. Guanzini, Anfang und Ursprung. Massimo Cacciari und Hans Urs von Balthasar, Regensburg 2016. – G. De Candia, Der Anfang als Freiheit. Der Denkweg von Massimo Cacciari im Spannungsfeld von Philosophie und Theologie, tesi di abilitazione inedita, Münster 2017.
[17] Vgl. M. Cacciari, Generare Dio, Bologna 2017.
[18] Vgl. J. Ratzinger, Die Tochter Zion. Betrachtungen über den Marienglauben der Kirche, Einsiedeln 1977.
[19] Vgl. A. Hutter, Narrative Ontologie, Tübingen 2017.
[20] Vgl. Hutter, Narrative Ontologie [wie Anm. 19], 144–149.

Eine Kurzfassung des 1600-Seiten-Romans findet sich in der aus dem Vollendungsjahr des *Josephs-Romans* stammenden Novelle *Das Gesetz*, geschrieben 1943, als Mann um einen Text über den Dekalog und seiner Pervertierung durch die Nationalsozialisten gebeten wurde. Die Novelle handelt vom Gesetzgeber Mose, aber unter den Bedingungen der Religionskritik, also so, dass die Gebote nicht von Gott offenbart werden, sondern Mose diesen Gott und seine Weisung gleichsam hervordenkt – aber zugleich kann der Mensch nach Manns Überzeugung auf keine andere Weise zum Sittlichen auf letztverbindliche Weise motiviert werden.[21] Im *Josephs-Roman* wird der Fiktionalitätstopos sogar an zwar nur wenigen, aber dafür umso prägnanteren Stellen metasprachlich artikuliert. In der für uns einschlägigen Spitzenpassage schreibt Mann über Abraham, von dem es schon im einleitenden *Vorspiel: Höllenfahrt* des ersten Bandes geheißen hatte, eine „Gottesnot"[22] habe ihn zum Verlassen seiner Heimat und zum Nomadendasein getrieben, Folgendes:

So hatte Abraham Gott entdeckt aus Drang zum Höchsten, hatte ihn lehrend weiter ausgeformt und hervorgedacht und allen Beteiligten eine große Wohltat damit erwiesen: dem Gotte, sich selbst und denen, deren Seelen er lehrend gewann. Dem Gotte, indem er ihm Verwirklichung in der Erkenntnis des Menschen bereitete, sich selbst und den Proselyten aber namentlich dadurch, dass er das Vielfache und beängstigend Zweifelhafte auf das Eine und beruhigend Bekannte zurückführte, auf den Bestimmten, von dem alles kam, das Gute und das Böse, das Plötzliche und Grauenhafte sowohl wie das segensvoll regelmäßige, und an den man sich auf jeden Fall zu halten hatte. Abraham hatte die Mächte versammelt zur Macht und sie den Herrn genannt – ein für allemal und ausschließlich [...].[23]

Man muss dabei die Doppelrichtung des Prozesses im Blick behalten: Durch das Hervordenken Gottes, durch welches Abraham „gewissermaßen [...] Gottes Vater"[24] wird, wird Gott ein Gott „im Werden"[25], aber was da wird, wirkt als durch und durch dringende Lebensmacht auf den Abraham und die Seinen zurück. Nochmals wörtlich:

Denn ihm gab Gott die Unruhe ins Herz um seinetwillen, dass er unermüdlich arbeite an Gott, ihn hervordenke und ihm einen Namen mache, zum Wohltäter schuf er sich ihn und erwiderte dem Geschöpf, das den Schöpfer erschuf im Geiste, die Wohltat mit ungeheuren Verheißungen. Einen Bund schloß er mit ihm in wechselseitiger Förderung, dass einer

---

[21] Vgl. dazu auch K. KUSCHEL, Moses, Monotheismus und die Kultur der Moderne, in: J. ASSMANN, Die Mosaische Unterscheidung oder der Preis des Monotheismus, München 2003, 273–286.

[22] Th. MANN, Joseph und seine Brüder. Der erste Roman: Die Geschichten Jaakobs, Frankfurt a. M. [10]2000, 16.

[23] Th. MANN, Joseph und seine Brüder. Der zweite Roman: Der junge Joseph, Frankfurt a. M. [9]2000, 42.

[24] MANN, Der junge Joseph [wie Anm. 23], 44.

[25] MANN, Die Geschichten Jaakobs [wie Anm. 22], 53.

Ausblick

immer heiliger werden sollte im andern, und verlieh ihm das Recht der Erberwählung, Segens- und Fluchgewalt, dass er segne das Gesegnete und Fluch spreche den Verfluchten. Weite Zukünfte riß er auf vor ihm, worin die Völker wogten, und ihnen allen sollte sein Name ein Segen sein.[26]

In der Tat entfaltet Mann in dieser Theologie der Fiktion, wie übrigens auch Jan Assmann konstatiert, die Doppelgeschichte eines reziproken Selbstwerdens Gottes und des Menschen.[27] Den Mutterboden dieser „[...] Mythopoese des ‚werdenden Gottes'"[28] – so der Titel einer Arbeit von Walter R. Corti – bildet dabei ein Traditionsstrom, der von Jakob Boehme über Hegel und Schelling, sodann Heine und Hebbel bis Rilke, Bergson, Whitehead und Teilhard de Chardin reicht. Im *Josephs-Roman* wird dazu das Mythische und das Geschichtliche, „Segen von unten und Segen von oben"[29], ineinander gespiegelt, ohne die „wahr-falsch"-Unterscheidung in Sachen Religion aufzugeben, wie Assmann eigens vermerkt. Und das Changieren der Erzählung „zwischen Finden und Erfinden"[30] eröffnet emanzipatorisch jenen Freiheitsraum, in dem allein unter den Bedingungen der Moderne Religion so etwas wie Bindekraft entfalten kann. Kein Wunder darum, dass neben dem Thema der Fiktionalität als einziges weiteres Motiv auf dieser reflexiven Metaebene der *Josephs-Romane* immer wieder auch dasjenige des Ichs bzw. des Subjektseins auftaucht.[31] Und kein Wunder ebenso, dass Assmann die Pointe des ganzen Mammut-Projekts des Dichters in einer Wendung auf den Punkt bringt, die einst Fichte im Durchbruchspunkt seiner selbstbewusstseinstheoretischen Einsicht geprägt hat, wenn er (Assmann) formuliert, in der Literatur habe sich der Mensch bzw. die Gesellschaft „ein Auge eingesetzt"[32], durch das sie sich selbst beobachte und die Leitfrage bewussten Lebens nach dem eigenen Auftreten in der Welt narrativ zu modellieren vermöge. Genau das hat Hutter auf grandiose Weise zur Geltung gebracht und damit wegen des Ineinanders von Selbst- und Gotteserkenntnis eine theologische Denkform virulent gemacht, die dem Paradigma des Panentheismus verpflichtet ist und sich wegen der ihr immanenten litera-

---

[26] Th. MANN, Joseph und seine Brüder. Der vierte Roman: Joseph, der Ernährer, Frankfurt a. M. ⁹2000, 279–280.

[27] J. ASSMANN, Thomas Mann und Ägypten. Mythos und Monotheismus in den Josephsromanen, München 2006, 34–35.

[28] W. CORTI, Der Mensch im Werden Gottes. Mit Beiträgen von Martin Werner und Jakob Amstutz, Schaffhausen 1988, 91–134.

[29] ASSMANN, Thomas Mann [wie Anm. 27], 208.

[30] ASSMANN, Thomas Mann [wie Anm. 27], 177.

[31] Vgl. etwa besonders markant MANN, Die Geschichten Jaakobs [wie Anm. 22], 120–121. – Auch Th. MANN, Joseph und seine Brüder. Der dritte Roman: Joseph in Ägypten, Frankfurt a. M. ⁹2000, 15. – MANN, Joseph, der Ernährer [wie Anm. 26], 442–443.

[32] ASSMANN, Thomas Mann [wie Anm. 27], 36. – Zur Wendung: „Tätigkeit, der ein Auge eingesetzt ist" vgl. J. G. FICHTE, Darstellung der Wissenschaftslehre aus dem Jahre 1801, in: DERS., Fichtes Werke. Hg. v. Immanuel Hermann Fichte, Bd. II, Berlin 1971, 1–163, 19.

risch-ironischen Brechung, die so etwas wie Befragungsbereitschaft signalisiert, dem kritischen Blick der Spätmoderne gewachsen zeigt (christliche Dogmatiken selbst jüngeren Datums nehmen sich daneben als schier vorgestrig aus).[33]

Mein zweiter Gewährsmann für die heiße Aktualität einer gewandelten Form philosophischer Theologie, die wiederum auf unser Tagungsthema deutet, ist Hans Joas. Es ist kein Geheimnis, dass Joas längst als das katholische Pendant zum nach eigener Auskunft religiös unmusikalischen Jürgen Habermas gilt. Aber bereits dieses Bonmot „religiös unmusikalisch", das bekanntlich von Max Weber stammt, stellt Joas durch seine vollständige Zitierung in einen aufschlussreichen, im Grunde dramatischen Kontext zurück. Max Weber hatte in einem Brief vom 09.02.1909 an Ferdinand Tönnies geschrieben:

Denn ich bin zwar religiös absolut ‚unmusikalisch' und habe weder Bedürfnis noch ‚Fähigkeit, irgendwelche seelischen ‚Bauwerke' religiösen Charakters in mir zu errichten – das geht einfach nicht, resp. ich lehne es ab. Aber ich bin [,] nach genauer Prüfung, weder antireligiös noch irreligiös. Ich empfinde mich auch in dieser Hinsicht als einen Krüppel, als einen verkrüppelten Menschen, dessen inneres Schicksal es ist, sich dies ehrlich eingestehen zu müssen, sich damit – um nicht in romantischen Schwindel zu verfallen – abzufinden, auch nicht als einen Baumstumpf, der hie und da noch auszuschlagen vermag, mich als einen vollen Baum aufzuspielen.[34]

Joas lässt sich von dieser Blockade nicht irritieren und erzählt in kritischer Tuchfühlung mit Weber und Ernst Troeltsch eine Alternativgeschichte zum verbreiteten Mythos der Entzauberung, also der Austreibung aller Metaphysik und Religion aus der Kultur, ohne einer billigen Wiederverzauberung der Welt das Wort zu reden. Dreh- und Angelpunkt dieses Narrativs bildet die durch Karl Jaspers prominent gewordene Rede von der „Achsenzeit", deren Herzmitte Joas darin erblickt, Transzendenz als reflexiv gewordene Sakralität zu rebuchstabieren. Und das wiederum geht einher mit einer Neubestimmung des Verhältnisses von Transzendenz und Immanenz, konkret einem Ineinander beider, innerhalb dessen selbst

[d]as Magische [...] als immerwährende Möglichkeit erkennbar [wird], die nicht einer angeblich überwundenen Kulturstufe zugehört.[35]

Ein solches Votum freilich, das Respekt auch vor der spirituellen Würde nichtmonotheistischer Religionen bekundet, findet sich an der Schwelle von Panentheismus und Panpsychismus wieder.

---

[33] Der erste Teil dieses Absatzes wurde in einem Artikel von Klaus Müller abgedruckt. Siehe K. MÜLLER, Gott. Wieder Gott. Immer Gott. Warum die Gottesfrage nicht totzukriegen ist, in: IRP Impulse, Die Frage nach Gott offen halten, 2/2018, 4–9, 8.

[34] Zitiert nach H. JOAS, Die Macht des Heiligen. Eine Alternative zur Geschichte der Entzauberung, Berlin 2017, 281.

[35] JOAS, Die Macht des Heiligen [wie Anm. 33], 487.

Ausblick

Erst recht gilt das für meinen dritten Zeugen: Bruno Latour. Der in Paris lehrende Wissenschaftsphilosoph und Soziologe brachte ebenfalls Ende 2017 seine 2013 gehaltenen Gifford-Lectures unter dem Titel *Kampf um Gaia. Acht Vorträge über das neue Klimaregime*[36] heraus. In diesen Überlegungen umkreist Latour das relativ neue Paradigma des Anthropozän, also die These, dass der menschliche instrumentelle Umgang mit der Lebenswelt diese dermaßen tief und irreversibel verändert, dass sozusagen hinter dem Rücken der Agenten längst ein neues Erdzeitalter angebrochen ist, das das Überleben der menschlichen Spezies (und vieler anderer) aufs Höchste gefährdet, weil sich die Erde gegen die ihr seit Jahrhunderten angetanen Misshandlungen wehrt in den Interaktionen, die wir bislang als Ökokrisen verbuchen. Latour arbeitet heraus, dass diese Diagnose, die ihr Label in dem von James Lovelock stammenden Terminus „Gaia" gefunden hat, nicht im Geringsten mit esoterischen Anmutungen zu tun hat, aber umso mehr in philosophisch-theologische Hintergrundannahmen eingebettet ist. Der Disput zwischen christlich-theologischem Schöpfungsweltbild und der modernen, scheinbar religionsfreien, wissenschaftlichen Weltbeschreibung, die nichts anderes darstellt als eine verkappte *religio naturalis*, macht den heißen Kern dieses Syndroms aus. Und auch Latour sieht – ähnlich wie Joas – einen letzten, ja allerletzten Ausweg aus dem Desaster in einer radikalen Neubestimmung des Verhältnisses von Immanenz und Transzendenz, die er – der erklärte Atheist – in Papst Franziskus' Enzyklika *Laudato si'!* vorgezeichnet sieht.[37] Ganz am Ende seiner Vorträge resümiert Latour, wie er sich das konkret denkt. Alles, was überhaupt möglich ist, kann nur innerhalb der Grenzen des Planeten geschehen – und jetzt wörtlich:

Hier steckt die Transzendenz der Religion, nämlich im Innersten der menschlichen Seelen; hier sind die Wissenschaften und die Technologie zu Hause, nämlich im Innersten der zahllosen, mit allen Begebenheiten aller Akteure in allen Umwegen und Falten ihrer Naturgeschichte verflochtenen Berichten; hier stecken die Ressourcen der Politik, nämlich im Innersten der Empörung und Revolte derer, die sich aufbäumen, weil sie sehen, dass sie den Boden unter den Füßen verlieren. In gewisser Weise weist die Devise *Plus intra* auch einen Weg für Fortschritt und Erfindung, einen Weg, der die Naturgeschichte des Planeten mit der Heilsgeschichte der Inkarnation verbindet und den Aufstand derer, die lernen, sich niemals mit dem Gebot der Unterwerfung unter die Naturgesetze abfinden zu lassen.[38]

Eine eher änigmatische Proklamation, gewiss. Aber sie deutet mit dem hervorgehobenen, beinahe augustinisch anmutenden *Plus intra* just in die Richtung dessen, was gemeint ist, wenn wir die durchaus prekären und belasteten Termini Panpsychismus und Panentheismus aufrufen.

---

[36] Vgl. B. Latour, Kampf um Gaia. Acht Vorträge über das neue Klimaregime. Aus dem Französischen von Achim Russer und Bernd Schwibs, Berlin 2017.
[37] Vgl. Latour, Kampf um Gaia [wie Anm. 36], 482–483.
[38] Latour, Kampf um Gaia [wie Anm. 36], 489.

Was ich mit all dem andeuten wollte: Gegen die intratheologische Philosophie-Faulheit betreten wir mit unserem Tagungsthema ein spekulatives Areal, das sich längst im Fokus außertheologischen Philosophierens befindet, aber seinerseits für seine Durchdringung in höchstem Maß theologischer Kompetenz bedarf. Wer sollte sich dieser Aufgabe widmen, wenn nicht wir?

Verwendete Literatur

ASSMANN, Jan: Thomas Mann und Ägypten. Mythos und Monotheismus in den Josephsromanen, München 2006.

CACCIARI, Massimo: Generare Dio, Bologna 2017.

CORTI, Walter R.: Der Mensch im Werden Gottes. Mit Beiträgen von Martin Werner und Jakob Amstutz, Schaffhausen 1988.

DENNETT, Daniel C.: Den Bann brechen. Religion als natürliches Phänomen, Frankfurt a. M. 2016.

DENNETT, Daniel C.: Von den Bakterien zu Bach – und zurück. Die Evolution des Geistes, Aus dem Englischen von Jan-Erik Strasser, Frankfurt a. M. 2018.

EILENBERGER, Wolfram: Zeit der Zauberer. Das große Jahrzehnt der Philosophie 1919–1929, Stuttgart 2018.

FICHTE, Johann G.: Darstellung der Wissenschaftslehre aus dem Jahre 1801, in: DERS., Fichtes Werke. Hg. v. Immanuel Hermann Fichte, Bd. II, Berlin 1971.

GERHARDT, Volker: Der Sinn des Sinns. Versuch über das Göttliche, München 2014.

GÖCKE, Benedikt Paul: Keine Freiheitstheorie ohne Metaphysik. Zur Debatte um die „Theologie der Freiheit", in: Herder Korrespondenz 2 (2018).

GUANZINI, Isabella: Anfang und Ursprung. Massimo Cacciari und Hans Urs von Balthasar, Regensburg 2016. – DE CANDIA, Gianluca: Der Anfang als Freiheit. Der Denkweg von Massimo Cacciari im Spannungsfeld von Philosophie und Theologie, tesi di abilitazione inedita, Münster 2017.

HABERMAS, Jürgen: Glauben und Wissen. Friedenspreis des Deutschen Buchhandels 2001. Laudatio: Jan Philipp Reemtsma, Frankfurt a. M. 2001.

HENRICH, Dieter: Bewusstes Leben und Metaphysik, in: DERS.: Bewusstes Leben. Untersuchungen zum Verhältnis von Subjektivität und Metaphysik, Stuttgart 1999, 194–216.

HENRICH, Dieter: Selbstbewusstsein und Gottesgedanke, in: Wiener Jahrbuch für Philosophie XL (2008).

HUTTER, Axel: Narrative Ontologie, Tübingen 2017.

JOAS, Hans: Die Macht des Heiligen. Eine Alternative zur Geschichte der Entzauberung, Berlin 2017.

KUSCHEL, Karl-Josef: Moses, Monotheismus und die Kultur der Moderne, in: ASSMANN, Jan: Die Mosaische Unterscheidung oder der Preis des Monotheismus. München 2003.

LATOUR, Bruno: Kampf um Gaia. Acht Vorträge über das neue Klimaregime. Aus dem Französischen von Achim Russer und Bernd Schwibs, Berlin 2017.

MANN, Thomas: Joseph und seine Brüder. Der erste Roman: Die Geschichten Jaakobs, Frankfurt a. M. ^{10}2000.

MANN, Thomas: Joseph und seine Brüder. Der zweite Roman: Der junge Joseph, Frankfurt a. M. ^{9}2000.

MANN, Thomas: Joseph und seine Brüder. Der dritte Roman: Joseph in Ägypten, Frankfurt a. M. ^{9}2000.

MANN, Thomas: Joseph und seine Brüder. Der vierte Roman: Joseph, der Ernährer, Frankfurt a. M. ^{9}2000.

MENKE, Karl-Heinz: Macht die Wahrheit frei oder die Freiheit wahr? Eine Streitschrift, Regensburg 2018.

MÜLLER, Klaus: Gott. Wieder Gott. Immer Gott. Warum die Gottesfrage nicht totzukriegen ist, in: IRP Impulse, Die Frage nach Gott offenhalten, 2/2018, 4–9.

RATZINGER, Joseph: Die Tochter Zion. Betrachtungen über den Marienglauben der Kirche, Einsiedeln 1977.

STRIET, Magnus: Ernstfall Freiheit. Arbeit an der Schleifung der Bastionen, Freiburg i. Brsg. 2018.

STRIET, Magnus: Interview „Die Würde der Freiheit". https://www.deutschlandfunk.de/theologe-magnus-striet-die-wuerde-der-freiheit.886.de.html?dram:article_id=423137 [Zugriff: 15.09.2019].

TETENS, Holm: Gott denken. Ein Versuch über rationale Theologie, Stuttgart 2015.

Über die Autor*innen

Godehard Brüntrup SJ, geb. 1957, Dr. phil. habil., Professor für Metaphysik, Philosophie des Geistes und der Sprache an der Hochschule für Philosophie München.

Philip Clayton, geb. 1955, PhD, Professor für Theologie an der Claremont School of Theology (USA).

Julia Enxing, geb. 1983, Dr. theol. habil., Professorin für Systematische Theologie an der Technischen Universität Dresden.

Paolo Gamberini SJ, geb. 1960, Dr. theol., Professor für Systematische Theologie an der Päpstlichen Theologischen Fakultät „San Luigi" in Neapel (Italien).

Benedikt Göcke, geb. 1981, Dr. phil., Dr. theol., Professor für Philosophisch-Theologische Grenzfragen der Katholisch-Theologischen Fakultät der Ruhr-Universität Bochum.

Philip Goff, geb. 1978, PhD, Assistenzprofessor für Philosophie an der Durham University (UK).

Klaus Müller, geb. 1955, Dr. phil., Dr. theol. habil., Professor für Philosophische Grundfragen der Theologie an der Katholisch-Theologischen Fakultät der Westfälischen Wilhelms-Universität Münster.

Tobias Müller, geb. 1976, Dr. phil., Dozent für Natur- und Religionsphilosophie an der Hochschule für Philosophie München.

Andreas Reitinger, geb. 1977, Dr. theol., M.A., Wissenschaftlicher Mitarbeiter am Lehrstuhl für Philosophische Grundfragen der Theologie an der Universität Regensburg.

Thomas Schärtl-Trendel, geb. 1969, Dr. phil. habil., Dr. theol., Professor für Philosophische Grundfragen der Theologie an der Universität Regensburg.

Fana Schiefen, geb. 1985, Dr. theol., Wissenschaftliche Assistentin am Seminar für Philosophische Grundfragen der Theologie an der Katholisch-Theologischen Fakultät der Westfälischen Wilhelms-Universität Münster.

Heinrich Watzka SJ, geb. 1954, Dr. phil. habil., Professor für Philosophie an der Philosophisch-Theologischen Hochschule Sankt Georgen in Frankfurt a. M.

Personenregister

Allen-Hermanson, Sean X
Aristoteles 8, 13, 32–34
Assmann, Jan 167
Augustinus 124, 134, 139
Barth, Karl 131, 138
Benedikt XVI. (Papst) 161, 165
Benjamin, Walter 163
Bergson, Henri 167
Blamauer, Michael 18, 24
Boehme, Jakob 167
Bonaventura 126
Bruno, Giordano 119
Brüntrup SJ, Godehard XI, 6, 8 f, 20, 29–31, 53, 74 f, 115
Bultmann, Rudolf 163
Cacciari, Massimo 165
Cacciari, Massimo 165
Clayton, Philip X, XI, 1, 17–23, 27-36, 39, 53, 70 f, 75
Cobb, John 5, 7 f, 12 f, 21, 34
Corti, Walter R. 167
Cramer, Wolfgang 61 f, 164
Crick, Francis 2
Dalferth, Ingolf U. 132, 135
Davis, Andrew M. 15
Dawkins, Richard 14, 100
de Chardin, Teilhard 49, 167
Dennett, Dan 2, 14
Descartes, René 8, 18, 62
Dombrowski, Dan 39 f, 43 f
Enxing, Julia XI, 39, 41, 44 f, 47–49, 57 f, 65, 69–75
Fechner, Gustav 51
Feuerbach, Ludwig 164
Fisk, John 10
Ford, Lewis 66
Foster, John 18
Franziskus (Papst) 161, 169

Freeman, Anthony 18, 21
Gamberini SJ, Paolo XI, 123, 143 f, 146, 148, 152, 154-156, 158
Gasser, Georg 156
Gerhardt, Volker 64
Göcke, Benedikt Paul IX, XI f, 9, 11, 17, 74, 110, 156, 163
Goethe, Johann W. von 163
Goff, Philip XI, 13, 77, 79–84, 89 f, 92, 101, 115, 117–121
Griffin, David Ray 1, 19, 41, 74
Habermas, Jürgen 164 f, 168
Hart, David B. 149, 151
Hartshorne, Charles XI, 39–53, 57, 63–67, 70–74
Hawking, Stephen 91
Hebbel, Friedrich 167
Hegel, Georg W. F. 124, 148–151, 167
Heidegger, Martin 163
Heine, Heinrich 167
Hengstermann, Christian XI, 15
Henrich, Dieter 72, 145, 164 f
Hume, David 91, 99 f
Hüntelmann, Rafael 28
Husserl, Edmund 62
Hutter, Axel 165, 167
James, William 24, 109
Jaskolla, Ludwig X, 9, 34, 82–84
Jasper, Karl 168
Joas, Hans 166 f
Johannes Paul II. (Papst) 161
Jüngel, Eberhard 129 f, 138
Kant, Immanuel 46, 62, 145, 163 f
Kauffman, Stuart 13, 14

Personenregister

Kuhn, Thomas S.	123	Schärtl, Thomas	XI, XII, 73, 125, 143, 156
Knitter, Paul	138		
Kopernikus, Nikolaus	45	Schelling, Friedrich W. J.	119, 148–151, 167
Krause, Karl C. F.	IX, 39		
Kues, Nikolaus von	132, 154 f	Schiefen, Fana	IX, XII, 74
Kuhn, Johannes von	144, 146–150	Schleiermacher, Friedrich	157
Latour, Bruno	169	Schmidinger, Heinrich	45 f
Law, Stephan	100	Schrödinger, Erwin	8
Leibniz, Gottfried W.	62, 150	Seager, William	X, 84
Levinas, Emmanuel	164	Shankaras, Adi	9
Lovelock, James	169	Shields, George	41 f, 44, 53
Mann, Thomas	165–167	Shoemaker, Sydney	18
Marion, Jean-Luc	164	Singer, Wolf	2
Martin, Christian Georg	151	Skrbina, David	3, 11, 24
McGinn, Colin	13, 82	Smolin, Lee	86
McGrew, Lydia	86, 105 f, 108	Sober, Elliot	98
McGrew, Timothy	86, 105 f, 108	Spinoza, Baruch de	4, 39, 84
Meister Eckhart	126, 131	Strawson, Galen	18, 21, 82
Meixner, Uwe	9, 28, 30, 34	Striet, Magnus	143, 163 f
Mellor, Hugh	105–107	Suchocki, Marjorie	9
Menke, Karl-Heinz	45, 57, 72, 163	Swinburne, Richard	87, 93, 99 f
Müller, Klaus	IX, XI, XII, 39 f, 47 f, 72, 75, 161, 168	Tetens, Holm	X, 164
		Thomas von Aquin	XI, 48, 70, 123 f, 125–127, 134, 139
Müller, Tobias	XI, 53, 57, 60		
Nagel, Thomas	X, 5f, 12–14, 19, 35 f	Tönnies, Ferdinand	168
		Troeltsch, Ernst	168
Norris Clarke SJ, William	42	Urs von Balthasar, Hans	165
Pfeifer, Karl	23	Valentin, Karl	164
Planck, Max	93 f	Vestrup, Eric	108
Platon	39, 43 f, 51, 161	Viney, Don	39, 41–44, 53
Plotin	4, 129		
Popper, Karl	161	Wagner, Hans	164
Rahner, Karl	XI, 130, 134, 136–138, 152, 155	Ward, Keith	132
		Watzka SJ, Heinrich	XI, 27, 53
Ramanuja	4	Weber, Max	168
Reitinger, Andreas	XI, 69, 71	Weinberg, Steven	12
Rilke, Rainer Maria	167	Weissmahr, Bela	134, 137, 156
Russell, Bertrand	XI, 77–85, 92, 102–104, 119		
		Wendel, Saskia	45 f, 48–51, 57, 65, 71–73, 143
Schaffer, Jonathan	83, 119		
Schärtl, Thomas	XI, XII, 73, 125,	Whitehead, Alfred N.	3–5, 9, 42,

Personenregister

49 f, 57–61, 64–68, 70–74, 120
167
Whittemore, Robert C.   10
Wintzek, Oliver   143